WILHELM DILTHEY

Das Wesen der Philosophie

HERAUSGEGEBEN VON
MANFRED RIEDEL

PHILIPP RECLAM JUN. STUTTGART

Reclams Universal-Bibliothek Nr. 8227 [3]
Alle Rechte vorbehalten. © 1984 Philipp Reclam jun., Stuttgart
Gesamtherstellung: Reclam, Ditzingen. Printed in Germany 1984
ISBN 3-15-008227-7

Einleitung

Als sich Dilthey am Ausgang seines lebenslangen Bemühens um eine Grundlegung der Geisteswissenschaften noch einmal damit konfrontiert sah, ihr Verhältnis zur Philosophie zu klären, da hob er zwei Züge formaler Natur hervor. Der eine Zug ist der *Charakter der Universalität*. Welchen Gegenstand die einzelnen Systeme auch immer haben mögen oder welche Methode sie befolgen, im Unterschied von den Einzelwissenschaften sind sie auf den ganzen Umfang des empirischen Bewußtseins als Leben, Erfahren, Erfahrungswissen bezogen und suchen so ihre Aufgabe zu lösen. Die Aufgabe heißt, den Universalitätsanspruch zu begründen. Sie streben danach, Vereinzeltes zu verbinden, Zusammenhang zu stiften und diesen ohne Rücksicht auf die Grenzen der Einzelwissenschaften auszudehnen. Daraus ergibt sich der andere formale Zug der Philosophie. Er liegt in der Forderung *allgemeingültigen Wissens*, dem Bestreben der philosophischen Systeme, in der Begründung so weit zurückzugehen, bis der letzte Punkt für die Fundierung der Philosophie erreicht ist.[1]

Es ist das *Streben nach Letztbegründung*, das Dilthey als Grundzug der Philosophie hervorhebt, die Anforderung strenger Wissenschaft, der sie zu genügen sucht. Er sieht darin allerdings nicht ihr Wesen. Das Wesen der Philosophie reicht darüber hinaus. Es weist in eine andere Richtung. Wer sich vergleichend in die großen Systeme der Philosophie vertieft, so heißt es dazu in der Schrift von 1907, dem entsteht, »zunächst in unbestimmten Umrissen, auch eine Anschauung der inhaltlichen Zusammengehörigkeit der Systeme«.[2] Sie alle beziehen sich darauf, was Dilthey mit einem Wort das »Wirkliche« nennt – ein vieldeutiger Aus-

1 Dilthey, »Das Wesen der Philosophie«, S. 34 (»Gesammelte Schriften«, Bd. 5, S. 346).
2 Ebd., S. 34 f. (S. 346).

druck, der gleichwohl die gemeinte Sache unzweideutig angibt. Philosophie ist *Wissen vom Wirklichen*, und zwar auch darin noch, wenn sie als Theorie der Einzelwissenschaften den Zusammenhang des Wissens mit eben jener Wirklichkeit untersucht, die in der Wissenschaft zum Gegenstand wird. Was sie im Innersten bewegt, ist nicht allein das Streben nach Universalität und Letztbegründung, das *Begründungsproblem*; es ist das *Streben nach Erfassung der Realität*, die dem Begründen vorgegeben ist, das *Realitätsproblem*. Erst mit ihm klärt sich auf, was einer jeden Philosophie, die diesen Namen verdient, zugrunde liegt: das unbegründbare Faktum unseres Lebens in der Welt, das *Verhältnis zum Weltproblem*.[3]

Wie es bei Dilthey gelöst wird, das ist die Frage, der wir nachgehen wollen. Wir nehmen die Antwort vorweg, wenn wir behaupten: auf dem Weg der *Interpretation*, die keinen letzten Punkt, sondern immer nur Ansatzpunkte zur Realitätserfassung kennt, hermeneutisch also oder in der Perspektive von *Deutungen*, die »früher« als die *Begründungen* der Wissenschaft sind. Sie sind auch »früher« als das Streben nach Letztbegründung, das die philosophischen Systeme durchzieht. Indem sie, ungewollt, da ihr Wille zuletzt alles Wirkliche begründen will, die Perspektivik immer deutlicher entfalten, bringen sie zur Geltung, daß die Forderung allgemeingültigen Wissens auf dem Boden der Philosophie nicht eingelöst werden kann. Gerade darin bekundet sich ihr Wesen. Das Wesen der Philosophie wird offenbar, wenn wir uns fragen, warum alles Denken in Begründungen an ein Ende gelangt, warum das Streben nach Letztbegründung notwendig begrenzt ist.

3 Ebd., S. 35 (S. 346).

I

Es ist die Frage nach der Bedingung der Möglichkeit von Wissenschaft, die transzendentale Grundfrage eines jeden kritischen Denkens, die Dilthey von Kant her aufnimmt. Sie hat sich ihm früh aufgedrängt, um ihn nie mehr zu verlassen. Er hat sie immer neu gefragt, in einer von Kant freilich erheblich abweichenden Fragerichtung. Der transzendentalen Grundfrage untersteht mit der Möglichkeit von Wissenschaft auch die Philosophie, die Möglichkeit der philosophischen Systeme, die uns geschichtlich überliefert sind. Und mit ihr fraglich geworden ist das Streben nach Letztbegründung, das sich auf die Annahme einer allgemeingültigen Logik und der Erreichbarkeit von letzten Begründungsprinzipien stützt.

Die transzendentale Grundfrage steht so bei Dilthey in einem größeren, über Kant weit hinausgreifenden Bezugsrahmen, den wir uns wenigstens andeutungsweise vergegenwärtigen müssen. Warum das Denken in Begründungen nicht unbegrenzt ist, diese Frage bewegt bereits die antike Philosophie. Keine Wissenschaft kann sich selber begründen, sie ruht auf einem Grund, den die *Vernunft* gibt. Sie gibt ihn zweifach, in der Form von *Grundsätzen* und in *Begriffen*, die solche Sätze definieren. In beidem bestimmt sich die Vernunft als begründend. Daß begründetes Wissen allgemeingültig sei, ist die Anforderung apodiktisch strenger Wissenschaft, der griechischen *episteme*. Das Begründungsdenken entspringt der Sache selbst. Wissenschaft ist ein Begründungszusammenhang wahrer Sätze, der sich in abgeleitete Sätze und in solche scheidet, die sie begründen. Ableitungen führen auf *Grundsätze* zurück, die teils formaler, teils materialer Natur sind. Formal wahr sind die Axiome wie der Widerspruchssatz, mit dem Sätze überhaupt verträglich sein müssen, material wahr die *Definitionen* desjenigen, was Gegenstand einer Wissenschaft ist, etwa der *Zahl* für die *Arithmetik* oder der *Bewegung* für die *Physik*.

Zusammengenommen bilden sie das satzmäßig formulierte Gründe-Wissen. Mit ihnen beginnt das Denken in Begründungen, die Wissenschaft. Worauf aber lassen sich die Grundsätze zurückführen? Nicht wiederum auf *Sätze*, weil dies den unendlichen Regreß zur Folge hätte. Auch nicht auf die *Sinneswahrnehmung*, denn die ist zufällig, veränderlich, wechselnd. Die Antwort lautet: auf *Begriffe* der Vernunft, die letztlich grund-gebenden *Kategorien*. Der Grund hat aber nicht nur etwas mit Begründen, er hat mit Realität zu tun, traditionell geredet: mit dem *Sein*. Das Gründe-Wissen der Wissenschaften endigt in einer universalen Wissenschaft vom Sein,[4] die den inneren Zusammenhang der grundgebenden Begriffe entfaltet, von der »ersten« Kategorie der *Substanz*, des umfassenden Ausdrucks für Realität überhaupt, bis hin zu den akzidentiellen Bestimmungen von Größe, Relation, Tun, Leiden. Die Kategorien sind der Schlüssel zur Auflösung des *Realitätsproblems*.

Die zweifache Fassung des Grundes bleibt wesentlich für das Selbstverständnis der Philosophie. Wissenschaft, so definiert noch Kant den Unterschied, ist *Erkenntnis aus Prinzipien*, Philosophie *Vernunfterkenntnis aus Begriffen*. Sie bezieht sich auf die Kategorien, die sich nicht weiter begründen lassen, weil sie selber Grund sind. Sie sind es freilich in anderer Weise. Denn die Kantischen Kategorien errichten zwar sichere Grundsätze der Wissenschaft, aber »gar nicht direkt aus Begriffen, sondern immer nur indirekt durch Beziehung dieser Begriffe auf etwas ganz Zufälliges, nämlich mögliche Erfahrung«.[5] Sie sind, wie Dilthey das ausdrückt, Bedingungen unseres subjektiv auffassenden Bewußtseins, weshalb es zur Sicherung der Allgemeingültigkeit des Wissens einer kritischen *Deduktion der Kategorien* bedarf. In ihr verklammert sich das Begründungs- mit dem Realitätsproblem über die *Anschauung*, die dem Begriff einen Gegen-

---

4 Dilthey, »Das Wesen der Philosophie«, S. 40; 116 (»Gesammelte Schriften«, Bd. 5, S. 349; 405).
5 Kant, »Kritik der reinen Vernunft«, B 765.

stand und darin objektive Realität gibt. Die Wahrheit der Grundsätze der Wissenschaft ist relativ zur möglichen Erfahrung.

An diese Grenzbestimmung der begründenden Vernunft knüpft Diltheys Denken an. Wenn das Zufällige von der uns möglichen Erfahrung unabtrennbar ist, dann gibt es keine universale Wissenschaft vom Sein. In welcher Weise gibt es aber dann das Zufällige? Kants Antwort lautet: über die Kategorie, die es erst nachträglich, im Licht des Möglichen, von logischer Notwendigkeit und Denkbarkeit, gewahren läßt. Das Zufällige wird darum negativ charakterisiert: als etwas, was nicht logisch notwendig, nicht begrifflich faßbar, nicht allgemeingültig ist. Für Dilthey charakterisiert es das Wirkliche selbst, als etwas, was *unvergleichbar, einmalig* oder *individuell* ist. Mit diesem Charakter des Wirklichen, seiner Einmaligkeit oder Individualität, radikalisiert sich das Begründungsproblem der Philosophie.

Daß das Zufällige nicht negativ, als Gegensatz zum Notwendigen, sondern positiv aus ihm selbst zu bestimmen sei, diese Einsicht ist Dilthey früh gekommen. Sie mag durch das Studium von Schleiermacher und Humboldt, die das Recht des Einmalig-Individuellen gegen die Kantische Gesetzesethik verteidigten, vertieft worden sein, ist aber daraus nicht entstanden. Ihr Ursprung ist das Rätsel des Weltproblems: daß die Welt im ganzen wie in ihren Teilen *heterogen gegeben* ist. Das Eigentümliche dieser Gegebenheit wird schon im frühen »Grundriß der Logik und des Systems der philosophischen Wissenschaften« (1865) notiert. Die ethische Differenz zwischen der Allgemeingültigkeit des Sittengesetzes und dem Einzelnen, der sich aus Freiheit entscheidet, zeigt lediglich an, was für die wirkliche Erfahrung konstitutiv ist. Stets finden wir in ihr das gleichförmige Gesetz und die Koexistenz von Tatsachen, die nicht in bloße Gleichförmigkeit auflösbar sind. Es gibt »eine Verteilung der letzten Substanzen, welche in Betracht kommt bei den Naturerscheinungen. Die Welt besteht aus zwei Faktoren, dem Faktor der Gesetze der Agenzien und dem Faktor der Verteilung der Agenzien. Die Erscheinung der Natur ist bedingt durch die Regularität der Gesetze oder Agenzien und die regellose Gruppierung derselben. Die Welt bietet das Phänomen eines Kaleidoskops, einer Freiheit mitten im Gesetz, einer Regellosigkeit mitten in der Ordnung«.[6] Die Heterogenität des Gegebenen setzt sich fort auf dem Gebiet der geistigen Erscheinungen, wo der Faktor der verschiedenen Verteilung psychischer Einheiten – den hier letztlich gegebenen Substanzen – ebenso rätselhaft ist wie ihr geregeltes Aufeinanderwirken nach den Faktoren von Struktur und System.

Der Ansatz wird in der Folgezeit weiterentwickelt zum *Theorem von der völligen Positivität der Welt*. Es beinhaltet die Aufhebung des ontologischen Grundsatzes der Bestimmbarkeit eines jeden Dinges durch Negation: »Das Weltall als ganz positiver Inbegriff von Qualitäten. Das Denken als nachgeboren und nicht imstande, das Wesen dieses Positiven aufzulösen, da die Elemente des Positiven immer in der Zersetzung zurückbleiben, wie im chemischen Prozeß. *Es gibt keine Zersetzung der Welt in Begriffen.*«[7] Positiv ist nicht nur der Faktor der Koexistenz von Tatsachen; auch der andere ist es, das Gesetz, die Regel, der Begriff. Ja, selbst Prädikate wie das Gute, die gar nichts über die Welt aussagen, können sich der Konsequenz des Theorems nicht entziehen. Aus der positiv gearteten Welt und dem sie bedingenden Gedankenlauf »kann nirgend reine Idealität entspringen. Hier liegt der eigentliche salto mortale der bisherigen Philosophie«.[8]

Es ist nur ein letzter Schritt, den Dilthey tut, wenn er schließlich diese Überlegungen zum *Theorem von der Sin-*

---

6 Dilthey, »Logik und System der philosophischen Wissenschaften«, Vorlesung Basel, WS 1867/68 (ungedruckt); Berliner Nachlaß, Fasz. C 97, Fol. 255.
7 Dilthey, »Erkenntnistheoretische Fragmente« (1874–79), in: »Gesammelte Schriften«, Bd. 18, S. 198 f.
8 Ebd., S. 199.

gularität der Welt ausformuliert. Die Welt, der Inbegriff von Qualitäten, die unserem Auffassen stets heterogen gegeben sind, ist selbst ein Positives. Sie unterscheidet sich in nichts von ihren Auffassungsbedingungen. Wenn sich das so verhält, dann ist die Welt nicht mehr eine unter möglichen Welten, sie ist die *einzig* mögliche, der dieser Charakter, die *Einzigkeit* oder *Singularität*, zukommen muß. Das ist die Konsequenz des ersten Theorems, die sich bei Dilthey in der Formel niederschlägt: »Individuation als das *von außen erfaßbare* Wesen des Weltalls. Von *innen erfaßbar* als *Zustand*, der erfahren wird, und *Entwicklung*.«[9] Man mag sie als einen Gedankensplitter notieren, den Dilthey, wie so viele andere, flüchtig hingeworfen und dann wieder fallengelassen hat. Ich sehe darin den Kernbestand einer verschwiegenen Metaphysik, die sich in Diltheys Werk ausspricht: nicht begründend, sondern auffassend und deutend. Denn was es auszusprechen gilt, das ist das Unaussprechliche: das Faktum des Lebens in der Welt, dessen Prinzip *Individualität* ist. Dilthey nennt sie, zurückhaltender, das »Geheimnis der Welt«, ein offenbares freilich, das sich gerade darin verbirgt. Denn die Individualität, positiv aufgefaßt, ist »unzerlegbar und unauflösbar«, ein Singulares; sie erstreckt sich von gegebenen Naturbedingungen aus in die Geschichte, ja macht aus ihr erst ein »individuelles Gebilde«.[10]

Es ist nicht eben leicht zu deuten, was diese Theoreme meinen. In der Fülle seiner frühesten Intuitionen drückt sich Dilthey oft dunkel, wenn nicht verworren aus. Ja, vielleicht darf man sogar auf Dilthey anwenden, was dieser selbst gelegentlich von philosophischen Sätzen dieses Typs bemerkt: daß sie eigentlich nur die thetische Fassung einer *Frage* sind, ihr Zurückverlegen in die Prinzipien selber oder in den Grund der Welt.[11] Was als fraglich zurückbleibt, ist

9 Ebd.
10 Ebd., S. 197.
11 Vgl. ebd., S. 203, 242.

eben dieser aufgedeckte Charakter des Wirklichen, das Individuelle. Es an ihm selbst aufzufassen und zur Sprache zu bringen, darin bestimmt sich das Wesen der Philosophie.

II

Das Individuelle hat seinen Ort im Einzugsbereich des Strebens nach Erfassung der Realität, die zunächst und zuerst *anschaulich aufgefaßt* wird. Die Anschauung aber ist nicht »rein«, sondern sprachlich geformt, die Weltansicht der Sprache, die Bedingungen des Auffassens vorzeichnet. So kombiniert etwa der Aussagesatz das einzeln Angeschaute und wörtlich Benannte zu einem sich geschlossenen Ganzen, von dem sich dann wieder nach dem grammatischen Schema von Subjekt und Prädikat Teile und deren innere Beziehung zu einem für sich bestehenden Individuellen aussondern. Diese sprachlich geformte Anschauung ist aber ein weiteres Mal formiert, nämlich durch jene gegebenen Naturbedingungen, die sich über die Sprache in den logischen Funktionen des Begründens, den Grundsätzen und Kategorien, auswirken. Es handelt sich um elementare Gegebenheiten des Lebens, die ebenso individuell zugänglich sind. Dilthey meint den *natürlichen* Evidenzboden von Individualität, der ein wie selbstverständlich fungierender Bestandteil unseres tagtäglichen und wissenschaftlichen intellektuellen Lebens ist. Was auf diesem Boden beständig stattfindet, ist die *Anschauung der Wechselwirkung von Individuen*, die für sich ein abgeschlossenes Ganzes repräsentieren, eine ganzheitlich auffaßbare Einheit, die sich ferner aus Teilen zusammensetzen, eine Vielheit von Eigenschaften haben und zusammengeordnet oder unterschieden werden können. Dilthey spricht von einer »natürlichen Metaphysik«,[12] die am Grunde der Logik und der auf sie

12 Ebd., S. 192.

gebauten Begründungszusammenhänge der Wissenschaften fungiert.

Auf diesem Boden die konstituierenden Elemente der Auffassung von Individualität zu finden, die grund-gebenden Begriffe der geschichtlichen Geisteswissenschaften, das ist die Aufgabe, mit der sich Dilthey konfrontiert sieht. In Frage steht der andere Grund der Wissenschaft, das Anderssein-Könnende, das die begründende Vernunft dem Notwendig-Seienden gegenüber- und damit zum bloß Zufälligen herabgesetzt hatte. Die allgemeine Fragestellung konkretisiert sich in dem ehrgeizigen Plan einer »neuen Kritik der Vernunft«. Er umfaßt noch ungeschieden, was später auseinandertreten wird: das Programm einer *Deduktion von Kategorien des individuellen Auffassens* als Grundlegung der Geisteswissenschaften und die *Bestimmung des Wesens der Philosophie aus ihrem Verhältnis zum Welt-Problem*. Wie beides zusammenhängt, läßt sich nur ahnen, zumal sich im Gesamtplan verschiedene Motive überkreuzen und zahlreiche Anregungen in ihn einfließen – nicht nur von Kant, sondern auch von Trendelenburg, dem Autor einer »Geschichte der Kategorienlehre« (1846) und philosophischen Lehrer Diltheys in Berlin.

Um der Logik den bei Kant und seinen spekulativen Nachfolgern verlorengegangenen Anschauungsboden wiederzugewinnen, war Trendelenburg hinter die logischen Funktionen des Verstandes und seiner fertigen Gedankenformen auf die Naturbedingungen der *Bewegung* zurückgegangen, der sich das Denken bedient. Ihr entspringen die Kategorien, die *realen* als Grundbegriffe, unter welche wir die Dinge erfassen, weil sie ihr Wesen sind, die *modalen* als Grundbegriffe, welche erst im Akt des Denkens entstehen.[13] Die Bewegung heißt »konstruktiv«, sofern sie die Kategorien jeweils in der Anschauung darstellt; sie ist teleologisch, sofern ihr ein Zug

13 Vgl. Trendelenburg, »Logische Untersuchungen«, Bd. 1, Leipzig ³1870, S. 332 ff.; Bd. 2, S. 142 ff.

zum Ganzen eignet. Erst in der Anschauung der Welt erreicht das Denken seinen Zweck, dem Sein vollständig zu entsprechen. Der *Zweck* ist die *Naturbedingung*, die der Bewegung und damit der aufsteigenden Reihe der Kategorien immanent ist.

Von diesen Bedingungen macht Dilthey Gebrauch, wenn er versucht, aus ersten und ursprünglichen Bewegungsantrieben die Gedankenformen der Vernunft abzuleiten. Nicht die Deduktion der Kategorien ist wesentlich, sondern »wiefern dieselben wesentliche Elemente der Weltanschauung sind«.[14] Die Kategorie ist damit von vornherein auf jene Stufe gehoben, die Kant der *Idee* vorbehalten hatte, dem Grenz- und Abschlußbegriff der Vernunft, der zum System der Grundsätze möglicher Erfahrung nichts beiträgt, sondern lediglich dem Vernunftbedürfnis nach Einheit genügt. Darin knüpft Dilthey den obersten Punkt der Kategoriendeduktion an. In dem vielfach variierten Programm verbindet sich die tranzendentale Grundfrage mit dem Rekurs auf die »Bewegung des Geistes nach Einheit der Welt, nach Notwendigkeit des inneren und äußeren Geschehens, nach Gleichartigkeit der ursprünglich gesetzten Zwecks usw. – lauter Dinge, welche gar keine logische Notwendigkeit haben, noch aus einer solchen stammen, sondern aus einem ersten dunklen Trieb der menschlichen Natur [. . .]«.[15] Dilthey naturalisiert die Naturbedingung des Zweckes. Die Notwendigkeit ist *teleologisch*, weil Bewegungen dieser Art subjektiv zweckmäßig sind. Sie folgen natürlichen Antrieben der Vernunft, von denen man nicht sagen kann, in welches philosophische Gebiet sie fallen. Genug, daß sie dem Zweck der Auffassung des Individuellen dienen, der sich durch alle Gebiete hindurchzieht, von der Anschauung der Gestalt einer Pflanze oder eines Werkes der Kunst bis

14 Dilthey, »Frühe Aphorismen aus der Berliner Zeit«, in: »Gesammelte Schriften«, Bd. 18, S. 203.
15 »Der junge Dilthey. Ein Lebensbild in Briefen und Tagebüchern 1852–1870«, S. 79.

hin zum Weltganzen. Die Welt selbst ist Individuum, das durch keinerlei Gesetze, sondern nur in der Anschauung zugänglich wird. Wenn die Auffassung des Individuellen in dem skizzierten Sinne zweckmäßig ist, kann die entprechende Notwendigkeit *nur subjektiv* sein: sie befriedigt ein natürliches Bedürfnis der Vernunft.

Das wirkt sich auf das Programm der Kategoriendeduktion aus. Als Elemente ursprünglicher Anschauung lassen sich die Kategorien durch nichts mehr von Ideen unterscheiden. Sie alle sind keine festen Punkte, sondern Punkte in Bewegung, Gesichtspunkte des Anschauens, die sich, je nach Antrieb und Bedürfnis, verschieben und verändern können. Die am meisten bewegten Punkte sind dabei naturgemäß die Ideen, die höchsten Gesichtspunkte der Weltanschauung, die immer anders oder geschichtlich gewußt sind.[16] Was Kant von ihnen behauptet hatte: daß sie nur eine subjektive Deduktion, die »Ableitung aus der Natur unserer Vernunft« zulassen,[17] trifft ebenso auf die Kategorien zu, die grundgebenden Begriffe der Wissenschaft. Für Dilthey sind sie von »rein subjektiver Geltung«,[18] so daß die Möglichkeit einer kategorial abschließenden Lösung des Weltproblems entfällt. Kategorien sind nicht mehr, aber auch nicht weniger als Ansatzpunkte zur Realitätserfassung, die dann folgerichtig mit der Auffassung des Individuellen (des *Positiven*, *Geschichtlichen*, *Singularen*, wie es in den »Beiträgen zum Studium der Individualität« von 1895/96 heißt) gleichbedeutend ist.

Die transzendentale Deduktion fragt nach dem *subjektiven Ursprung* der Kategorien. Indem sie ihre rein *subjektive Geltung* nachweist, muß sie darüber hinaus nach ihrer *Geschichte* fragen, womit die traditionell so wichtige Frage

16 Kant, »Kritik der reinen Vernunft«, B 393.
17 »Der junge Dilthey. Ein Lebensbild in Briefen und Tagebüchern 1852–1870«, S. 92.
18 Dilthey, »Beiträge zum Studium der Individualität«, in: »Gesammelte Schriften«, Bd. 5, S. 268.

ihres *Umfangs* von selbst entfällt. Wenn Kategorien eine Geschichte eignet, kann ihre Anzahl nicht bestimmt werden. Sie können sich ja, je nach Lage der Dinge, die wiederum keine logische Notwendigkeit haben (der Zeit, der Umstände, der Erwartungen an die Wissenschaft usw.), verzweigen, entwickeln, umgruppieren. Aus dieser gegenüber Kant erheblich veränderten Fragestellung erwächst das Konzept einer »Kritik der historischen Vernunft«. Es setzt in Gang, was wir heute die *hermeneutische Wende in der Philosophie* nennen – den Übergang von der begründenden zur verstehenden Vernunft.

III

Der Übergang hat sich nicht mit einem Mal vollzogen, weder im Werk von Dilthey noch in der Geschichte jenes Jahrhunderts, dem es zugehört. Er bereitet sich anderwärts vor und findet auch anderswo statt, freilich nicht mit der klaren Entschiedenheit, in der er sich bei Dilthey vollzieht. Die ihn auslösenden Momente sind so vielschichtig wie das ablaufende Geschehen, das sich nach außen im lärmenden Kampf der philosophischen Systeme, nach innen im lautlosen Wandel des Wesens der Philosophie darstellt. Er setzt ein mit der *Kritik der nachhegelschen Philosophie an Hegels absolutem Begründungsanspruch*. Sein Motiv ist der Konflikt zwischen Begründungs- und Realitätsproblem. Er erwächst, um einen die eigene Sache mitbezeichnenden Terminus von Dilthey zu gebrauchen, der allgemeinen Bewußtseinseinstellung der nachhegelschen Philosophie, der durch sie bewußt gewordenen Einsicht, daß der Grundzug des Wirklichen Faktizität, ein dem Denken unzugängliches *Daß-Sein* sei. Bei Schopenhauer und dem späten Schelling heißt dieses Faktische »Wille«, bei Feuerbach »Sinnlichkeit«, bei Marx »Gegenständlichkeit«, bei Kierkegaard »Existenz« – alles Ausdrücke für die Reduktion des

Anspruchs der Vernunft auf Vernehmung des Wirklichen. *Was vernünftig ist*, so hatte Hegel gesagt, *ist wirklich: und was wirklich ist, ist vernünftig*. Um diesem Satz die paradoxe Spitze zu nehmen, hatte Hegel in der »Logik« das Wirkliche als *Kategorie des Wesens*, als wesentliche Existenz, definiert und auf den Satz zurückgeführt: *Alles, was ist, hat einen Grund oder ist ein Gesetztes, ein Vermitteltes.*[19] Er formuliert das Prinzip der Hegelschen *Logik*, den Anspruch auf universale Begründung oder die Vermittlung des Faktischen mit dem Wesen. Das Vermittlungsprinzip in seine Grenzen zu weisen, darauf ist das gemeinsame Bemühen der nachhegelschen Philosophie gerichtet. Sie will das *Recht der Unmittelbarkeit* wiederherstellen. In dieser Absicht versteht sie sich als *Kritik der Hegelschen Philosophie*. Sie reduziert Hegels absoluten Begründungsanspruch und versucht, die Notwendigkeit einer solchen Reduktion nachzuweisen.[20]

Diltheys Konzept einer ›Kritik der historischen Vernunft‹ steht in dieser Tradition. In seinem Werk hallt noch das Echo des Streits um den Hegelschen Satz von der Wirklichkeit der Vernunft nach, von den frühesten Entwürfen bis hin zur »Jugendgeschichte Hegels«, die der eigenen Herkunft aus dem Hegelianismus der 40er Jahre ein Denkmal setzt. Das Große an Hegel bleibt immer gegenwärtig: der »gewaltig realistische Zug in ihm«,[21] der dem formalen Zug nach Begründung widerstrebt und im Gedanken der *Geschichte der Vernunft* durchbricht. Daß die grund-gebenden Begriffe der Wissenschaft, die Kategorien, geschichtliche Gebilde, daß sie »Produkte des sich in der Geschichte entwickelnden

19 Hegel, »Wissenschaft der Logik«, T. 2, hrsg. von Georg Lasson, Leipzig 1934, S. 102.
20 Vgl. zu diesen beiden Aspekten: Konrad Cramer, »Die formale Struktur einer Philosophie nach Hegel«, in: »Hermeneutik und Dialektik«, hrsg. von Rüdiger Bubner, K. C. und Reiner Wiehl, Bd. 2, Tübingen 1970, S. 159.
21 Vgl. »Der junge Dilthey. Ein Lebensbild in Briefen und Tagebüchern 1852–1870«, S. 120.

Geistes« sind,[22] diese Einsicht übernimmt Dilthey von Hegel. Gegenwärtig bleibt ihm aber auch die Grenze, Hegels Versuch, das Realitätsproblem gerade darüber, über die Anerkennung der Relativität von Grund-Gebungen, auf absolute Weise zu lösen, d. h. alle Begründungsgesichtspunkte so lange in Bewegung zu halten, bis in seiner Philosophie der letzte Punkt erreicht ist. In Wahrheit spricht Hegel damit nur aus, was er mit seinen Vorgängern voraussetzt: die Notwendigkeit der Vernunft als Grund, als »indemonstrable Voraussetzung« aller Philosophie.[23]

Es ist die Voraussetzung, die sie als Metaphysik machen muß, wenn sie daran geht, das in der Erfahrung Gegebene durch einen allgemeingültigen Zusammenhang von Begriffen zu ergänzen,[24] d. h., das Weltproblem mit den Mitteln der begründenden Vernunft zu lösen. Darin besteht der Anspruch der Metaphysik. Von Platon und Aristoteles bis hin zu Leibniz und Hegel gilt sie als die Wissenschaft der nicht weiter im Erkenntnisvorgang bedingten Gründe,[25] wir dürfen auch sagen: als *Vernunft-Wissenschaft*, wenn wir darunter das ihr eigene Bestreben verstehen, die grundgebenden Begriffe in die Vernunft zu verlegen. Diese Metaphysik der begründenden Vernunft untersucht Dilthey im 2. Buch der »Einleitung in die Geisteswissenschaften«, das die Absicht einer »Kritik der historischen Vernunft« partiell realisiert. Indem sie danach fragt, was die Auffassung von Individualität in der Geschichte ermöglicht, klärt es die kategorialen Implikationen auf, welche die metaphysische Tradition dazu bestimmt haben, das Individuelle durch Letztbegründungsansprüche zu überfliegen. Und es sucht

22 Dilthey, »Über das Studium der Geschichte der Wissenschaften vom Menschen, der Gesellschaft und dem Staat«, in: »Gesammelte Schriften«, Bd. 18, S. 227.
23 »Der junge Dilthey. Ein Lebensbild in Briefen und Tagebüchern 1852–1870«, S. 82.
24 Dilthey, »Einleitung in die Geisteswissenschaften«, in: »Gesammelte Schriften«, Bd. 1, S. 130 f.
25 Ebd.

am Leitfaden eben dieser Frage die Möglichkeit einer anderen Art von Wissen zu sichern, die dem Grundzug des Wirklichen entspricht. Wir nennen sie die *Metaphysik der verstehenden Vernunft.*

Dilthey selbst hat sich hier, mehr als nötig, Zurückhaltung auferlegt und vom *metaphysischen Bewußtsein* gesprochen, das nach der Reduktion von Letztbegründungsansprüchen als Ansatzpunkt zur Realitätserfassung zurückbleibt.[26] Ja, er hat sich sogar, dem zeitgenössischen Positivismus Tribut zollend, das vielleicht tiefste Motiv seines Philosophierens verdeckt, indem er das metaphysische Bewußtsein einmal in die Erkenntnistheorie, dann wieder in die Psychologie, von ihr in die Ethik und zuletzt zwischen Religion und Geschichte verlegt. Wir gewinnen einen Anhalt, wenn wir seinen Ort aus der Distanz zur Metaphysik der begründenden Vernunft bestimmen.

Nach Dilthey erreicht sie in Leibniz' Satz vom zureichenden Grunde ihren formalen Abschluß. Es ist der Satz, der dem Prinzip der Hegelschen Logik präludiert: *Alles, was ist, hat einen Grund oder ist ein Gesetztes.* In der Fassung von Leibniz lautet er: *Es gibt einen zureichenden Grund dafür, daß etwas eher so ist als anders.*[27] Diltheys Kritik richtet sich gegen den in diesem Satze erhobenen Anspruch, mit dem Begründungsproblem zugleich das der Realität, das Rätsel des Weltproblems, zu lösen. Begründet werden soll ein Reales gegenüber dem sonst noch Denkbaren, ein zufälliger Tatbestand wie die Verteilung der Materie an dieser und nicht an jener Stelle in der Welt – die Ausgangsfrage der Logik-Vorlesungen, die dort das Theorem von der völligen Positivität der Welt hervorrief. Leibniz zieht der begründen-

26 Ebd., S. 384 ff.
27 »Correspondance Leibniz-Clarke« (»Streitschriften zwischen Leibniz und Clarke«), 3. Brief, § 7. Vgl. Dilthey, »Schlußbetrachtung über die Unmöglichkeit der metaphysischen Stellung des Erkennens«, S. 135 ff. (»Einleitung in die Geisteswissenschaften«, B. 2, Abschn. 4, Kap. 4, in: »Gesammelte Schriften«, Bd. 1, S. 388 ff.)

den Vernunft eine Grenze, ja, er anerkennt sogar das Individuelle als *ens positivum*, das durch ein Negatives nicht konstituiert werden kann. Dennoch kann er sich nicht davon frei machen, daß die Welt nur ein Fall unter denkbar vielen ist, daß sie auch anders sein könnte, aber dafür, wie sie faktisch ist, einen Grund haben muß. Ihn verlegt Leibniz aus der Vernunft in den göttlichen Willen, der sich zur Wahl des Faktischen entschließt, um dann den Willen wieder auf die Vernunft zu gründen.

Leibniz' Gott wählt nach dem Maximum an Realität, das in der Welt möglich ist. Realität ist zu schätzen nach der Menge, Mannigfaltigkeit und Ordnung der Dinge. In der Menge ohne Mannigfaltigkeit wäre ebensowenig eine zureichend begründete Realität wie in der Mannigfaltigkeit ohne Ordnung. Erst wenn sich alles aufeinander bezieht, geschieht es mit höchster Vernunft.[28] So tritt hinter der Wahl des göttlichen Willens das Antlitz des logischen Weltgrundes hervor. Der Ausdruck »zureichend« bezieht sich auf den höchstmöglichen Grad von Realität in der Welt, die *perfectio* – den Inbegriff von Zweckmäßigkeit, den der göttliche Wille ausführt. Leibniz faßt damit den Zusammenhang der Welt nach Maßgabe eines grund-gebenden Begriffs, der Zweck-Kategorie, auf. Er gelangt nicht zur Welt, so wie sie *wirklich* ist, zu dem einmaligen singularen Weltzusammenhang.[29]

Die Metaphysik der begründenden Vernunft scheitert daran, daß sie den Satz vom Grund als Gesetz der Wirklichkeit behandelt. Das ist die Voraussetzung, die sie nicht begründen kann; denn das Wirkliche ist heterogen, positiv, individuell. In diesem Sinne ist der Satz gar kein Axiom des Denkens, am wenigsten das oberste und erste, auf das sich alle anderen zurückführen ließen. Wir könnten ihn eine

---

28 Vgl. Dilthey, »Die Funktion der Anthropologie in der Kultur des 16. und 17. Jahrhunderts«, in: »Gesammelte Schriften«, Bd. 2, S. 467.
29 Vgl. Dilthey, »Das Wesen der Philosophie«, S. 45 f. (»Gesammelte Schriften«, Bd. 5, S. 404).

logische *Maxime* nennen, wenn wir darunter eine *Regel* verstehen, nach der wir uns im Denkzusammenhang *orientieren*. Maximen stehen unter einer zweifachen Voraussetzung. Sie sind subjektiv gültige Grundsätze, die *erstens* gewählt und *zweitens* auf ein Wirkliches angewendet werden müssen. Erst in der Anwendung erweist sich ihre objektive Geltung.

Das trifft, in gewisser Hinsicht, selbst auf das Widerspruchsaxiom zu. Es bezieht sich zwar nicht primär auf die Wirklichkeit, sondern auf Sätze. Aber wenn sich zwei Sätze widersprechen, so sind es die verschiedenen Aussagen über denselben Gegenstand a, die den Widerspruch konstituieren. Der Widerspruchssatz stellt nur fest, daß a sich selbst *gleich bleibt*. Er bestätigt gleichsam, was der *Satz der Identität* positiv formuliert: daß a sich selbst gleich ist (a = a). Beide Sätze sind formallogisch wahr, d. h. an jedem Punkt des Wissens in Geltung. Das ist das Motiv dafür, weshalb sie als allgemeingültige *Gesetze* des Denkens auftreten, die gar keine Wahl zulassen. Dennoch können sie den Maximencharakter nie ganz verleugnen. Wenn »Allgemeingültigkeit« heißt, daß ein Denkinhalt a sich selbst gleich bleibe, so ist dies eine Anforderung an den ganzen Denkzusammenhang. Der Identitätssatz und der Satz vom Widerspruch sind, so betrachtet, Regeln zur Orientierung im Denken. Den einen bezeichnet Dilthey als die *Regel der Setzung von Denkinhalten*, den anderen als die *Regel der Denkbarkeit des Gesetzten*. Ihre Anwendung fordert lediglich, daß sich mit demselben Zeichen stets derselbe Denkinhalt verbindet und daß das im Prädikatswort Vorgestellte im Subjekt enthalten ist.

Die Anforderung der Allgemeingültigkeit wird im Satz vom zureichenden Grunde vom Denkzusammenhang auf die Wirklichkeit übertragen. Er drückt eine Regel der Beziehung zwischen Denken und Sein aus: daß der Satz der Tatsache, die er darstellt, entspreche. Dilthey reduziert den darin formulierten Geltungsanspruch auf eine Maxime der erfahrungswissenschaftlichen Forschung, die mit eben dieser Voraussetzung beginnt. Sie folgt ihr methodisch, in der Wahl spezieller Maximen und deren Überprüfung im Forschungsprozeß, der sie entweder eliminiert oder als Gesetze bestätigt. Die Regel der Beziehung zwischen Denken und Sein, die Forschungsmaxime, ist eine Teilregel des Satzes vom zureichenden Grunde. Er selbst hat den Status einer logischen Maxime. Jedenfalls ist er kein Denkgesetz, sondern die *Regel der Denknotwendigkeit*, die im täglichen Leben wie in der Wissenschaft befolgt wird, nach der Formel: *Die Folge ist im Grund gegeben, d. h. der Grund ist zureichend (d. h. enthaltend) in bezug auf die Folge.*[30] Obwohl sie als die Grundregel des Schließens der Verfeinerung des wissenschaftlichen Denkens entgegenkommt, besitzt sie keine Allgemeingültigkeit. Ihr widerspricht der einmalige, singulare Weltzusammenhang, die Welt, so wie sie wirklich ist, die in letzter Instanz nicht *logisch aufgeklärt*, sondern nur *verstanden* werden kann.[31] In der Einschränkung auf den Kausalsatz: *Die Wirkung ist in der Ursache (Ursache als Inbegriff der Funktion) enthalten*, gilt die Regel für einen Teilinhalt der Welt, die Erscheinungen der Natur. Sie lassen sich *erklären*, d. h. in der Form des Schlusses ableiten, weil für sie der denknotwendige Zusammenhang eine Voraussetzung der Wissenschaft von ihr ist. Ein Denkgesetz oder gar das Gesetz der Wirklichkeit ist er nicht.

Er kann es nicht sein, weil dem die Unterlage des Denkzu-

30 Dilthey, »Kritik der spekulativen Systeme und Naturerklärung von den Tatsachen des Bewußtseins und dem geschichtlichen Gang des Weltdenkens aus«, in: »Gesammelte Schriften«, Bd. 8, S. 260 (Anm.). Vgl. ferner die Ausarbeitungen zum 2. Band der »Einleitung in die Geisteswissenschaften«, B. 5: »Das Denken, seine Gesetze und seine Formen«, in: »Gesammelte Schriften«, Bd. 19, S. 245 f.; »Leben Schleiermachers«, Bd. 2, in: »Gesammelte Schriften«, Bd. 14,1, S. 87 f.; »Logik von Professor Dilthey«, 1883/84, Nachschrift zu J. Kolloge, S. 25 ff. (Nachlaß UB Göttingen).
31 Dilthey, »Der Fortgang über Kant«, in: »Gesammelte Schriften«, Bd. 8, S. 178.

sammenhangs widerspricht, die *begriffsmäßige Fassung des Grundes* in den *Kategorien* von *Sein, Ursache, Wert, Zweck.*[32] Damit stellt sich für Dilthey noch einmal die Aufgabe der Kategoriendeduktion, die Frage nach dem Ursprung und der Geltung der grund-gebenden Begriffe der Wissenschaft, die zur Feststellung des Maximencharakters der Axiome sowie der Tragweite und Grenze des Begründungsdenkens unerläßlich ist. Wie Dilthey nachweist, enthalten die Kategorien nichts von Denknotwendigkeit. Sie können weder aufeinander noch auf ein höheres Prinzip zurückgeführt werden, sei dies nun eine »erste« Substanz oder eine »letzte« Ursache, ein »oberster« Wert oder ein »unbedingter« Zweck. Deshalb läßt sich auch keine von ihnen zur Befestigung eines inhaltlich bestimmten Grundsatzes der Philosophie heranziehen.

An der Heterogenität der Kategorien zeigt sich, daß nicht die Gleichförmigkeit der begründenden Vernunft, sondern das *Leben* den Grund gibt, das immer anders ist. Es kann sich *anders verhalten*, ja, mehr noch: seine Verhaltungsweisen sind andere als die des bloßen Begründungsdenkens, das in der Logik und in den erklärenden Wissenschaften am Werk ist. Die Grund-Verhaltung des Lebens ist das auffassende *Verstehen*, worin es sich zu sich selbst verhält. Ursprünglich in der je eigenen, d. h. *unvergleichbar einmaligen oder individuellen Lebenseinheit* zentriert – »Denn mir ist das Leben direkt nur als mein eigenes gegeben« –, vermag sie sich doch niemals als *Selbstverhältnis* zu konstituieren. Dem Verstehen ist immer schon die Auffassung von Welt, ein Verhältnis zum Anderen im Doppelsinn des *alter ego* und der Andersheit des *Dinges*, immanent.

In der hermeneutischen Besinnung auf diesen Zusammenhang, der das Leben selbst ist, hinter das nicht mehr weiter zurückgegangen werden kann, gewinnt Dilthey zuletzt eine Antwort auf die Ursprungsfrage: *die metaphysische Deduk-*

32 Dilthey, »Das Wesen der Philosophie«, S. 116 (»Gesammelte Schriften«, Bd. 5, S. 405).

tion der Kategorien. Bei ihm nimmt sie die Gestalt einer *Hermeneutik der individuellen Lebenseinheit* an, die in manchem Husserls Phänomenologie der Lebenswelt und Heideggers Daseinsanalytik vorwegnimmt. Sie wendet sich gegen die Deduktion der Kategorien aus einem »obersten Punkt«, ihrer Herleitung als Einheitsformen des Denkens aus den Grundfunktionen der Prädikation. Wenn die Grundkategorien – und nur um sie handelt es sich hier, um die begriffsmäßige Fassung des Grundes – das wären, dann müßten sie so klar und eindeutig sein wie die formalen Kategorien von »Identität«, »Gleichheit«, »Unterschied«, von denen das Begründen Gebrauch macht. Signifikantes Merkmal aller grund-gebenden Begriffe der Wissenschaft ist aber gerade die Unergründlichkeit ihres Gehalts durch das Denken[33] – der Anlaß dafür, daß sie immer Punkte in Bewegung sind, verschiebbare Gesichtspunkte zur Erfassung von Realität. Ihnen eignet ein realer, dunkler Kern, der sich so wenig logisch aufklären läßt wie die Wirklichkeit, worauf sie sich beziehen. Aber er läßt sich verstehen. Dazu bedarf es des Schrittes hinter das Denken in Begründungen auf den »Zusammenhang des Gegebenen« zurück, den alles Erkennen voraussetzt, das naturwissenschaftliche Erklären eingeschlossen, das die Begriffe von »Sein« und »Ursache« unzulässig verallgemeinert, wenn es den Kausalsatz, eine Maxime der wissenschaftlichen Forschung, zum Gesetz der Wirklichkeitserkenntnis erhebt.

Es ist der Rückgang auf den ursprünglichen *Sinnboden des Lebenszusammenhangs,* der anschaulichen Gegebenheit von Individuen, ihrer Wechselwirkung untereinander und mit der Welt, der nicht nur am Grunde der Wissenschaft, sondern in Religion und Dichtung fungiert. Er tut das nicht eigentlich im Modus des Anschauens, sondern des Auffassens von Welt, der *Weltauffassung,* wie Dilthey für diesen Wesenszug der Philosophie vielleicht besser hätte sagen

33 Dilthey, »Leben und Erkennen«, S. 169 f. (»Gesammelte Schriften«, Bd. 19, S. 359).

sollen. In der Sprache seiner Zeit spricht er von »Weltanschauung« – als ob sich unser Eigenleben je in einem bloß
anschauenden Verhalten zur Welt befände! Daß dem nicht
so ist, bestätigt sich daran, daß die »Weltanschauungen« der
Religion, Dichtung und Philosophie als *Interpretationen der
Wirklichkeit* definiert werden.[34] Sie müssen es sein, weil das
Wirkliche weder begründet noch erklärt werden kann. Es
bedarf der *Deutung*, die allemal von der Grundverhaltung
des Lebens ausgeht, perspektivisch, wie sich versteht, da
anders gar nicht verstanden werden kann.

Religion und Dichtung unterscheiden sich darin nur gradu-
ell, nicht prinzipiell von der Philosophie. Auch sie interpretiert, wenn sie *naturalistisch* die geistige auf die physische
Welt zurückführt, *objektiv-idealistisch* die Welt als wert-
hafte Entfaltung eines unbewußt oder bewußt wirkenden
seelischen Zusammenhangs ansieht oder *subjektiv-ideali-
stisch* den Willen als Selbstzweck des Universums voraussetzt. Aber sie hat, dem Zug nach Universalität und Letztbegründung folgend, für ihre Interpretamente immer wieder
den Anspruch auf Allgemeingültigkeit erhoben. Seine Halt-
losigkeit – in diesem Punkt war Husserl, der letzte große
Vertreter der Idee der Philosophie als strenger Wissenschaft,
in dem denkwürdigen Streit mit Dilthey ganz im Recht[35] –
läßt sich nicht mit dem Hinweis auf die historische Anarchie
der philosophischen Systeme beweisen; das Phänomen des
Pluralismus, der miteinander konkurrierenden Schulen und
Richtungen, ist, wie die Zeitgeschichte eindringlich bezeugt,
leicht durch Dekrete zu beseitigen. Das Haltlose des Allge-
meingültigkeitsanspruchs ist vielmehr durch den Nachweis
der unvermeidlichen An-Archie an ihrem Grunde bewiesen.
Wir können die Welt nur unter *einer* der Grundkategorien
auffassen, heißt es dazu an einer der aufschlußreichsten

34 Dilthey, »Das Wesen der Philosophie«, S. 178 f. (»Gesammelte Schriften«,
Bd. 5, S. 379).
35 Husserl, »Philosophie als strenge Wissenschaft«, in: »Logos« 1 (1911)
S. 323 ff.

Stellen der Abhandlung vom »Wesen der Philosophie«, wir
können »gleichsam immer nur eine Seite unseres Verhältnisses zu ihr gewahren – nie das ganze Verhältnis, wie es durch
den Zusammenhang dieser Kategorien bestimmt würde«.[36]
Gerade weil die Welt einzig ist, müssen wir uns zu ihr
deutend verhalten. Das Faktum der Einzigkeit ist so der
hinreichende Grund dafür, warum für uns die *eine Realität
der Welt* nur über die *Deutung* faßbar wird – daß es auf der
Ebene hermeneutisch-kritischer Philosophie, wiederum,
eine Vielheit von Welten gibt.

36 Dilthey, »Das Wesen der Philosophie«, S. 116 (»Gesammelte Schriften«,
Bd. 5, S. 405).

Das Wesen der Philosophie

Einleitung

Wir sind gewohnt, gewisse geistige Erzeugnisse, die im Verlauf der Geschichte bei den verschiedenen Nationen in großer Zahl entstanden sind, unter der Allgemeinvorstellung Philosophie zusammenzufassen. Wenn wir dann das Gemeinsame in diesen einzelnen, vom Sprachgebrauch als Philosophie oder als philosophisch bezeichneten Tatbeständen in einer abstrakten Formel ausdrücken, so entsteht der Begriff der Philosophie. Die höchste Vollendung dieses Begriffes wäre erreicht, wenn er das Wesen der Philosophie zu adäquater Darstellung brächte. Ein solcher Wesensbegriff würde das Bildungsgesetz aussprechen, das in der Entstehung jedes einzelnen philosophischen Systems wirksam ist, und die Verwandtschaftsverhältnisse zwischen den ihm untergeordneten Einzeltatsachen würden sich aus ihm ergeben.

Eine Lösung dieser idealen Aufgabe ist nur unter der Voraussetzung möglich, daß in dem, was wir mit dem Namen »Philosophie« oder »philosophisch« bezeichnen, auch wirklich ein solcher allgemeiner Sachverhalt enthalten ist: dergestalt, daß ein Bildungsgesetz in all diesen Einzelfällen wirkt und so ein innerer Zusammenhang das ganze Gebiet dieser Namengebung umfaßt. Und so oft vom Wesen der Philosophie gesprochen wird, ist dies die Annahme. Mit dem Namen Philosophie wird dann ein allgemeiner Gegenstand gemeint; hinter den Einzeltatsachen wird ein geistiger Zusammenhang vorausgesetzt, als einheitlicher und notwendiger Grund der empirischen Einzeltatsachen von Philosophie, als die Regel ihrer Veränderungen und als das Ordnungsprinzip, das ihre Mannigfaltigkeit gliedert.

Kann nun in diesem genauen Verstande von einem Wesen

der Philosophie gesprochen werden? Es ist das keineswegs
selbstverständlich. Der Name »Philosophie« oder »philosophisch« hat so viele nach Zeit und Ort verschiedene Bedeu-
tungen, und so verschiedenartig sind die geistigen Gebilde,
die von ihren Urhebern mit diesem Namen bezeichnet worden sind, daß es scheinen könnte, die verschiedenen Zeiten
hätten an immer andere geistige Gebilde das schöne von den
Griechen geprägte Wort Philosophie geheftet. Denn die
einen verstehen unter Philosophie die Grundlegung der
Einzelwissenschaften; andere erweitern diesen Begriff der
Philosophie, indem sie solcher Grundlegung die Aufgabe
hinzufügen, aus ihr den Zusammenhang der Einzelwissenschaften abzuleiten; oder Philosophie wird auf den Zusammenhang der Einzelwissenschaften eingeschränkt; dann wieder wird Philosophie definiert als die Geisteswissenschaft,
die Wissenschaft der inneren Erfahrung; endlich versteht
man unter ihr auch die Verständigung über die Lebensführung oder die Wissenschaft von den allgemeingültigen Werten. Wo ist das innere Band, das so verschiedenartige Fassungen des Begriffs der Philosophie, so mannigfache Gestalten derselben miteinander verknüpft – das einheitliche
Wesen der Philosophie? Kann ein solches nicht gefunden
werden, dann haben wir es nur mit verschiedenen Leistungen zu tun, die unter wechselnden geschichtlichen Bedingungen als Bedürfnis der Kultur hervortraten, und die nur
äußerlich und durch die historischen Zufälle der Namengebung eine gemeinsame Bezeichnung tragen – es gibt dann
Philosophien, aber keine Philosophie. Dann hat auch die
Geschichte der Philosophie keine innere notwendige Einheit. Sie empfängt dann unter der Hand der einzelnen
Darsteller je nach dem Begriff, den diese im Zusammenhang
ihrer eignen Systeme von ihr sich bilden, immer wieder
einen anderen Inhalt und einen anderen Umfang. Es mag der
eine diese Geschichte darstellen als den Fortgang zu einer
immer tiefer reichenden Begründung der Einzelwissenschaften, ein anderer als die fortschreitende Besinnung des Gei-

stes über sich selbst, ein anderer als die zunehmende wissenschaftliche Verständigung über die Lebenserfahrung oder die Lebenswerte. Um nun zu entscheiden, wiefern von einem Wesen der Philosophie zu sprechen ist, müssen wir uns von den Begriffsbestimmungen der einzelnen Philosophen zu dem geschichtlichen Tatbestand der Philosophie selbst wenden: dieser gibt das Material für die Erkenntnis dessen, was Philosophie ist; das Ergebnis dieses induktiven Verfahrens kann dann tiefer in seiner Gesetzmäßigkeit verstanden werden.

Nach welcher Methode kann nun die Aufgabe gelöst werden, aus dem historischen Tatbestande das Wesen der Philosophie zu bestimmen? Es handelt sich hier um ein allgemeineres methodisches Problem der Geisteswissenschaften. Die Subjekte aller Aussagen in denselben sind die gesellschaftlich aufeinander bezogenen individuellen Lebenseinheiten. Das sind zunächst die Einzelpersonen. Ausdrucksbewegungen, Worte, Handlungen sind die Manifestationen derselben. Und die Aufgabe der Geisteswissenschaften ist, diese nachzuerleben und denkend zu erfassen. Der seelische Zusammenhang, der sich in diesen Manifestationen ausdrückt, ermöglicht es, in denselben ein typisch Wiederkehrendes aufzuweisen und die einzelnen Lebensmomente in den Zusammenhang von Lebensphasen und zuletzt in den der Lebenseinheit zu bringen. Die Individuen existieren aber nicht isoliert, sondern sie sind aufeinander bezogen in Familien, zusammengesetzteren Verbänden, Nationen, Zeitaltern, schließlich der Menschheit selbst. Die Zweckmäßigkeit in diesen singularen Organisationen ermöglicht die typischen Auffassungsweisen in den Geisteswissenschaften. Doch erschöpft kein Begriff den Gehalt dieser individuellen Einheiten, vielmehr kann die Mannigfaltigkeit des anschaulich in ihnen Gegebenen nur erlebt, verstanden und beschrieben werden. Und auch ihre Verwebung im geschichtlichen Verlaufe ist ein Singulares und für das Denken unausschöpfbar. Nicht willkürlich indes sind die For-

mungen, die Zusammenfassungen des Singularen. Es gibt
keine unter ihnen, die nicht der Ausdruck der erlebten
Struktureinheit des individuellen und Gemeinschaftslebens
wäre. Es gibt keine Erzählung eines noch so einfachen
Tatbestandes, welche ihn nicht zugleich verständlich zu
machen suchte, indem sie ihn allgemeinen Vorstellungen
oder Begriffen von psychischen Leistungen unterordnet;
keine, welche nicht das vereinzelt in die Wahrnehmung
Fallende auf Grund der verfügbaren allgemeinen Vorstellungen oder Begriffe zu einem Zusammenhang ergänzend ver-
knüpfte, wie ihn das eigne Erleben darbietet; keine, welche
nicht nach den erreichbaren Erfahrungen von Lebenswerten, Wirkungswerten, Zwecken die Einzelheiten, auswäh-
lend und verbindend, zu einem Bedeutsamen, Sinnvollen
vereinigte. In der geisteswissenschaftlichen Methode liegt
die beständige Wechselwirkung des Erlebnisses und des
Begriffs. In dem Nacherleben der individuellen und kollektiven Strukturzusammenhänge finden die geisteswissenschaftlichen Begriffe ihre Erfüllung, wie anderseits das
unmittelbare Nacherleben selbst vermittels der allgemeinen
Formen des Denkens zu wissenschaftlicher Erkenntnis
erhoben wird. Wenn diese beiden Funktionen des geisteswissenschaftlichen Bewußtseins zur Deckung gelangen,
dann erfassen wir das Wesenhafte der menschlichen Entwicklung. Kein Begriff soll in diesem Bewußtsein sein, der
sich nicht geformt hat an der ganzen Fülle des historischen
Nacherlebens, kein Allgemeines soll in ihm sein, das nicht
Wesensausdruck einer historischen Realität ist. Nationen,
Zeitalter, geschichtliche Entwicklungsreihen – in diesen
Formungen schaltet nicht freie Willkür, sondern, gebunden
an die Notwendigkeit des Nacherlebens, suchen wir in
ihnen das Wesenhafte der Menschen und der Völker zur
Klarheit zu erheben. Man verkennt sonach vollständig das
Interesse, das der denkende Mensch der geschichtlichen
Welt entgegenbringt, wenn man die Begriffsbildung in
ihrem Bereich nur als ein Hilfsmittel ansieht, das Singulare,

wie es ist, abzubilden und darzustellen; über alle Abbildung und Stilisierung des Tatsächlichen und Singularen hinaus will das Denken zur Erkenntnis des Wesenhaften und Notwendigen gelangen: es will den Strukturzusammenhang des individuellen und des gesellschaftlichen Lebens verstehen: nur so viel Macht gewinnen wir über das gesellschaftliche Leben, als wir Regelmäßigkeit und Zusammenhang erfassen und benutzen. Die logische Form, in welcher solche Regelmäßigkeiten zum Ausdruck kommen, sind Sätze, deren Subjekte allgemein sind wie ihre Prädikate.

Unter die mannigfachen allgemeinen Subjektsbegriffe, die dieser Aufgabe in den Geisteswissenschaften dienen, gehören nun auch solche wie Philosophie, Kunst, Religion, Recht, Wirtschaft. Ihr Charakter ist dadurch bedingt, daß sie nicht nur einen Sachverhalt ausdrücken, der in einer Vielheit von Subjekten stattfindet, sonach ein Gleichförmiges, Allgemeines, das in diesen sich wiederholt, sondern zugleich einen inneren Zusammenhang, zu welchem die verschiedenen Personen durch diesen Sachverhalt miteinander verknüpft sind. So bezeichnet der Ausdruck Religion nicht nur einen allgemeinen Tatbestand, etwa eine lebendige Beziehung des seelischen Zusammenhanges auf unsichtbare Kräfte: er deutet zugleich einen gemeindlichen Zusammenhang an, in welchem zu religiösen Akten Individuen verbunden sind, und in welchem sie eine differenzierte Stellung zu den religiösen Leistungen haben. Sonach zeigen die Tatbestände in denjenigen Individuen, welchen Religion, Philosophie oder Kunst zugeschrieben wird, ein doppeltes Verhältnis: sie stehen als das Besondere unter einem Allgemeinen, als Fälle unter einer Regel, und sie sind zugleich als Teile untereinander nach dieser Regel verknüpft zu einem Ganzen. Der Grund hierfür wird sich uns später aus der Einsicht in die zweifache Richtung der psychologischen Begriffsbildung ergeben.

Die Funktion dieser Allgemeinbegriffe ist in den Geisteswissenschaften eine sehr bedeutsame. Denn in ihnen ist die

Erfassung von Regelmäßigkeiten ganz wie in den Naturwissenschaften nur dadurch möglich, daß wir aus dem verwikkelten Gewebe, als welches die menschlich-gesellschaftlich-geschichtliche Welt sich darstellt, einzelne Zusammenhänge auslösen, an denen dann Gleichförmigkeiten, innere Struktur und Entwicklung aufgezeigt werden können. Analysis der empirisch gegebenen komplexen Wirklichkeit ist der erste Schritt zu den großen Entdeckungen auch in den Geisteswissenschaften. Dieser Aufgabe kommen zunächst Allgemeinvorstellungen entgegen, in welchen solche Zusammenhänge, deren jedesmaliges Vorkommen durch gemeinsame Züge charakterisiert ist, bereits abgesondert und so, ausgelöst aus der komplexen Wirklichkeit, nebeneinander gestellt sind. In dem Maße, als die Abgrenzungen durch die Allgemeinvorstellungen richtig vollzogen sind, können die so entstehenden allgemeinen Subjekte von Aussagen Träger für einen in sich geschlossenen Kreis von fruchtbaren Wahrheiten sein. Und schon auf dieser Stufe bilden sich für das in solchen Allgemeinvorstellungen Ausgedrückte Namen wie Religion, Kunst, Philosophie, Wissenschaft, Wirtschaft, Recht.

Das wissenschaftliche Denken hat nun den in diesen Allgemeinvorstellungen bereits enthaltenen Schematismus zu seiner Grundlage. Es muß aber seine Richtigkeit erst der Prüfung unterwerfen. Denn es ist gefährlich für die Geisteswissenschaften, diese Allgemeinvorstellungen hinzunehmen, da das Auffinden von Gleichförmigkeiten und Gliederung davon abhängig ist, ob auch wirklich ein einheitlicher Sachverhalt in ihnen zum Ausdruck kommt. Sonach ist das Ziel der Begriffsbildung auf diesem Gebiete, das Wesen der Sache zu finden, das schon in der Allgemeinvorstellung und Namengebung bestimmend war, und von ihm aus die unbestimmte, ja vielleicht fehlerhafte Allgemeinvorstellung zu berichtigen und zu eindeutiger Bestimmtheit zu erheben. Dies ist also die Aufgabe, die auch in bezug auf den Begriff und das Wesen der Philosophie uns gestellt ist.

Wie wird nun aber näher das Verfahren zu bestimmen sein, durch das von Allgemeinvorstellung und Namengebung auf sichere Weise fortgegangen werden kann zum Begriff der Sache? Die Begriffsbildung scheint einem Zirkel zu verfallen. Der Begriff der Philosophie kann ganz so wie der der Kunst oder der Religiosität oder des Rechts nur gefunden werden, indem aus den Tatbeständen, welche sie bilden, die Beziehungen der Merkmale abgeleitet werden, welche den Begriff konstituieren. Hierbei wird schon eine Entscheidung darüber vorausgesetzt, welche psychischen Tatbestände als Philosophie zu bezeichnen sind. Diese Entscheidung konnte aber von dem Denken doch nur vollzogen werden, wenn es bereits im Besitz von Merkmalen war, die zureichen, um an den Tatbeständen den Charakter der Philosophie festzustellen. So scheint man schon wissen zu müssen, was Philosophie sei, wenn man mit der Bildung dieses Begriffes aus Tatsachen anfängt.

Die methodische Frage wäre freilich sofort gelöst, wenn diese Begriffe aus allgemeineren Wahrheiten abgeleitet werden könnten: dann würden die Schlüsse aus den einzelnen Tatbeständen nur als Ergänzung zu dienen haben. Und dies ist die Meinung vieler Philosophen gewesen, vor allem in der deutschen spekulativen Schule. Solange aber diese sich nicht über eine allgemeingültige Ableitung verständigen können, oder für eine Intuition die allgemeine Anerkennung gewinnen, wird es bei Schlüssen verbleiben müssen, welche von den Tatbeständen aus nach empirischer Methode den einheitlichen Sachverhalt aufzufinden suchen – die genetische Gesetzlichkeit, die sich in den Phänomenen der Philosophie äußert. Dieses Verfahren muß die Voraussetzung machen, daß hinter der Namenbezeichnung, die es vorfindet, ein einheitlicher Sachverhalt steckt, so daß das Denken, wenn es von dem mit dem Namen »Philosophie« oder »philosophisch« bezeichneten Umkreis der Erscheinungen ausgeht, nicht fruchtlos verläuft. Und die Gültigkeit dieser Voraussetzung muß durch die Untersuchung selbst erprobt wer-

den. Sie gewinnt aus den mit dem Namen »Philosophie«
oder »philosophisch« bezeichneten Tatbeständen einen
Wesensbegriff, und der Wesensbegriff muß dann die Erklärung für die Verteilung des Namens auf die Tatbestände
ermöglichen. Nun sind in der Sphäre solcher Begriffe wie
Philosophie, Religion, Kunst, Wissenschaft überall zwei
Ausgangspunkte gegeben: die Verwandtschaft der einzelnen
Tatbestände und der Zusammenhang, zu welchem dieselben
verbunden sind. Und wie dann die besondere Natur eines
jeden unter diesen allgemeinen Subjektsbegriffen für die
Differenzierung der Methode fruchtbar wird, bietet sich in
unserem Fall weiter der eigne Vorteil, daß die Philosophie
sich früh selber zum Bewußtsein ihres Tuns erhoben hat.
So ist eine große Mannigfaltigkeit von Versuchen einer
Begriffsbestimmung, wie unser Verfahren sie anstrebt, vorhanden; sie sind der Ausdruck davon, was die einzelnen
Philosophen, durch eine gegebene Kulturlage bestimmt und
von ihrem eignen System geleitet, als Philosophie angesehen
haben; daher sind diese Definitionen Abbreviaturen dessen,
was für eine historische Form der Philosophie charakteristisch ist: sie eröffnen den Einblick in die innere Dialektik,
in welcher die Philosophie die Möglichkeiten ihrer Stellung
im Zusammenhange der Kultur durchlaufen hat. Jede dieser
Möglichkeiten muß für die Begriffsbestimmung der Philosophie fruchtbar gemacht werden können.
Der Zirkel, der im Verfahren der Begriffsbestimmung der
Philosophie gelegen ist, ist unvermeidlich. Es besteht tatsächlich eine große Unsicherheit in bezug auf die Grenzen,
innerhalb deren Systemen der Name »Philosophie«, Arbeiten die Bezeichnung »philosophisch« beigelegt wird. Diese
Unsicherheit kann nur überwunden werden, wenn man
zunächst sichere, wenn auch unzureichende Bestimmungen
der Philosophie feststellt und von diesen aus durch neue
Verfahrensweisen zu weiteren Feststellungen gelangt, welche allmählich den Gehalt des Begriffs der Philosophie
ausschöpfen. Die Methode kann also nur sein, durch ein-

zelne Verfahrungsweisen, deren jede für sich eine allgemein-gültige und vollständige Auflösung der Aufgabe noch nicht gewährleistet, doch schrittweise die Wesenszüge der Philosophie genauer abzugrenzen und den Umfang der unter sie fallenden Tatbestände fester zu umschreiben und schließlich aus der Lebendigkeit der Philosophie abzuleiten, warum Grenzgebiete übrigbleiben, die eine reinliche Umfangsbestimmung nicht gestatten. Es muß zuerst versucht werden, an denjenigen Systemen, an denen die Bildung der Allgemeinvorstellung Philosophie für jeden sich vollzieht, einen gemeinsamen Sachverhalt festzustellen. Es kann dann die andere Seite, die der Begriff darbietet, die Zugehörigkeit der Systeme zu einem Zusammenhang benutzt werden, das Resultat zu erproben und durch eine tiefer reichende Einsicht zu ergänzen. Damit ist dann die Grundlage gegeben, die Stellung der so gewonnenen Wesenszüge der Philosophie zu dem Strukturzusammenhang des Individuums und der Gesellschaft zu untersuchen, Philosophie als eine lebendige Funktion im Individuum und der Gesellschaft zu erfassen und so die Züge zu einem Wesensbegriff zu verbinden, von welchem aus das Verhältnis der einzelnen Systeme zur Funktion der Philosophie verstanden, die systematischen Begriffe von der Philosophie an ihren Ort eingestellt und die fließende Grenze ihres Umfangs deutlicher gemacht werden kann. Dies ist der Weg, den wir zu durchlaufen haben.

Erster Teil

Historisches Verfahren zur Bestimmung des Wesens der Philosophie

I. Erste Bestimmungen über den allgemeinen Sachverhalt

Es gibt philosophische Systeme, die sich vor allen anderen dem Bewußtsein der Menschheit eingeprägt haben, und an denen man sich ständig über das orientiert hat, was Philosophie sei. Demokrit, Platon, Aristoteles, Descartes, Spinoza, Leibniz, Locke, Hume, Kant, Fichte, Hegel, Comte haben Systeme dieser Art geschaffen. Dieselben tragen gemeinsame Züge, und an diesen gewinnt das Denken einen Maßstab dafür, wiefern auch andere Systeme dem Gebiete der Philosophie eingeordnet werden können. Zunächst können Züge formaler Natur an ihnen festgestellt werden. Gleichviel welchen Gegenstand die einzelnen Systeme haben oder welche Methode sie befolgen: im Unterschiede von den Einzelwissenschaften sind sie auf den ganzen Umfang des empirischen Bewußtseins als Leben, Erfahren, Erfahrungswissenschaften fundiert und suchen so ihre Aufgabe zu lösen. Sie tragen den Charakter der Universalität. Dem entspricht das Streben, das Vereinzelte zu verbinden, Zusammenhang zu stiften und ihn ohne Rücksicht auf die Grenzen der Einzelwissenschaften auszudehnen. Der andere formale Zug der Philosophie liegt in der Forderung allgemeingültigen Wissens. Hiermit ist verbunden das Streben, in der Begründung zurückzugehen, bis der letzte Punkt für die Fundierung der Philosophie erreicht ist. Dem, der sich vergleichend in die klassischen Systeme der Philosophie vertieft, entsteht aber, zunächst in unbestimmten Umrissen, auch eine Anschauung der inhaltlichen Zusammengehörigkeit der Systeme. Die Selbstzeugnisse der Philosophen über ihr Schaffen, die wohl verdienten, gesammelt zu werden, zeigen zunächst die Jugend aller Denker vom

Kampf mit dem Rätsel des Lebens und der Welt erfüllt, und ihr Verhältnis zum Weltproblem kommt in jedem der Systeme auf eigne Art zur Geltung, und die formalen Eigenschaften der Philosophen offenbaren in ihnen einen geheimen Bezug zu der innersten Richtung auf die Festigung und Gestaltung der Persönlichkeit, auf das Durchsetzen der Souveränität des Geistes, auf jene intellektuelle Beschaffenheit, die alles Tun zum Bewußtsein erheben will und nichts im Dunkel bloßen Verhaltens zurücklassen, das um sich selber nicht weiß.

II. Geschichtliche Ableitung der Wesenszüge der Philosophie aus dem Zusammenhang der Systeme

Nun tut sich ein Verfahren auf, welches in den inneren Zusammenhang dieser Züge tiefer blicken läßt, die Differenzen der Begriffsbestimmungen der Philosophie erklärt, jeder dieser Formeln ihre historische Stelle anweist und den Umfang des Begriffes genauer bestimmt.

Im Begriff der Philosophie liegt nicht nur ein allgemeiner Sachverhalt, sondern auch ein Zusammenhang derselben – ein historischer Zusammenhang. Die Philosophen sind zunächst direkt dem Welt- und Lebensrätsel zugewandt, die Begriffe, die sie von der Philosophie bilden, entspringen hieraus: jede Stellung, die der philosophische Geist dann im weiteren Verlauf einnimmt, bezieht sich auf diese Grundfrage zurück, jede lebendige philosophische Arbeit entsteht in dieser Kontinuität, und die Vergangenheit der Philosophie wirkt in jedem einzelnen Denker, so daß er, auch wo er an der Lösung des großen Rätsels verzweifelt, durch diese Vergangenheit zu seiner neuen Position bestimmt ist. So bilden alle Stellungen des philosophischen Bewußtseins, alle Begriffsbestimmungen der Philosophie, in denen diese Stellungen zum Ausdruck gelangen, einen historischen Zusammenhang.

1. Entstehung des Namens in Griechenland, und was dort mit diesem Namen bezeichnet wurde

Der beziehungsreiche tiefsinnige Zusammenhang von Religiosität, Kunst und Philosophie, in welchem die Orientalen lebten, ging bei den Griechen zu den differenzierten Leistungen dieser drei Formen des geistigen Schaffens auseinander. Ihr heller, selbstbewußter Geist löste die Philosophie von der Gebundenheit der Religiosität und von der seherischen Symbolik mit Philosophie oder Religiosität verwandter Dichtungen. Ihre plastische Anschauungskraft wirkte zur gesonderten Ausbildung der Gattungen geistiger Schöpfungen. So entstand bei den Griechen zugleich die Philosophie, ihr Begriff und der Ausdruck φιλοσοφία. Als σοφόσ wird von Herodot jeder bezeichnet, der in höherer geistiger Tätigkeit sich hervortat. Der Name σοφιστήσ wird von ihm dem Sokrates, Pythagoras und anderen älteren Philosophen beigelegt, und von Xenophon wird er für die Naturphilosophen gebraucht. Das zusammengesetzte Wort φιλοσοφεῖν bedeutet zunächst im Sprachgebrauch der Zeiten von Herodot und Thukydides überhaupt die Liebe zur Weisheit und das Suchen nach ihr: als die neue griechische Geisteshaltung. Denn in dies Wort legt der Grieche das Suchen nach der Wahrheit um der Wahrheit selbst willen – nach einem von jeder praktischen Anwendung unabhängigen Werte. So sagt bei Herodot Krösus zu Solon in jener typischen Darstellung des Gegensatzes orientalischen Machtwillens zu dem neuen griechischen Ethos: er habe vernommen, daß Solon φιλοσοφέων viele Länder θεωρίησ εἴνεκεν – eine Erläuterung des »philosophierend« – durchwandert habe. Denselben Ausdruck gebraucht dann Thukydides in der perikleischen Grabrede, um einen Grundzug des damaligen athenischen Geistes auszusprechen. Zum technischen Ausdruck für einen bestimmten Kreis geistiger Beschäftigung ist dann wohl das Wort »Philosophie« erst in der sokratischen Schule erhoben worden. Denn die Überlieferung, die dies dem

Pythagoras zuschreibt, dürfte Sokratisch-Platonisches zurückübertragen. Und zwar hat nun der Begriff der Philosophie in der sokratisch-platonischen Schule eine bemerkenswerte Zweiseitigkeit.

Philosophie ist nach Sokrates nicht Weisheit, sondern die Liebe zu ihr und das Suchen derselben; denn die Weisheit selber haben die Götter sich vorbehalten. Das kritische Bewußtsein, das in Sokrates und tiefer in Platon das Wissen begründet, setzt demselben zugleich Grenzen. Platon ist der erste, der nach älteren Andeutungen, besonders des Herakleitos, das Wesen des Philosophierens zum Bewußtsein erhoben hat. Indem er von den Erfahrungen seines eignen philosophischen Genies ausgeht, schildert er den philosophischen Trieb und seine Entfaltung zum philosophischen Wissen. Alles große Leben entspringt aus der Begeisterung, die in der höheren Natur des Menschen gegründet ist. Wie wir in der Sinnenwelt befangen sind, äußert sich diese höhere Natur in einer unendlichen Sehnsucht. Der philosophische Eros geht von der Liebe zu schönen Gestalten durch verschiedene Stufen bis zu dem Wissen von den Ideen. Unser Wissen bleibt aber auch auf dieser höchsten Stufe nur eine Hypothese, und zwar hat diese die unveränderlichen Wesenheiten zum Gegenstande, die in der Wirklichkeit realisiert sind, nie indes erreicht sie den ursächlichen Zusammenhang, der von dem höchsten Guten sich erstreckt zu den einzelnen Dingen, in denen wir das Ewige anschauen. In dieser großen Sehnsucht, welcher unser Wissen nie genugtut, lag der Ausgangspunkt für ein inneres Verhältnis der Philosophie zur Religiosität, die in der Fülle des Göttlichen lebt.

Das andere Moment, das die Philosophie nach ihrem sokratisch-platonischen Begriff enthält, bezeichnet ihre positive Leistung. Die Erfassung desselben war von noch allgemeinerer Wirkung. Philosophie bedeutet die Richtung auf das Wissen – Wissen in seiner strengsten Form als Wissenschaft. Allgemeingültigkeit, Bestimmtheit, Rückgang auf die

Rechtsgründe aller Annahmen wurden hier zuerst als Anforderung an jedes Wissen herausgehoben. Galt es doch, dem ruhelosen träumerischen Spiel der metaphysischen Hypothesen wie dem Skeptizismus der Aufklärung ein Ende zu machen. Und zwar erstreckte sich sowohl bei Sokrates als in den ersten Dialogen Platons die philosophische Besinnung auf den ganzen Umfang des Wissens, in bewußtem Gegensatz zu dessen Einschränkung auf Erkenntnis von Wirklichkeit. Sie umfaßte ebenso die Bestimmung der Werte, der Regeln und Zwecke. Ein erstaunlicher Tiefsinn liegt in dieser Auffassung; Philosophie ist die Besonnenheit, welche alles menschliche Tun zum Bewußtsein, und zwar zu allgemeingültigem Wissen erhebt. Sie ist die Selbstbesinnung des Geistes in der Form des begrifflichen Denkens. Das Tun des Kriegers, des Staatsmannes, des Dichters oder des Religiösen kann sich nur vollenden, wenn das Wissen von diesem Tun die Praxis leitet. Und da alles Tun der Zweckbestimmung bedarf, der letzte Zweck aber in der Eudämonie liegt, so ist das Wissen um die Eudämonie, um die in ihr begründeten Zwecke und die von diesen geforderten Mittel das Stärkste in uns, und keine Kraft dunkler Instinkte und Leidenschaften kann sich durchsetzen, wenn das Wissen zeigt, daß die Eudämonie durch diese dunklen Gewalten gehindert wird. So kann nur die Herrschaft des Wissens das Individuum zur Freiheit und die Gesellschaft zu der ihr eignen Eudämonie erheben. Auf dem Grunde dieses sokratischen Begriffs der Philosophie unternahmen die sokratischen Dialoge Platons eine Auflösung der Lebensprobleme. Und eben weil doch das Leben mit seinem Drang nach der Eudämonie, mit der Eigenmacht der Tugenden, in denen diese sich verwirklicht, nicht zu allgemeingültigem Wissen erhoben werden konnte, mußten diese Dialoge negativ enden: der Widerstreit in der sokratischen Schule war unlösbar: tiefsinnig und richtig erfaßt die platonische Apologie in der Person des Sokrates das beides: wie er die Aufgabe der Allgemeingültigkeit des Wissens ergreift und wie das Nichtwissen doch sein Ergebnis ist. Dieser Begriff der Philosophie, nach welchem sie Sein, Werte, Güter, Zwecke, Tugenden zum Wissen zu erheben strebt und so zu ihren Gegenständen das Wahre, Schöne und das Gute hat, ist das erste Ergebnis der Besinnung der Philosophie über sich selbst: eine unermeßliche Wirkung ging von ihr aus, und der Kern des wahren Wesensbegriffs der Philosophie war in ihr enthalten.

Der sokratisch-platonische Begriff der Philosophie wirkt nach in der Einteilung derselben bei Aristoteles. Philosophie zerfällt nach ihm in die theoretische, poietische und praktische Wissenschaft; sie ist theoretisch, wenn ihr Prinzip und Ziel das Erkennen ist, poietisch, wenn ihr Prinzip im künstlerischen Vermögen gelegen ist und ihr Ziel in einem hervorzubringenden Werke, und sie ist praktisch, wo ihr Prinzip der Wille ist und ihr Ziel die Handlung als solche. Und zwar umfaßt die poietische nicht nur die Theorie der Kunst, sondern jegliches Wissen technischer Art, das seinen Zweck nicht in der Energie der Person, sondern in der Herstellung eines äußeren Werkes hat.

Aber Aristoteles hat seine Philosophie nicht wirklich nach dieser in Platon gegründeten Einteilung gegliedert. Ein veränderter Begriff derselben gelangte mit ihm zur Geltung. Philosophie ist ihm nicht mehr höchste Steigerung der Persönlichkeit und der menschlichen Gesellschaft durch das Wissen: sie sucht das Wissen um seiner selbst willen: das philosophische Verhalten ist ihm charakterisiert durch die theoretische Bewußtseinsstellung. Wie die veränderliche, doch vernunftgemäße Wirklichkeit gegründet ist in dem wandellosen und seligen Denken der Gottheit, das keinen Zweck und kein Objekt außer sich selbst hat: so hat dann schließlich die höchste unter diesen veränderlichen Wirklichkeiten, die menschliche Vernunft, ihre oberste Funktion in dem rein theoretischen Verhalten als dem vollkommensten und glücklichsten für den Menschen: dieses aber ist ihm nun Philosophie; denn sie begründet und umfaßt alle Wissen-

schaften. Sie schafft eine Theorie des Wissens als Grundlage
jeglicher Art von wissenschaftlicher Arbeit, ihr Mittelpunkt
ist dann eine universale Wissenschaft des Seins: erste Philosophie, für die in der Schule der Ausdruck Metaphysik
sich bildete; auf die in dieser ersten Philosophie durchgebil-
dete teleologische Weltauffassung gründet sich schließlich
der Zusammenhang der Wissenschaften, welcher von der
Erkenntnis der Natur durch die Lehre vom Menschen zur
Bestimmung des letzten Zweckes für die Individuen und die
Gesellschaft reicht. Und nun ermöglicht das neue aristoteli-
sche Prinzip des ursächlich wirkenden Zweckes, auch das
Veränderliche der empirisch gegebenen Wirklichkeit dem
Denken zu unterwerfen. So entsteht der neue Begriff der
Philosophie: als die Einheit der Wissenschaften bildet sie
den objektiven Wirklichkeitszusammenhang in Begriffen ab,
der von der Erkenntnis Gottes bis zur Erkenntnis der
Zwecksetzung im Menschen reicht.

Der griechischen Unterordnung der Einzelwissenschaften
unter die Philosophie entsprach die Organisation der Philosophenschulen. Diese Schulen waren nicht nur Mittelpunkte
der Diskussion über die Prinzipien, sondern auch Arbeits-
stätten positiver Forschung. In wenigen Generationen
gelangte eine ganze Anzahl von Naturwissenschaften wie
von Geisteswissenschaften in diesen Schulen zu ihrer Konstituierung. Es ist Grund anzunehmen, daß schon vor Platon irgendeine Ordnung und Stetigkeit in Schulung und
gemeinsamer Arbeit nicht nur die Pythagoreer, sondern
auch die Schüler anderer älterer Denker mit diesen und
untereinander verbunden hat. Im hellen Lichte der beglau-
bigten Geschichte treten uns dann die Akademie und die
peripatetische Schule entgegen, als rechtlich geordnete Ver-
bände, in denen die Einheit des philosophischen Grundge-
dankens die einzelnen Wissenschaften zusammenhielt und
die Leidenschaft der reinen Wahrheitserkenntnis jeder positiven Arbeit Leben und Beziehung auf das Ganze mitteilte:
ein unerreichtes Vorbild schöpferischer Macht einer solchen

Organisation. Platons Schule war eine Zeitlang Mittelpunkt der mathematischen und astronomischen Forschung; die gewaltigste wissenschaftliche Arbeit aber, die je in einer so beschränkten Zeit und an e i n e r Stelle getan worden ist, vollbrachte die Genossenschaft um Aristoteles her. Die Grundgedanken der teleologischen Struktur und der Entwicklung, die Methode der Beschreibung, Zergliederung und Vergleichung führten in dieser Schule zur Konstituierung der beschreibenden und zergliedernden Naturwissenschaften wie der Politik und der Kunstlehre.

In dieser Organisation der Philosophenschulen hat der griechische Begriff der Philosophie als der Gesamtwissenschaft seinen höchsten Ausdruck gefunden. Es geschah dies, indem die Seite im Wesen der Philosophie sich geltend machte, nach welcher eine gemeinsame Aufgabe die Philosophierenden zu gemeinsamer Leistung verbindet. Denn überall, wo derselbe Zweckinhalt in einer Anzahl von Personen wiederkehrt, setzt er die Individuen in Zusammenhang untereinander. Hierzu tritt in der Philosophie die verbindende Kraft, welche in ihrer Richtung auf Allgemeinheit und Allgemeingültigkeit gelegen ist.

Die einheitliche Leitung der wissenschaftlichen Arbeit, wie sie in der Schule des Aristoteles ihre höchste Entwicklung gefunden hat, zerfiel wie das Reich Alexanders. Die E i n - z e l w i s s e n s c h a f t e n reiften nun zur Selbständigkeit heran. Das Band, das sie zusammengehalten hatte, zerriß. Die Nachfolger Alexanders begründeten außerhalb der philosophischen Schulen Anstalten, welche dem Einzelbetrieb der Wissenschaften dienten. Hier lag ein erstes Moment, das der Philosophie eine veränderte Stelle gab. Die Einzelwissenschaften besetzten allmählich das ganze Reich des Wirklichen in einem Verlauf, der in der neueren Zeit dann wieder einsetzte und auch heute noch nicht zum Abschluß gelangt ist. Wenn die Philosophie irgendeinen Kreis der Forschung der Reife entgegengeführt hatte, löste dieser sich aus ihrem Verbande. So ist es ihr zuerst mit den Naturwissenschaften gegangen; in der neueren Zeit schritt dann dieser Prozeß der Differenzierung fort: allgemeine Rechtswissenschaft wurde seit Hugo de Groot und vergleichende Staatslehre seit Montesquieu selbständig; heute macht sich unter den Psychologen das Streben nach Emanzipation ihrer Wissenschaft geltend, und wie allgemeine Religionswissenschaft, Kunstwissenschaft, Pädagogik, Sozialwissenschaft in dem Studium der historischen Tatbestände und in der Psychologie fundiert sind, muß auch ihre Stellung zur Philosophie fraglich werden. Diese immerfort zunehmende Verschiebung in den Machtverhältnissen innerhalb des Bezirks des Wissens stellte gleichsam von außen der Philosophie die Aufgabe neuer Abgrenzungen ihres Gebiets. In ihrer inneren Entwicklung aber lagen Momente, die noch weit stärker hierauf wirkten.

Denn eben in dem Zusammenwirken jenes äußeren Faktors mit den von innen wirkenden Kräften entstand nun die Veränderung in der Stellung der Philosophie, welche von dem Auftreten der Skeptiker, Epikureer und Stoiker bis auf die Schriftstellerei des Cicero, Lucretius, Seneca, Epictet und Mark Aurel sich entwickelte. Innerhalb der neuen Machtverhältnisse im Gebiete des Wissens machte das Mißlingen der metaphysischen Welterkenntnis, die Ausbreitung des skeptischen Geistes und eine in den alternden Nationen entstandene Wendung in die Innerlichkeit sich geltend: es entwickelte sich die Lebensphilosophie. In ihr tritt uns eine neue Stellung des philosophischen Geistes entgegen, die für alle Zukunft von der größten Bedeutung sein sollte. Noch wurde das Problem der großen Systeme in seinem ganzen Umfang festgehalten. Doch die Forderung seiner allgemeingültigen Lösung wurde immer läßlicher gehandhabt. Die Gewichtsverteilung zwischen den einzelnen Aufgaben wurde eine andere; dem Problem von Wert und Zweck des Lebens ordnete sich nun das vom Weltzusammenhang unter; im römisch-stoischen System, dem wirksamsten, das die Welt gesehen hat, trat die personbildende

Macht der Philosophie in der Vordergrund. Die Struktur der Philosophie, die Anordnung und das Verhältnis ihrer Teile wurde eine andere. Dieser Veränderung in der Stellung der Philosophie entsprach nun auch das Auftreten neuer Begriffsbestimmungen für dieselbe. Die Philosophie ist in dieser von Cicero vertretenen Wendung »Lehrerin des Lebens, Erfinderin der Gesetze, Anleiterin zu jeder Tugend«, und Seneca definiert sie als die Theorie und Kunst der richtigen Lebensführung. Es ist damit gegeben, daß sie eine Lebensverfassung ist, nicht bloße Theorie, und so gebraucht man gern den Ausdruck Weisheit für sie. Aber geht man von dem neuen Begriff der Philosophie auf die Stellung derselben zurück, die er ausdrückt: so hat sie sich doch in völliger Kontinuität aus den großen metaphysischen Systemen entwickelt, ihr Problem tritt nur unter neue Bedingungen.

Lange Jahrhunderte hindurch hat dann die Philosophie, wie dieser Zug in die unergründlichen Tiefen des Wesens der Dinge die alternde Welt zur Religion führte, in der Unterordnung unter die Religion ihr wahres Wesen verloren; die Stellung, die sie nun zur Aufgabe einer allgemeingültigen universalen Erkenntnis einnahm, die Begriffe von ihr, die so entstanden, gehören nicht in die Linie der reinen Entwicklung ihres Wesens: in der Theorie von den Zwischengliedern zwischen Philosophie und Religion wird davon zu reden sein.

2. Die Formen der Philosophie in der modernen Zeit, wie sie
   in den Begriffen von ihr zum Ausdruck gelangt sind

Als nun nach den Vorbereitungen der Renaissance, in denen eine sich verweltlichende Kunst, Literatur und mit ihr verwandt eine freie Lebensphilosophie die Kultur beherrschten, die Wissenschaften der Natur sich definitiv konstituierten und die der Gesellschaft zum erstenmal in dem natürlichen

System den Charakter eines von einer Idee getragenen
Zusammenhangs annahmen, als so die Erfahrungswissenschaften die Erkenntnis des Universums nach ihren Methoden zu verwirklichen unternahmen: da entstand im 17. Jahrhundert ein neues Verhältnis der Kräfte der geistigen Kultur.
Der Mut zu strengem allgemeingültigem Wissen und der
Umgestaltung der Welt durch dasselbe durchdrang die leitenden Völker: in ihm waren die Einzelwissenschaften und
die Philosophie verbündet: sie traten so in den schärfsten
Gegensatz zur Religiosität und ließen Kunst, Literatur,
Lebensphilosophie hinter sich; daher wurde die Richtung
auf objektive Welterkenntnis mit dem Charakter der Allgemeingültigkeit, wie sie in den großen Systemen des Altertums geherrscht hatte, unter den neuen Bedingungen noch
zielbewußter und methodischer durchgeführt. So änderte
sich auch der Charakter und der Begriff der Metaphysik. Sie
war aus der naiven Stellung zur Welt durch den Zweifel
hindurch zur bewußten Erfassung des Verhältnisses des
Denkens zur Welt vorwärts gegangen; nun sondert sie sich
von den Einzelwissenschaften durch das Bewußtsein über
ihre besondere Methode. Sie findet auch jetzt den ihr eignen
Gegenstand im Sein, das uns in keiner Einzelwissenschaft als
solcher gegeben ist; aber in der methodischen Forderung
strenger Allgemeingültigkeit und in einer fortschreitenden
Selbstbesinnung über das metaphysische Verfahren liegt ein
unterscheidendes Moment ihrer neuen Entwicklung. Jene
Forderung verbindet sie mit den mathematischen Naturwissenschaften, und der methodische Charakter der Universalität und der letzten Begründung sondert sie von ihnen. Das
diesem neuen methodischen Bewußtsein entsprechende Verfahren gilt es demnach festzustellen.

a) Der neue Begriff der Metaphysik. Descartes
unternahm sofort nach der Begründung der Mechanik, seine
neue konstruktive Methode für die Bestimmung des Wesens
der Philosophie zu benutzen. Das erste Merkmal dieser

Methode nach ihrem Gegensatz zu den Einzelwissenschaften lag in der allgemeinsten Fassung des Problems und dem Rückgang von den ersten Annahmen derselben zu einem obersten Prinzip. Hier brachte sie Grundzüge, die im Wesen der Philosophie gelegen sind, nur zu einem vollendeteren Ausdruck als irgendein früheres System. In der Methode der Durchführung lag aber nun ihre geniale Eigentümlichkeit. Die mathematischen Naturwissenschaften enthalten Voraussetzungen in sich, die jenseit der Einzelgebiete der Mathematik, Mechanik, Astronomie gelegen sind. Stellt man diese in evidenten Begriffen und Sätzen dar und erfaßt man den Rechtsgrund ihrer objektiven Geltung, so kann auf sie ein konstruktives Verfahren gebaut werden; damit erhält die mechanische Betrachtung erst ihre Sicherheit und die Möglichkeit weiterer Ausdehnung. Descartes machte dies Galilei gegenüber geltend, und hierin erblickte er die Überlegenheit des Philosophen gegen den Physiker. Desselben konstruktiven Verfahrens bedienten sich dann Hobbes und Spinoza. Eben in seiner Anwendung auf die Wirklichkeit – deren gegebene Eigenschaften er natürlich überall dabei voraussetzt – ergibt sich Spinozas neues pantheistisches System der Identität von Geist und Natur: es ist eine Interpretation der in der Erfahrung gegebenen Wirklichkeit auf Grund der einfachen evidenten Wahrheiten; in dieser Metaphysik der Identität ist dann die Lehre von dem ursächlichen Nexus der seelischen Zustände gegründet, der durch die Sklaverei der Leidenschaften zur Freiheit führt. Leibniz endlich ist in der Durchführung dieser neuen philosophischen Methode weitergekommen als irgendein anderer. Bis zu seinem Tode ist er mit der herkulischen Arbeit beschäftigt gewesen, seine neue allgemeine Logik als Grundlage des konstruktiven Verfahrens auszubilden. Die Abgrenzung der Philosophie durch das Merkmal der Methode hat seit dem 17. Jahrhundert in den metaphysischen Systemen sich erhalten.

Die konstruktive Methode dieser Denker erlag dann der Erkenntniskritik von Locke, Hume und Kant, wenn auch in Leibniz gerade für eine Theorie des Wissens Grundlagen bestehen bleiben, die erst in der neuesten Zeit ihr volles Verständnis finden. Der Schluß aus der Evidenz der einfachen Begriffe und Sätze auf ihre objektive Geltung erwies sich als unhaltbar. Die Kategorien der Substanz, der Kausalität und des Zweckes wurden auf die Bedingungen des auffassenden Bewußtseins zurückgeführt. Wenn die Sicherheit der Mathematik diese konstruktive philosophische Methode garantiert hatte, so zeigte Kant in der Anschauung die unterscheidende Grundlage der mathematischen Evidenz auf. Und auch das konstruktive Verfahren in den Geisteswissenschaften, wie es sich im Recht und in der natürlichen Theologie darstellt, erwies sich als unfähig, der Fülle der geschichtlichen Welt im Denken und im politischen Handeln genugzutun. Es galt sonach, wenn man nicht zur Verwerfung jeder der Metaphysik eignen Methode kommen wollte, ihr Verfahren neu zu gestalten. Und eben K a n t , der die konstruktive Methode der Philosophie gestürzt hat, hat die Mittel einer solchen Umgestaltung entdeckt. Er hat das Unterscheidende seiner kritischen Lebensarbeit – und da ihm in dieser das Hauptgeschäft der Philosophie lag, das Unterscheidende der Philosophie selber – in der Methode gesehen, die er als die transzendentale bezeichnet hat. Das Gebäude, das er mit ihren Mitteln zu errichten gedachte, sollte die so gefundenen Wahrheiten zu seiner Grundlage haben, und in diesem Verstande hat er den Namen der Metaphysik beibehalten. Auch erfaßte er bereits das neue inhaltliche Prinzip, auf welches Schelling, Schleiermacher, Hegel, Schopenhauer, Fechner, Lotze die Metaphysik begründeten.

Die äußere Welt ist nach der großen Einsicht der neuen, auf Erkenntnistheorie fundierten Philosophie von Locke, Hume und Kant nur als Phänomen für uns da; Realität ist (nach den englischen Denkern unmittelbar, nach Kant freilich aufgefaßt unter den Bedingungen des Bewußtseins) in den Tatsachen des Bewußtseins gegeben: diese Realität aber –

das ist das entscheidend Neue im Standpunkt Kants – ist seelischer [geistiger] Zusammenhang, und auf ihn geht jeder Zusammenhang der äußeren Wirklichkeit zurück. Die einfachen Begriffe und Sätze, welche die konstruktive Philosophie zugrunde gelegt hatte, sind sonach nur vom Verstand isolierte und abstrakt formulierte Elemente dieses Zusammenhangs. Von dieser Konzeption Kants ging die neue deutsche Metaphysik aus; daher blickten die deutschen Metaphysiker von Schelling bis Schopenhauer mit Haß und Verachtung auf Reflexion und Verstand, die mit diesen abstrakten Elementen eines Lebendigen, den Substanzen, den kausalen Relationen, den Zwecken ihr Wesen treiben. Mit ihrer neuen Methode, die vom seelischen Zusammenhang ausging, konnten sie endlich den Geisteswissenschaften gerecht werden, welche durch die Anwendung jener Reflexionsbegriffe seicht und trivial geworden waren. Und eben diese Annahme eines geistigen Zusammenhanges führte den Begriff der Evolution, die von der Erfahrung am Universum festgestellt worden war, über in die fruchtbare Anschauung der Entwicklung. Es war der letzte und vollkommenste Versuch, eine eigne philosophische Methode zu entwickeln. Ein Versuch von gigantischer Größe! Aber auch er mußte mißlingen. Es ist wahr: im Bewußtsein liegt die Möglichkeit, den Zusammenhang der Welt zu erfassen. Und wenigstens den formalen Operationen, durch welche es das tut, kommt der Charakter der Notwendigkeit zu. Aber auch diese metaphysische Methode findet nicht die Brücke, die von der Notwendigkeit als einer Tatsache unseres Bewußtseins hinüberführt zu der objektiven Geltung, und umsonst sucht sie einen Weg, der von dem Zusammenhang des Bewußtseins zu der Einsicht führt, daß uns in diesem das innere Band der Wirklichkeit selbst gegeben sei.

So wurden nun in Deutschland die Möglichkeiten der metaphysischen Methode erprobt – eine nach der anderen, und stets mit demselben negativen Erfolg. Unter ihnen haben während des 19. Jahrhunderts zwei um die Herrschaft gerungen. Schelling, Schleiermacher, Hegel, Schopenhauer gingen aus von dem Zusammenhange des Bewußtseins, und jeder von ihnen entdeckte von hier aus sein Prinzip des Universums. Auf der Grundlage von Herbart gingen Lotze und Fechner von dem im Bewußtsein als Inbegriff der Erfahrungen Gegebenen aus und unternahmen den Nachweis, daß eine widerspruchslose begriffliche Erkenntnis dieses Gegebenen nur durch die Zurückführung der gegebenen Sinnenwelt auf geistige Tatsachen und Zusammenhänge möglich sei. Jene gingen von Kant und Fichte aus, welche die Philosophie zur allgemeingültigen Wissenschaft hatten erheben wollen. Diese griffen zunächst auf Leibniz zurück, für den die Welterklärung nur eine wohlbegründete Hypothese gewesen war. Die Denkgewaltigsten innerhalb der ersten Richtung, Schelling und Hegel, nahmen ihren Ausgangspunkt in dem Satze Fichtes, daß der in dem empirischen Ich sich manifestierende allgemeingültige Zusammenhang des Bewußtseins den des Universums hervorbringt; schon dieser Satz war eine falsche Interpretation des Bewußtseinstatbestandes: indem sie nun aber den von ihnen angenommenen Zusammenhang im Bewußtsein, da er die Bedingung der im Bewußtsein erscheinenden Welt ist, in den des Universums selbst, das reine Ich in den Weltgrund umwandeln zu dürfen glaubten, überschritten sie alles Erfahrbare. In ruheloser Dialektik, von Fichtes und Schellings intellektualer Anschauung bis zu Hegels dialektischer Methode, haben sie umsonst ein Verfahren gesucht, welches die Identität des logischen Zusammenhangs mit der Natur der Dinge, des Zusammenhangs im Bewußtsein mit dem im Universum erwiese. Und ganz vernichtend wirkte der Widerspruch zwischen dem objektiven Weltzusammenhang, den sie so fanden, und der Ordnung der Erscheinungen nach Gesetzen, wie die Erfahrungswissenschaften sie festgestellt haben. Die andere Richtung aber, deren Führer, auf dem Boden von Herbart, Lotze und Fechner waren und die das Gegebene durch die Hypothese eines geistigen Zusammenhangs zu widerspruchsloser begrifflicher Erkenntnis bringen wollte, verfiel einer nicht minder zerstörenden inneren Dialektik. Der Weg von der Mannigfaltigkeit des in der Erfahrung Gegebenen zu den Müttern aller Dinge, hindurch durch Begriffe, die durch keine Anschauung belegt werden können, führte sie in eine Nacht, in der Reale oder Monaden, Zeitliches oder Unzeitliches, ein allgemeines Bewußtsein so gut als ein Unbewußtes von ausdeutendem Tiefsinn gefunden werden mochten. Sie häuften Hypothesen, die in dem Unzulänglichen, Unerfahrbaren keinen festen Grund, aber auch keinen Widerstand fanden. Ein Hypothesenkomplex war hier ebenso möglich als der andere. Wie hätte diese Metaphysik die Aufgabe erfüllen können, in den großen Krisen des Jahrhunderts dem Leben des Einzelnen und der Gesellschaft Sicherheit und Festigkeit zu geben!

Und so ist auch dieser letzte und großartigste Versuch des menschlichen Geistes mißlungen, im Unterschied von dem Verfahren der Erfahrungswissenschaften eine philosophische Methode zu finden, auf welche eine Metaphysik gegründet werden könnte. Es ist nicht möglich, die in der Erfahrung gegebene Welt, deren Erkenntnis die Arbeit der Einzelwissenschaften ist, durch eine von ihrem Verfahren unterschiedene metaphysische Methode zu tieferem Verständnis zu bringen.

b) Die neuen unmetaphysischen Wesensbestimmungen der Philosophie. Die innere Dialektik der Aufgabe, einen Wesensbegriff der Philosophie zu gewinnen, in dem sich ihre selbständige Bedeutung den Einzelwissenschaften gegenüber behaupte, treibt zu anderen Möglichkeiten. Kann nicht eine Methode aufgefunden werden, welche der Metaphysik neben den Erfahrungswissenschaften ihr Existenzrecht sichert, so muß die Philosophie auf neuen Wegen dem Bedürfnis des Geistes nach Universalität, nach Begründung, nach Erfassen der Realität genugtun. Der

Standpunkt des Skeptizismus muß auch in der neuen Lage der Forschung überwunden werden. Vorwärtastend sucht die Philosophie eine Stellung des Bewußtseins zum Gegebenen, welche der durch die neugegründeten Erfahrungswissenschaften geschaffenen Situation genugtäte. Und wenn eine Methode nicht gefunden werden kann, die der Philosophie einen ihr eignen Gegenstand schafft, ein Sein, wie Substanz, Gott, Seele, aus dem die Ergebnisse der Einzelwissenschaften ableitbar wären, so entsteht nun zunächst die Möglichkeit, ausgehend von der gegenständlichen Erkenntnis der Einzelwissenschaften selbst, nach deren Begründung in der Theorie der Erkenntnis zu suchen.

Denn ein Gebiet ist unbestreitbar der Philosophie eigen. Wenn die Einzelwissenschaften das Reich der gegebenen Wirklichkeit unter sich aufgeteilt haben und jede einen Ausschnitt aus ihr behandelt, so entsteht eben hiermit ein neues Reich: diese Wissenschaften selber. Der Blick wendet sich vom Wirklichen zum Wissen von ihm und findet hier ein Gebiet, das jenseit der Einzelwissenschaften liegt. Seitdem dasselbe in den Horizont des menschlichen Nachdenkens trat, ist es stets als die Domäne der Philosophie anerkannt worden: – Theorie der Theorien, Logik, Erkenntnistheorie. Erfaßt man dies Gebiet in seinem vollen Umfang, so eignet der Philosophie die ganze Lehre von der Begründung des Wissens im Gebiet der Wirklichkeitserkenntnis, der Wertbestimmung, der Zwecksetzung wie der Regelgebung. Und ist nun so der ganze Inbegriff des Wissens ihr Gegenstand, so fallen unter ihn die Beziehungen der einzelnen Wissenschaften zueinander, ihre innere Ordnung, nach welcher jede neue die früheren voraussetzt und sich über sie mit den ihrem eignen Gebiete angehörenden Tatsachen aufbaut. Unter diesem erkenntnistheoretischen Gesichtspunkt wächst auch in den Einzelwissenschaften selbst der Geist der Begründung und des Zusammenhangs. Ihm dient der gesellige Betrieb der Einzelwissenschaften in den Universitäten und den Akademien, und die Philosophie hat in diesen Körperschaften ihre Aufgabe und Bedeutung darin, diesen Geist wach zu erhalten. Der klassische Repräsentant dieses erkenntnistheoretischen Standpunkts innerhalb der Erfahrungswissenschaften selbst ist Helmholtz. Er hat das Existenzrecht der Philosophie neben den einzelnen Wissenschaften darauf gegründet, daß sie im Wissen ihren besonderen Gegenstand habe. Immer werde der Philosophie das notwendige Geschäft verbleiben, »die Quellen unseres Wissens und den Grad seiner Berechtigung zu untersuchen«. »Die Philosophie hat ihre große Bedeutung in dem Kreise der Wissenschaften als Lehre von den Wissensquellen und den Tätigkeiten des Wissens, in dem Sinne, wie Kant und, soweit ich ihn verstanden habe, der ältere Fichte sie genommen haben.«

Indem die wesentliche Leistung der Philosophie in die Erkenntnistheorie verlegt wurde, erhielt sich doch ihre Beziehung zu ihrem Grundproblem. Eben an der Kritik der Intention einer objektiven Erkenntnis von Weltzusammenhang und Weltgrund, höchstem Wert und letztem Zweck hatte die Erkenntnistheorie sich entwickelt. Aus der vergeblichen metaphysischen Arbeit entsprang die Untersuchung über die Grenzen des menschlichen Wissens. Und die Erkenntnistheorie erfaßte im Lauf ihrer Entwicklung allmählich die universalste Stellung des Bewußtseins zu dem ihm Gegebenen, die daher auch unser Verhältnis zum Welt- und Lebensrätsel am vollkommensten ausdrückt. Es ist diejenige, die Platon schon eingenommen hatte. Philosophie ist die Besinnung des Geistes über alle seine Verhaltungsweisen, bis in deren letzte Voraussetzungen. Dieselbe Stellung wie Platon hat Kant der Philosophie gegeben. Die Weite seines Blickes zeigt sich darin, daß seine Kritik und Begründung des Wissens sich gleichmäßig erstreckt auf Wirklichkeitserkenntnis, wie auf die Beurteilung ästhetischer Werte und die Prüfung des teleologischen Prinzips der Weltbetrachtung und auf die allgemeingültige Begründung der sittlichen Regeln. Und wie jeder philosophische Standpunkt von der Erfassung der Wirklichkeit fortzuschreiten strebt zur Feststellung der Regeln des Handelns, so hat auch dieser erkenntnistheoretische in seinen größten Vertretern stets die Richtung auf die praktische, reformatorische Wirkung der Philosophie und ihre personbildende Kraft entwickelt. Schon Kant erklärt, der Begriff von Philosophie, nach welchem sie die logische Vollkommenheit der Erkenntnis zum Zweck hat, ist nur ein Schulbegriff; »es gibt aber noch einen Weltbegriff der Philosophie, nach welchem sie die Wissenschaft von der Beziehung aller Erkenntnis auf die wesentlichen Zwecke der menschlichen Vernunft ist«. Es gilt nun, um mit Kant zu reden, den Zusammenhang zwischen dem Schulbegriff der Philosophie und ihrem Weltbegriff aufzufinden, und die heutige neukantische Schule ist dieser Forderung in ausgezeichneten Arbeiten gerecht geworden.

Eine andere unmetaphysische philosophische Geisteshaltung entstand im Kreise der Einzelforscher selbst. Sie begnügt sich mit der Beschreibung der phänomenalen Welt in Begriffen und mit der Bewährung der gesetzlichen Ordnung derselben, wie sie in der Erprobung durch das Experiment und durch das Eintreten der nach der Theorie vorausberechneten Wirkung geboten wird. Geht die Erkenntnistheorie von der Positivität der Ergebnisse der Einzelwissenschaften aus, vermag sie ihnen keine neuen gegenständlichen Erkenntnisse hinzuzufügen und innerhalb des Zusammenhangs ihrer Begründungen keine neuen Begründungen aufzufinden, so bleibt die Möglichkeit, sich an den positiven Charakter ihrer Ergebnisse ein für allemal zu halten, den festen Punkt, den das neue Philosophieren sucht, in ihrer praktisch bewährten Selbstgenügsamkeit zur Erfassung des Gegebenen zu finden und jede Reflexion über ihre Allgemeingültigkeit als unfruchtbar abzulehnen. Und verfolgt man die langen Schlußketten der Erkenntnistheoretiker, die Schwierigkeiten der Begriffsbildung auf ihrem Gebiet, den Streit der erkenntnistheoretischen Parteien, so sind das gewichtige Momente, für diese neue philosophische Haltung sich zu entscheiden. So verlegt die Philosophie ihren Mittelpunkt in das Bewußtsein vom logischen Zusammenhang der Wissenschaften. In dieser neuen Stellung scheint die Philosophie die gegenständliche Auffassung der Welt, losgelöst von metaphysischen und erkenntnistheoretischen Untersuchungen, endlich zu erreichen. Wenn die Erfahrungswissenschaften die einzelnen Teile oder Seiten der Wirklichkeit erforschen, so bleibt der Philosophie die Aufgabe, die innere Beziehung der Einzelwissenschaften aufeinander zu erkennen, nach welcher sie zusammen das Ganze der Wirklichkeit zur Erkenntnis bringen.

Sie ist dann Enzyklopädie der Wissenschaften in einem höheren philosophischen Verstande. In der späteren Zeit des Altertums, seit der Verselbständigung der Einzelwissenschaften sind Enzyklopädien entstanden; der Schulbetrieb forderte sie, auch bestand das Bedürfnis eines Inventars der großen Arbeiten der alten Welt, und – was uns hier wichtig ist – seitdem dann die nordischen Völker hereinbrachen und nach dem Ende des weströmischen Reiches sich die germanischen und romanischen Staaten auf dem Boden der antiken Kultur mit deren Hilfsmitteln einzurichten begannen, haben von Martianus Capella ab solche enzyklopädische Arbeiten, wenn auch noch kümmerlich, den antiken Gedanken von der Abbildung der Welt in den Wissenschaften aufrechterhalten. In den drei großen Werken des Vincenz von Beauvais war ein solcher Begriff der Enzyklopädie am vollkommensten vertreten. Aus den durch das Mittelalter hindurch fortgehenden Inventarisierungen des Wissens ist nun die moderne philosophische Enzyklopädie hervorgegangen. Ihr grundlegendes Werk stammt von dem Kanzler Bacon: von ihm ab hat die Enzyklopädie bewußt das Prinzip der inneren Beziehungen der Wissenschaften gesucht. Hobbes zuerst entdeckte es in der natürlichen Ordnung der Wissenschaften, wie sie durch das Verhältnis bestimmt ist, nach welchem eine die Voraussetzung der andern ist. Im Zusammenhang mit der französischen Enzy-

klopädie haben dann d'Alembert und Turgot diesen Begriff
der Philosophie als universaler Wissenschaft durchgeführt.
Und auf dieser Grundlage hat schließlich Comte die philosophie positive als das System der inneren Beziehungen der Wissenschaften nach ihrer systematischen und historischen Abhängigkeit voneinander samt ihrem Abschluß in
der Soziologie zur Darstellung gebracht. Auf diesem Standpunkt vollzog sich eine methodische Analysis der Einzelwissenschaften. Die Struktur einer jeden derselben wurde
untersucht, es wurden die in dieser enthaltenen Voraussetzungen festgestellt, und in diesen ist nun das Prinzip der
Beziehungen der Wissenschaften zueinander gewonnen
worden; es konnte zugleich gezeigt werden, wie in diesem
Fortgang von Wissenschaft zu Wissenschaft neue Methoden
entstehen: schließlich wurde so als das eigentliche Werk der
Philosophie die Soziologie gefordert und methodisch
bestimmt. Und damit vollendete sich die mit der Aussonde-
rung der positiven Wissenschaften in ihnen gesetzte Tendenz, ihren Zusammenhang aus ihnen selber, ohne Hinzu-
ziehung einer allgemeinen erkenntnistheoretischen Grundlegung, sonach als positive Philosophie, herzustellen. Es war
ein bedeutsamer Versuch, Philosophie als den immanenten
Zusammenhang der gegenständlichen Erkenntnis zu konstituieren. Wie diese positivistische Auffassung der Philosophie von dem in den mathematischen Naturwissenschaften
entwickelten strengen Begriff des allgemeingültigen Wissens
ausgeht: so liegt ihre weitere Bedeutung für die philosophische Arbeit darin, daß sie die so entspringenden Anforderungen geltend macht und die Wissenschaften reinigt von
jedem unbeweisbaren Zusatz, der aus den metaphysischen
Konzeptionen hervorgegangen ist. Schon durch diesen inneren Gegensatz zur Metaphysik ist die neue philosophische
Stellung von der Metaphysik historisch bedingt. Es ist weiter aber die Richtung auf ein universales, allgemeingültiges
Weltbegreifen, durch welche auch dieser Zweig der Philosophie mit ihrem Stamm zusammenhängt.

Diese zweite unmetaphysische Stellung des philosophischen Geistes reicht nun aber weit über das Gebiet des Positivismus hinaus. Indem sich in diesem durch die Überordnung der Naturerkenntnis über die geistigen Tatsachen eine Weltanschauung einmischt, wird er zu einer einzelnen Doktrin innerhalb dieser neuen Stellung des philosophischen Geistes. Wir finden dieselbe Stellung auch ohne diesen Zusatz weit verbreitet, und zwar wird sie von vielen und hervorragenden Forschern auf dem Gebiet der Geisteswissenschaften eingenommen. Besonders wirksam tritt sie in der Staats- und Rechtswissenschaft hervor. Die Auffassung der Imperative, welche an die einem Staate Zugehörigen in der Gesetzgebung gerichtet sind, kann sich einschränken auf die Interpretation des Willens, der in ihnen zum Ausdruck kommt, und auf die logische Analyse und historische Erklärung, ohne auf allgemeine Prinzipien, wie etwa die Idee der Gerechtigkeit, zur Begründung des positiven Rechts und zur Prüfung seiner Richtigkeit zurückzugehen. In solchem Verhalten liegt eine dem Positivismus verwandte philosophische Stellung.

Diese zweite antimetaphysische Stellung der Philosophie findet als positivistische Auffassung der Wirklichkeit, zumal in dem heutigen Frankreich, darin die Grenze ihrer Macht, so groß diese auch dort heute ist, daß die in ihr enthaltene phänomenale Auffassungsweise nicht vermag, der Realität des historischen Bewußtseins und der kollektiven Lebenswerte gerecht zu werden, und ebenso ist diese philosophische Stellung als positive Interpretation der Rechtsordnungen außerstande, Ideale zu begründen, die ein auf Umgestaltung der Gesellschaft gerichtetes Zeitalter leiten könnten.

Suchte die erkenntnistheoretische Richtung das Unterscheidende der Philosophie in ihrer methodischen Stellung und fand in ihr die methodische Selbstbesinnung, das Streben der Philosophie nach letzten Voraussetzungen ihre Fortentwicklung, suchte anderseits das positive Denken das Charakteristische der Philosophie in ihrer Funktion innerhalb

des Systems der Wissenschaften und setzte das Streben der
Philosophie nach Universalität sich in ihm fort: so blieb noch
die Möglichkeit übrig, der Philosophie ihren besonderen
Gegenstand so zu suchen, daß darin ihr Streben nach
Erfassung der Realität Befriedigung fände. Die Ver-
suche, auf metaphysischem Wege in die Realität einzudrin-
gen, waren mißlungen, die Realität des Bewußtseins als
Tatsache trat um so stärker in ihrer Bedeutung hervor. In der
inneren Erfahrung ist diese Realität des Bewußtseins uns
gegeben, und mit ihr die Möglichkeit, die Mannigfaltigkeit
der Erzeugnisse des menschlichen Geistes, wie sie in den
Geisteswissenschaften zur Erfassung gelangt, aus ihrem
Ursprung tiefer zu erkennen. Die innere Erfahrung ist der
Ausgangspunkt für die Logik, die Erkenntnistheorie und jede
Lehre von der Erzeugung einer einheitlichen Weltansicht,
und auf ihr beruhen Psychologie, Ästhetik, Ethik und verwandte Disziplinen. Das ganze so umschriebene Gebiet ist
immer als philosophisch bezeichnet worden. Auf diesen
Sachverhalt gründet sich diejenige Ansicht vom Wesen der
Philosophie, welche sie als Wissenschaft der inneren Erfah-
rung oder als Geisteswissenschaft begreift.

Dieser Standpunkt hat sich seit der Zeit entwickelt, in
welcher die Psychologie im 18. Jahrhundert durch die Ausbildung der Assoziationslehre eine empirische Grundlage
erhielt und sich vor ihr ein weites Reich fruchtbarer Anwen-
dungen in Erkenntnislehre, Ästhetik und Ethik auftat.
David Hume in seinem Hauptwerk über die menschliche
Natur sieht in dem auf die Erfahrung gegründeten Studium
des Menschen die wahre Philosophie. Indem er die Metaphysik verwirft, die Erkenntnistheorie ausschließlich auf die
neue Psychologie begründet und in dieser zugleich die erklärenden Prinzipien für die Geisteswissenschaften aufzeigt,
entsteht ein in der inneren Erfahrung gegründeter Zusammenhang der Geisteswissenschaften. Nachdem die Naturwissenschaften geschaffen sind, liegt in diesem Zusammenhang, dessen Mittelpunkt die Lehre vom Menschen ist, die

andere und größere Aufgabe für den menschlichen Geist. An ihm haben dann Adam Smith, Bentham, James Mill, John Stuart Mill, Bain fortgearbeitet. John Stuart Mill will ganz wie Hume unter Philosophie »die wissenschaftliche Kenntnis vom Menschen als einem intellektuellen, moralischen und sozialen Wesen« verstanden wissen. In Deutschland hat Beneke denselben Standpunkt vertreten. Er übernahm ihn von der englischen und schottischen Schule, und nur in dessen Durchführung steht er unter dem Einfluß von Herbart. In diesem Sinne erklärt er schon in seiner »Grundlegung zur Physik der Sitten«: »Dringt meine Ansicht durch, so wird die ganze Philosophie zur Naturwissenschaft der menschlichen Seele.« Ihn leitete die große Wahrheit, daß die innere Erfahrung uns eine volle Wirklichkeit im Seelenleben aufschließt, während die in den Sinnen gegebene Außenwelt uns nur als Phänomen gegeben ist. Und er zeigte dann in seiner »pragmatischen Psychologie«, wie »alles was uns in der Logik, der Moral, der Ästhetik, der Religionsphilosophie, ja selbst in der Metaphysik für unsere Erkenntnis als Gegenstand vorliegt«, nur dann klar und tief erfaßt werden kann, »wenn wir es nach den Grundgesetzen der menschlichen Seelenentwicklung auffassen, wie sie in der (theoretischen) Psychologie in ihrem allgemeinsten Zusammenhange dargelegt werden«. Unter den späteren Denkern hat Theodor Lipps in seinen »Grundtatsachen des Seelenlebens« ausdrücklich Philosophie als Geisteswissenschaft oder Wissenschaft von der inneren Erfahrung definiert.

Das große Verdienst dieser Denker für die Ausbildung der Geisteswissenschaften unterliegt keinem Zweifel. Erst seitdem die grundlegende Stellung der Psychologie in diesem Gebiete erkannt und unsere psychologischen Erkenntnisse auf die einzelnen Geisteswissenschaften angewandt worden sind, begannen diese den Anforderungen an allgemeingültiges Wissen sich anzunähern. Aber der neue philosophische Standpunkt der Philosophie als Wissenschaft von der inneren Erfahrung konnte die Frage nach der Allgemeingültigkeit der wissenschaftlichen Erkenntnis nicht beantworten, und in seiner Eingeschränktheit vermochte er auch der Aufgabe, die der Positivismus sich mit Recht gestellt hat, nicht gerecht zu werden. So ist denn auch Theodor Lipps zu einer neuen Fassung seines Standpunktes fortgegangen.

Es macht sich nun in dieser Auffassung der Philosophie ein höchst bedeutsames Verhältnis dieser dritten unmetaphysischen Stellung des philosophischen Denkens zu den metaphysischen Problemen der Philosophie geltend, das auch Namengebung und geschichtlicher Verlauf bestätigen. Naturwissenschaften heben aus dem Erlebnis nur Teilinhalte heraus, welche zur Bestimmung der Veränderungen in der von uns unabhängigen physischen Welt dienen können. So hat es Naturerkenntnis nur mit Erscheinungen für das Bewußtsein zu tun. Der Gegenstand der Geisteswissenschaften dagegen ist die in der inneren Erfahrung gegebene Realität der Erlebnisse selber. Hier also besitzen wir eine Realität, erlebt – eben freilich nur erlebt –, welche zu erfassen die nie endende Sehnsucht der Philosophie ist. Man sieht, wie auch diese Abgrenzung einer Begriffsbestimmung der Philosophie den Zusammenhang ihres Wesens mit ihrem ursprünglichen Grundproblem aufrechterhält.

3. Schluß auf das Wesen der Philosophie

Die eine Seite des Ergebnisses aus dem historischen Sachverhalt ist negativ. In jeder der Begriffsbestimmungen erschien nur ein Moment ihres Wesensbegriffs. Jede derselben war nur der Ausdruck eines Standpunktes, den die Philosophie an einer Stelle ihres Verlaufes eingenommen hat. Sie sprach aus, was einem oder mehreren Denkern in einer bestimmten Lage als Leistung der Philosophie erforderlich und möglich erschien. Jede derselben bestimmt einen besonderen Kreis von Erscheinungen als Philosophie und schließt aus diesem die anderen mit dem Namen Philosophie bezeichneten

Erscheinungen aus. Die großen Gegensätze der Standpunkte, wie sie nun mit gleicher Kraft gegeneinander wirken, gelangen in Definitionen der Philosophie zum Ausdruck. Sie behaupten sich gleichberechtigt einander gegenüber. Und der Streit kann nur geschlichtet werden, wenn ein Standpunkt über den Parteien auffindbar ist.

Der Gesichtspunkt, aus welchem die dargestellten Begriffsbestimmungen der Philosophie entworfen worden sind, war sonach der des systematischen Philosophen, welcher aus dem Zusammenhang seines Systems in einer Definition auszusprechen sucht, was ihm als wertvolle und lösbare Aufgabe erscheint. Er ist damit unzweifelhaft in seinem Recht; er definiert dann seine eigne Philosophie; er leugnet nicht, daß die Philosophie im Laufe der Geschichte sich auch andere Aufgaben gestellt hat, er erklärt aber ihre Auflösung für unmöglich oder für wertlos, und so erscheint ihm die Arbeit der Philosophie an ihnen als eine lang anhaltende Illusion. Sofern der einzelne Philosoph sich dieses Sinnes seiner Begriffsbestimmung klar bewußt ist, kann über seine Berechtigung kein Zweifel sein, die Philosophie auf Erkenntnistheorie einzuschränken oder auf die Wissenschaften, die in der inneren Erfahrung gegründet sind, oder auf die systematische Ordnung der Wissenschaften, in welcher sie die Erkenntnis verwirklichen.

Die Aufgabe einer Wesensbestimmung der Philosophie, welche die Namengebung von ihr und die Begriffe der einzelnen Philosophen über sie deutlich macht, führt notwendig von dem systematischen zu dem historischen Standpunkt. Es ist zu bestimmen, nicht was jetzt oder hier als Philosophie gilt, sondern was immer und überall ihren Sachverhalt ausmacht. Alle die einzelnen Begriffe von ihr deuten nur auf diesen allgemeinen Sachverhalt, welcher die Mannigfaltigkeit dessen, was als Philosophie aufgetreten ist, und die Unterschiede in diesen Auffassungen erklärlich macht. Und eben dadurch, daß die Selbstgewißheit, mit welcher die einzelnen Systeme in ihrer Eigenart auftreten und über Philosophie sich aussprechen, auf diesem historischen Standpunkt in ihrer Notwendigkeit verstanden wird, erweist sich die Überlegenheit dieses Standpunktes. Jede Lösung der philosophischen Probleme gehört, geschichtlich angesehen, einer Gegenwart und einer Lage in ihr an: der Mensch, dies Geschöpf der Zeit, hat, solange er in ihr wirkt, darin die Sicherheit seines Daseins, daß er, was er schafft, aus dem Fluß der Zeit heraushebt, als ein Dauerndes: in diesem Schein schafft er frohmütiger und kraftvoller. Hierin liegt der ewige Widerspruch zwischen den schaffenden Geistern und dem geschichtlichen Bewußtsein. Es ist jenen natürlich, das Vergangene vergessen zu wollen und das zukünftige Bessere nicht zu achten: dieses aber lebt in dem Zusammenfassen aller Zeiten, und es gewahrt in allem Schaffen des einzelnen die diesem mitgegebene Relativität und Vergänglichkeit. Dieser Widerspruch ist das eigenste still getragene Leiden der gegenwärtigen Philosophie. Denn in dem Philosophen der Gegenwart trifft das eigne Schaffen zusammen mit dem geschichtlichen Bewußtsein, da seine Philosophie heute ohne dieses nur einen Bruchteil der Wirklichkeit umfassen würde. Sein Schaffen muß sich wissen als ein Glied in dem historischen Zusammenhang, in welchem er mit Bewußtsein ein Bedingtes erwirkt. Dann wird ihm eine Auflösung dieses Widerspruchs möglich, wie sie an einer späteren Stelle hervortreten wird: er kann sich nun ruhig der Macht des geschichtlichen Bewußtseins überlassen, und auch sein eignes Tagewerk kann er unter den Gesichtspunkt des historischen Zusammenhangs stellen, in welchem das Wesen der Philosophie in der Mannigfaltigkeit ihrer Erscheinungen sich verwirklicht.

Auf diesem geschichtlichen Standpunkt wird jeder Einzelbegriff der Philosophie zu einem Fall, der auf das Bildungsgesetz zurückweist, das der Sachverhalt der Philosophie enthält. Und so unhaltbar jede der aus dem systematischen Standpunkt entworfenen Begriffsbestimmungen der Philosophie für sich ist, so wichtig sind sie nun doch alle für die

Auflösung der Frage nach dem Wesen der Philosophie. Sind sie doch ein wesentlicher Teil des historischen Tatbestandes, aus dem wir nunmehr schließen.

Wir fassen zu diesem Schluß alle empirischen Data, die durchlaufen wurden, zusammen. Der Name Philosophie erwies sich als verteilt auf Tatbestände der verschiedensten Art. Eine außerordentliche Beweglichkeit zeigte sich in dem Wesen der Philosophie: ein immer neues Stellen von Aufgaben, Sich-Anpassen an die Zustände der Kultur: sie erfaßt Probleme als wertvoll und wirft sie dann wieder hin: auf einer Stufe der Erkenntnis erscheinen ihr Fragen als lösbar, die sie dann nachher als unauflöslich fallen läßt. Immer aber sahen wir in ihr dieselbe Tendenz zur Universalität, zur Begründung, dieselbe Richtung des Geistes auf das Ganze der gegebenen Welt wirken. Und stets ringt in ihr der metaphysische Zug, in den Kern dieses Ganzen einzudringen, mit der positivistischen Forderung der Allgemeingültigkeit ihres Wissens. Das sind die beiden Seiten, die ihrem Wesen eignen und sie auch vor den nächstverwandten Gebieten der Kultur auszeichnen. Im Unterschied von den Einzelwissenschaften sucht sie die Auflösung des Welt- und Lebensrätsels selbst. Und im Unterschied von Kunst und Religion will sie diese Lösung in allgemeingültiger Weise geben. Denn das ist nun das Hauptergebnis aus dem erörterten historischen Tatbestande: ein folgerichtiger, in sich geschlossener geschichtlicher Zusammenhang führt von der metaphysischen Welterkenntnis der Griechen, welche das große Rätsel der Welt und des Lebens allgemeingültig aufzulösen unternahm, bis zu dem radikalsten Positivisten oder Skeptiker der Gegenwart; alles, was in der Philosophie geschieht, ist irgendwie durch diesen Ausgangspunkt, durch ihr Grundproblem bestimmt; alle Möglichkeiten werden durchlaufen, wie der menschliche Geist sich zu dem Rätsel der Welt und des Lebens verhalten kann. In diesem historischen Zusammenhang ist die Leistung jeder einzelnen philosophischen Position die Verwirklichung einer Möglichkeit unter den gegebenen Bedingungen; jede brachte einen Wesenszug der Philosophie zum Ausdruck, und sie wies zugleich durch ihre Begrenzung auf den teleologischen Zusammenhang, in dem sie bedingt ist – als Teil eines Ganzen, in welchem allein die ganze Wahrheit ist. Dieser zusammengesetzte historische Tatbestand erklärt sich daraus, daß die Philosophie eine Funktion im Zweckzusammenhang der Gesellschaft ist, welche durch die der Philosophie eigne Leistung bestimmt ist. Wie sie in ihren einzelnen Positionen diese Funktion erfüllt, ist bedingt von deren Verhältnis zum Ganzen und zugleich von der Kulturlage nach Zeit, Ort, Lebensverhältnissen, Persönlichkeit. Daher duldet sie keine starren Abgrenzungen durch einen bestimmten Gegenstand oder eine bestimmte Methode.

Dieser Sachverhalt, der das Wesen der Philosophie bildet, verbindet alle philosophischen Denker. Hier findet ein wesentlicher Zug seine Erklärung, der uns an den Erscheinungen der Philosophie entgegengetreten ist. Der Name Philosophie, so sahen wir, bezeichnet ein gleichförmig Wiederkehrendes, das überall da ist, wo dieser Name auftritt, zugleich aber einen inneren Zusammenhang derer, die daran teilnehmen. Wenn die Philosophie eine Funktion ist, die in der Gesellschaft eine bestimmte Leistung vollbringt, so setzt sie diejenigen, in denen dieser Zweck lebt, dadurch in ein inneres Verhältnis. Die Häupter der Philosophenschulen sind so mit ihren Schülern verbunden. In den Akademien, die seit der Begründung der Einzelwissenschaften dann hervorgetreten sind, finden wir diese Einzelwissenschaften in gemeinsamer Arbeit, sich wechselseitig ergänzend, getragen von der Idee der Einheit des Wissens, und das Bewußtsein dieses Zusammenhangs verkörpert sich in philosophischen Naturen wie Platon, Aristoteles und Leibniz. Endlich haben im Verlauf des 18. Jahrhunderts auch die Universitäten sich zu Organisationen der gemeinsamen wissenschaftlichen Arbeit entwickelt, in welcher die Lehrer untereinander und mit den Schülern verbunden sind, und auch in ihnen fiel der

Philosophie die Funktion zu, das Bewußtsein von Begründung, Zusammenhang und Ziel des Wissens lebendig zu erhalten. Alle diese Organisationen umfaßt der innere Zweckzusammenhang, in welchem von Thales und Pythagoras ab ein Denker dem anderen Probleme aufgibt und Wahrheiten überliefert: Möglichkeiten der Lösung werden in solcher Aufeinanderfolge durchgedacht: Weltanschauungen werden fortgebildet. Die großen Denker wirken als Kräfte auf jede Folgezeit.

III. Die Zwischenglieder zwischen der Philosophie und der Religiosität, Literatur und Dichtung

Die Systeme der großen Denker, in denen sich in erster Linie und unbezweifelbar die Philosophie darstellt, und der Zusammenhang dieser Systeme in der Geschichte haben uns zu einer kernhaften Einsicht in die Funktion der Philosophie geführt. Aus dieser Funktion der Philosophie kann nun aber die Verteilung der Namen »Philosophie« und »philosophisch« noch nicht vollständig abgeleitet werden. Diese Namen erstrecken sich auch auf Erscheinungen, die nicht ausschließlich von dieser Funktion der Philosophie bestimmt sind. Der Horizont der Betrachtung muß sich erweitern, um diese Tatsachen zu erklären.
Die Verwandtschaft der Philosophie mit Religion, Literatur und Dichtung ist stets bemerkt worden. Das innere Verhältnis zu dem Welt- und Lebensrätsel ist allen dreien gemeinsam. Und so sind denn die Namen »Philosophie« und »philosophisch« oder ihnen verwandte Bezeichnungen sowohl auf geistige Tatbestände im Gebiet der Religiosität als auf solche der Lebenserfahrung, der Lebensführung, des schriftstellerischen Wirkens und der Dichtung übertragen worden.
Die griechischen Apologeten bezeichnen kurzweg das Christentum als Philosophie. Christus löst nach Justin

als die Mensch gewordene göttliche Vernunft definitiv die
Fragen, mit denen die wahrhaften Philosophen gerungen
haben. Und nach Minucius Felix besteht die Philosophie,
die sich im Christentum vollendet, in den ewigen Wahrheiten über Gott, menschliche Verantwortlichkeit und
Unsterblichkeit, die in der Vernunft gegründet sind und
durch sie erwiesen werden können: die Christen sind heute
die (wahren) Philosophen, und die Philosophen in den
heidnischen Zeiten sind schon Christen gewesen. Eine
andere sehr bedeutende christliche Gruppe bezeichnet das
Wissen, das den Glauben vollendet, als Gnosis. Die häre-
tische Gnosis gründet sich in der Erfahrung von der moralischen Macht des Christentums, die Seele von der Sinnlichkeit zu befreien, und sie gibt dieser Erfahrung eine metaphysische Interpretation in religionsgeschichtlichen Intuitionen.
Innerhalb der Kirche hat der Alexandriner Clemens die
Gnosis als den zum Wissen erhobenen christlichen Glauben
gefaßt und ihr das Recht zugesprochen, den höheren Sinn
der heiligen Schriften zu deuten. Origenes bestimmt in der
Schrift über die Prinzipien, dem durchgeführten System der
kirchlichen Gnosis, diese als das Verfahren, welches den in
der Tradition der Apostel enthaltenen Wahrheiten ihre
Begründung gibt. Und innerhalb der gleichzeitigen griechisch-römischen Spekulation tritt ein analoges Zwischen-
glied im Neuplatonismus auf: denn der philosophische
Trieb findet hier seine letzte Befriedigung in der mystischen
Vereinigung mit der Gottheit, sonach in dem religiösen
Vorgang: daher Porphyrios Motiv und Ziel der Philosophie
in der Rettung der Seele erblickt und Proklos für seine
Denkarbeit den Namen der Theologie dem der Philosophie
vorzieht. Die Denkmittel, durch welche Religion und Philosophie zu innerer Einheit gebracht werden, sind in allen
diesen Systemen dieselben. Das erste ist die Logoslehre. In
der göttlichen Einheit ist eine Kraft gegründet sich mitzutei-
len, und so gehen aus ihr als wesensverwandt die philosophischen wie die religiösen Formen der Mitteilung hervor.

Das andere Denkmittel ist die allegorische Auslegung. Durch sie wird das Partikulare und Historische in dem Religionsglauben und den heiligen Schriften zu einer universalen Weltanschauung erhoben. In den Systemen selber werden philosophischer Trieb, Religionsglaube, verstandesmäßige Begründung und mystische Vereinigung mit der Gottheit so miteinander verbunden, daß die religiösen und die philosophischen Prozesse als Momente desselben Vorgangs sich darstellen. Denn in diesem Zeitalter des großen Ringens der Religionen entsteht nun aus der Anschauung der Entwicklung der bedeutenden Persönlichkeiten der neue schöpferische Gedanke von einem allgemeinen Typus der Entwicklungsgeschichte der höheren Seelen. Auf ihm beruhen dann die höchsten Formen der mittelalterlichen Mystik, so daß auch in ihnen nicht eine bloße Vermischung dieser beiden Gebiete, sondern ein psychologisch tief gesehener innerer Zusammenhang derselben anzuerkennen ist. Ein solches geistiges Phänomen mußte ein völliges Schwanken in der Namengebung zur Folge haben. Noch Jakob Böhme bezeichnet sein Lebenswerk als eine heilige Philosophie.

Deuten schon alle diese Tatsachen auf die innere Beziehung von Religiosität und Philosophie, so wird sie schließlich darin offensichtlich, daß die Geschichte der Philosophie diese Zwischenglieder zwischen ihr und der Religiosität nicht aus sich ausschließen kann. Dieselben haben ihre Stelle in dem Fortgang von der Lebenserfahrung zum psychologischen Bewußtsein über dieselbe wie in der Entstehung und der Ausbildung der Lebensanschauung. So nötigt diese Zwischenschicht zwischen der Religiosität und der Philosophie, hinter die bisher festgestellten Wesenszüge der Philosophie zu Zusammenhängen von weiterem Umfang und tieferer Grundlage zurückzugehen.

Dieselbe Nötigung ergibt sich auch, wenn wir die Beziehungen zu Lebenserfahrung, L i t e r a t u r u n d D i c h t u n g ins Auge fassen, wie sie in Namengebung, Begriffsbestimmung und historischem Zusammenhang sich erweisen. Diejenigen,

die als Schriftsteller für ihre Einwirkung auf das Publikum
einen unangreifbaren Standpunkt zu gewinnen streben,
begegnen sich auf diesem Wege mit denen, welche von der
philosophischen Forschung aus selber vorwärtsschreiten
und, am System verzweifelnd, das Wissen über das Leben
freier, menschlicher begründen und aussprechen wollen.
Als Vertreter der ersten Klasse kann L e s s i n g angesehen
werden. Sein Naturell hatte ihn zum Schriftsteller gemacht.
Als junger Mensch nahm er von den philosophischen Systemen Notiz, dachte jedoch nicht daran, in ihrem Streit Partei
zu nehmen. Aber jede der kleinen und großen Aufgaben, die
er sich setzte, nötigte ihn, feste Begriffe und Wahrheiten
aufzusuchen. Wer das Publikum führen will, muß selbst auf
einem sicheren Weg sein. So wurde er von eingeschränkten
Aufgaben zu Problemen von immer allgemeinerer Art fortgeführt. Ohne die systematische Arbeit des Philosophen
durchzumachen, löste er diese Probleme aus der Kraft seines
eignen Wesens, wie die Zeit es formiert hatte. Ein Lebensideal erhob sich in ihm aus dem Leben selber; aus der
Philosophie um ihn her kam die deterministische Lehre ihm
zu, und die Menschen, die er so gut kannte, bestätigten sie;
auf diesen Grundlagen entstand ihm dann in seinen theologischen Studien eine gewisse Vorstellung von der göttlichen
Kraft, in welcher der notwendige Zusammenhang der Dinge
gegründet ist. Diese Momente und andere, die ihnen verwandt waren, führten ihn so zu einer gewissen inneren
Struktur seiner Ideen, die von den Wesenszügen der Philosophie, wie sie dargelegt worden sind, immer noch sehr
verschieden ist. Und doch trägt niemand Bedenken, von
Lessings Philosophie zu reden. Er greift an einer bestimmten
Stelle in die Geschichte dieses Lebensgebietes ein und
behauptet da seinen Platz. In all den Schriftstellern sonach,
für die er repräsentativ ist, haben wir es mit einer Zwischenschicht zu tun, welche die Philosophie mit der Literatur
verbindet.
Eben derselben Zwischenschicht gehört nun auch die andere

Klasse an, die von der systematischen Philosophie fortging zu einer subjektiveren, formloseren Art, das Lebens- und Welträtsel aufzulösen. Diese Gruppe nimmt in der Geschichte des menschlichen Geistes eine sehr hervorragende Stelle ein. Vor allem, so oft eine Epoche des systematischen Denkens zu Ende gegangen war, so oft die Lebenswerte, die in ihr galten, der veränderten Lage des Menschen nicht mehr entsprachen und die fein und subtil durchgearbeitete begriffliche Welterkenntnis neu erfahrenen Tatsachen nicht mehr genugtun konnte, traten solche Denker hervor und kündeten einen neuen Tag im Leben der Philosophie an. Von dieser Art waren jene Philosophen der stoisch-römischen Schule, die von der Philosophie des Handelns aus dahin kamen, die Last der griechischen Systematik von sich zu werfen und in einer freieren Interpretation des Lebens selber ihr Ziel zu suchen. Mark Aurel, der in seinen Selbstgesprächen die genialste Form für dies Verfahren gefunden hat, sieht das Wesen der Philosophie in einer Lebensverfassung, der gemäß der Gott in unserem Innern von der Gewalt der Welt unabhängig und von ihrem Schmutz rein erhalten wird. Doch hatten diese Denker einen festen Hintergrund für ihre Lebensbetrachtung in der Systematik der stoischen Lehre, und so blieben sie noch in einer direkten inneren Verbindung mit der Bewegung der unter der Forderung der Allgemeingültigkeit stehenden Philosophie. Ja, sie haben in dieser Philosophie ihren Platz als Fortentwicklung der auf dem pantheistischen Determinismus aufgebauten Persönlichkeitslehre: einer Richtung, die in der deutschen Philosophie des 19. Jahrhunderts wiedergekehrt ist und auch da wegen des Charakters einer solchen Persönlichkeitslehre eine starke Tendenz zeigt, in freieren Darstellungen sich auszusprechen. Deutlicher aber löst sich von der Philosophie mit ihrer Forderung der Allgemeingültigkeit eine Reihe moderner Denker los. Die Kunst der Lebenserfahrung und Lebensführung im Zeitalter der Renaissance hat als ihre feinste Blüte die Essays des Montaigne gezeigt.

Montaigne läßt die Lebensbeurteilung der mittelalterlichen Philosophie hinter sich, und entschiedener noch als Mark Aurel gibt er jede Anforderung an Begründung und Allgemeingültigkeit auf. Seine Arbeiten erstrecken sich nur in gelegentlichen und kurzen Ausführungen über das Studium des Menschen hinaus: seine Essays sind ihm seine Philosophie. Denn diese ist die Bildnerin der Urteilskraft und der Sitten, ja im Grunde sind Festigkeit, Aufrichtigkeit die wahre Philosophie selbst. Und wie Montaigne selbst sein Werk als Philosophie bezeichnet, ist er an seinem Platze unentbehrlich in der Geschichte dieses Lebensgebietes. Ebenso haben Carlyle, Emerson, Ruskin, Nietzsche, selbst Tolstoj, Maeterlinck in der Gegenwart irgendeine Beziehung zur systematischen Philosophie, und noch selbstbewußter, härter als Montaigne wenden sie sich von ihr ab, noch folgerichtiger haben sie jede Verbindung mit Philosophie als Wissenschaft aufgehoben.

Alle diese Erscheinungen sind, ebenso wie die Mystik, nicht eine trübe Mischung der Philosophie mit einem anderen Lebensgebiet, sondern wie in dieser kommt auch in ihnen eine seelische Entwicklung zum Ausdruck. Suchen wir das Wesen dieser modernen Lebensphilosophie zu erfassen. Es bildet die eine Seite derselben, wie hier in allmählicher Abstufung die methodischen Forderungen der Allgemeingültigkeit und Begründung nachlassen; das Verfahren, das aus der Lebenserfahrung eine Deutung des Lebens gewinnt, nimmt in dieser Abstufung immer freiere Formen an; Aperçus werden zur unmethodischen, aber eindrucksvollen Lebensdeutung verbunden. Diese Gattung der Schriftstellerei ist darin der antiken Kunst der Sophisten und Rhetoren, welche Platon so scharf aus dem Bezirk der Philosophie verwies, verwandt, daß an die Stelle des methodischen Beweises die Überredung tritt. Und dennoch verknüpft eine starke innere Beziehung einige dieser Denker mit der philosophischen Bewegung selbst. Ihre Kunst der Überredung ist eigen verbunden mit einem furchtbaren Ernst und einer großen Wahrhaftigkeit. Ihr Auge bleibt auf das Rätsel des Lebens gerichtet, aber sie verzweifeln daran, dieses vermittels einer allgemeingültigen Metaphysik, auf Grund einer Theorie des Weltzusammenhangs aufzulösen; das Leben soll aus ihm selber gedeutet werden – das ist der große Gedanke, der diese Lebensphilosophen mit der Welterfahrung und mit der Dichtung verknüpft. Von Schopenhauer ab hat dieser Gedanke sich immer feindlicher gegen die systematische Philosophie entwickelt; jetzt bildet er den Mittelpunkt der philosophischen Interessen der jungen Generation. Eine Richtung der Literatur von eigner Größe und selbständigem Charakter kommt in diesen Schriften zum Ausdruck. Und wie sie den Namen der Philosophie selbst für sich in Anspruch nehmen, bereiten sie, wie die religiösen Denker es einstmals taten, heute neue Entwicklungen der systematischen Philosophie vor. Denn nachdem die allgemeingültige Wissenschaft der Metaphysik für immer zerstört ist, muß eine von ihr unabhängige Methode gefunden werden, Bestimmungen über Werte, Zwecke und Regeln des Lebens zu finden, und auf der Grundlage der beschreibenden und zergliedernden Psychologie, welche von der Struktur des Seelenlebens ausgeht, wird innerhalb methodischer Wissenschaft eine, wenn auch bescheidenere und weniger diktatorische Lösung dieser Aufgabe zu suchen sein, welche die Lebensphilosophen der Gegenwart sich gestellt haben.

Das zusammengesetzte Verhältnis, das zwischen Religion, Philosophie, Lebenserfahrung, Dichtung in dieser Schicht sich auftut, nötigt uns zurückzugreifen auf die Beziehungen, die zwischen diesen Kräften der Kultur in der Einzelperson und in der Gesellschaft obwalten. Die Unsicherheit der Abgrenzung, wie sie in der Beweglichkeit der Merkmale der Philosophie begründet ist und zurückweist auf die Begriffsbestimmung der Philosophie als einer Funktion, kann erst ganz verstanden werden, wenn wir auf den Lebenszusammenhang im Individuum und in der Gesellschaft zurückgehen und ihm die Philosophie einordnen. Dies geschieht durch die Anwendung eines neuen Verfahrens.

Zweiter Teil

Das Wesen der Philosophie verstanden aus ihrer Stellung in der geistigen Welt

Aus den Tatbeständen, die den Namen der Philosophie tragen, und aus den Begriffen von ihnen, wie sie in der Geschichte der Philosophie sich gebildet haben, sind bisher induktiv die Wesenszüge derselben abgeleitet worden. Sie führten zurück auf eine Funktion der Philosophie als eines gleichförmigen Sachverhalts in der Gesellschaft. Und durch diesen gleichförmigen Sachverhalt fanden wir alle philosophierenden Personen zu dem inneren Zusammenhang der Geschichte der Philosophie verbunden. In vielartigen Zwischenformen erschien dann Philosophie in dem Bereich von Religion, Reflexion über das Leben, Literatur, Dichtung. Diese Induktionen aus dem historischen Tatbestand erhalten nun ihre Bestätigung und ihre Verbindung zu der abschließenden Erkenntnis des Wesens der Philosophie, indem diese in den Zusammenhang eingeordnet wird, in welchem sie ihre Funktion ausübt: so wird ihr Begriff durch die Darstellung seines Verhältnisses zu den übergeordneten und den nebengeordneten vollendet.

I. Einordnung der Funktion der Philosophie in den Zusammenhang des Seelenlebens, der Gesellschaft und der Geschichte

1. Stellung in der Struktur des Seelenlebens

Historisch gegebene Züge verstehen wir immer nur aus der Innerlichkeit des Seelenlebens. Die Wissenschaft, welche diese Innerlichkeit beschreibt und zergliedert, ist die deskriptive Psychologie. Sie erfaßt daher auch die Funktion der

Philosophie in dem Haushalt des geistigen Lebens gleichsam von innen und bestimmt sie in ihrem Verhältnis zu den nächstverwandten geistigen Leistungen. So vollendet sie den Wesensbegriff der Philosophie. Denn die Begriffe, unter welche der von der Philosophie gehört, haben zu ihrem Inhalt die innere Beziehung der Merkmale, welche auf Grund von Innehaben des Erlebten und von Nachverstehen anderer einen realen Zusammenhang darstellen; wogegen die theoretische Naturwissenschaft nur an in den Sinnen gegebenen Phänomenen Gemeinsamkeiten feststellt.

Alle menschlichen Erzeugnisse entspringen aus dem Seelenleben und dessen Beziehungen zur äußeren Welt. Da nun die Wissenschaft überall Regelmäßigkeiten aufsucht, so muß auch das Studium der geistigen Erzeugnisse von den Regelmäßigkeiten im Seelenleben ausgehen. Diese sind von zweierlei Art. Das Seelenleben zeigt Gleichförmigkeiten, die an den Veränderungen in ihm festgestellt werden können. In bezug auf diese verhalten wir uns ähnlich wie gegenüber der äußeren Natur. Die Wissenschaft stellt sie fest, indem sie aus den zusammengesetzten Erlebnissen einzelne Prozesse aussondert und Regelmäßigkeiten an denselben induktiv erschließt. So erkennen wir die Prozesse von Assoziation, Reproduktion oder Apperzeption. Jede Veränderung ist hier ein Fall, der in dem Verhältnis der Unterordnung unter die Gleichförmigkeiten steht. Sie bilden eine Seite des psychologischen Erklärungsgrundes für die geistigen Erzeugnisse: so enthalten die eigentümlichen Bildungsprozesse, in welchen Wahrnehmungen zu Phantasiebildern sich umbilden, den einen Teil der Erklärungsgründe für Mythos, Sage, Legende und künstlerisches Schaffen. Die Vorgänge des Seelenlebens sind aber noch durch eine andere Art der Beziehung miteinander verbunden. Sie sind als Teile zum Zusammenhang des Seelenlebens vereinigt. Diesen Zusammenhang nenne ich die psychische Struktur. Sie ist die Anordnung, nach welcher psychische Tatsachen von verschiedener Beschaffenheit im entwickelten Seelenleben durch eine innere erlebbare Beziehung miteinander verbunden sind. Die Grundform dieses seelischen Zusammenhangs ist dadurch bestimmt, daß sich alles psychische Leben von seinem Milieu bedingt findet und rückwärts auf dies Milieu zweckmäßig einwirkt. Empfindungen werden hervorgerufen und repräsentieren die Mannigfaltigkeit der äußeren Ursachen; angeregt durch das Verhältnis dieser Ursachen zu unserem Eigenleben, wie es in dem Gefühl sich äußert, wenden wir diesen Eindrücken unser Interesse zu, wir apperzipieren, unterscheiden, verbinden, urteilen und schließen: unter der Einwirkung des gegenständlichen Auffassens entstehen auf der Grundlage der Gefühlsmannigfaltigkeit immer richtigere Abschätzungen des Wertes der Lebensmomente und der äußeren Ursachen für dies Eigenleben und das System seiner Triebe: von diesen Wertschätzungen geleitet, ändern wir durch zweckmäßige Willenshandlungen die Beschaffenheit des Milieus oder wir passen die eignen Lebensvorgänge durch die innere Tätigkeit des Willens unseren Bedürfnissen an. Das ist menschliches Leben. Und in seinem Zusammenhang sind Wahrnehmung, Erinnerung, Denkprozeß, Trieb, Gefühl, Begehren, Willenshandlung auf die mannigfaltigste Weise miteinander verwebt. Jedes Erlebnis, als einen Moment unseres Daseins erfüllend, ist zusammengesetzt.

Der psychische Strukturzusammenhang hat einen teleologischen Charakter. Wo in Lust und Leid die seelische Einheit das ihr Wertvolle erfährt, reagiert sie in Aufmerksamkeit, Auswahl der Eindrücke und Verarbeitung derselben, in Streben, Willenshandlung, Wahl unter ihren Zielen, Aufsuchen der Mittel für ihre Zwecke.

So macht schon innerhalb des gegenständlichen Auffassens eine Zielstrebigkeit sich geltend: die Formen der Repräsentation irgendeiner Wirklichkeit bilden Stufen in einem Zweckzusammenhang, in welchem das Gegenständliche zu immer vollständigerer und bewußterer Repräsentation gelangt. Diese Verhaltungsweise, in der wir das Erlebte und Gegebene auffassen, erzeugt unser Weltbild, unsere Begriffe von Wirklichkeit, die Einzelwissenschaften, an welche die Erkenntnis dieser Wirklichkeit sich verteilt – sonach den Zweckzusammenhang der Wirklichkeitserkenntnis. – An jeder Stelle dieses Vorgangs wirken Trieb und Gefühl. In diesen ist der Mittelpunkt unserer seelischen Struktur; alle Tiefen unseres Wesens werden von da aus bewegt. Wir suchen eine Lage unseres Lebensgefühls, welche auf irgendeine Art unsere Wünsche schweigen macht. Das Leben befindet sich in der beständigen Annäherung an dieses Ziel: bald scheint es dasselbe ergriffen zu haben, bald entfernt es sich wieder von ihm. Nur die fortschreitenden Erfahrungen lehren jeden einzelnen, worin für ihn das dauernd Wertvolle besteht. Die Hauptarbeit des Lebens ist nach dieser Seite, durch Illusionen hindurch zu der Erkenntnis dessen zu kommen, was uns wahrhaft wertvoll ist. Den Zusammenhang von Vorgängen, in dem wir die Lebenswerte und die Werte der Dinge erproben, nenne ich Lebenserfahrung. Sie setzt die Kenntnis dessen voraus, was ist – sonach unser gegenständliches Auffassen, und für sie können unsere Willenshandlungen, deren nächster Zweck auf Veränderungen draußen oder in uns selbst gerichtet ist, zugleich Mittel der Feststellung der Werte unserer Lebensmomente wie der äußeren Dinge sein – falls sich unser Interesse hierauf richtet. Durch Menschenkenntnis, Historie, Dichtung erweitern sich die Mittel der Lebenserfahrung und ihr Horizont. Und auch auf diesem Gebiete kann unser Leben seine Sicherheit erst durch die Erhebung zu allgemeingültigem Wissen erlangen. Ob dieses je die Frage nach dem unbedingt Wertvollen beantworten kann? – Auf das Bewußtsein von den Werten des Lebens ist ein dritter und letzter Zusammenhang gegründet, in welchem wir durch unsere Willenshandlungen Sachen, Menschen, Gesellschaft, uns selbst zu leiten und zu ordnen streben. Ihm gehören Zwecke, Güter, Pflichten, Regeln des Lebens, die ganze ungeheure Arbeit unseres praktischen Handelns in Recht, Wirtschaft, Regulierung der Gesellschaft, Herrschaft über die Natur. Auch innerhalb dieser Verhaltungsweise geht das Bewußtsein zu immer höheren Formen fort, wir suchen als die letzte, höchste ein Handeln auf Grund eines allgemeingültigen Wissens, und wieder entsteht die Frage, wieweit dies Ziel erreichbar ist.

Ein Wesen, in welchem eine Zielstrebigkeit gesetzt ist, die irgendwie auf die in den Trieben geforderten Lebenswerte gerichtet ist, das in der Differenzierung der Leistungen und ihrer wechselseitigen inneren Beziehung auf dies Ziel hin sich auswirkt – wird sich entwickeln. So entspringt aus der Struktur des Seelenlebens seine Entwicklung. Jeder Moment, jede Epoche unseres Lebens hat einen selbständigen Wert in sich, sofern ihre besonderen Bedingungen eine bestimmte Art von Befriedigung und Erfüllung unseres Daseins möglich machen; zugleich aber sind alle Lebensstufen miteinander verbunden zu einer Entwicklungsgeschichte, indem wir streben, in dem Fortrücken der Zeit eine immer reichere Entfaltung der Lebenswerte, eine immer fester und höher geformte Gestalt des Seelenlebens zu erreichen. Und auch hier zeigt sich wieder dasselbe Grundverhältnis zwischen Leben und Wissen: in der Steigerung der Bewußtheit, in der Erhebung unseres Tuns zu gültigem, wohlbegründetem Wissen liegt eine wesentliche Bedingung für die feste Gestalt unseres Inneren.

Dieser innere Zusammenhang lehrt, wie die empirisch festgestellte Funktion der Philosophie aus den Grundeigenschaften des Seelenlebens mit innerer Notwendigkeit hervorgegangen ist. Stellt man sich ein Individuum vor, das ganz isoliert wäre und dazu frei von den Zeitschranken des Einzellebens, so wird in diesem Auffassung der Wirklichkeit, Erleben der Werte, Verwirklichung der Güter nach Regeln des Lebens stattfinden: eine Besonnenheit über sein Tun muß in ihm entstehen, und sie wird sich erst vollenden in einem allgemeingültigen Wissen über dasselbe; und wie in den Tiefen dieser Struktur Auffassen von Wirklichkeit, innere Gefühlserfahrung der Werte und die Realisierung von Lebenszwecken miteinander verbunden sind, so wird es diesen inneren Zusammenhang in allgemeingültigem Wissen zu erfassen streben. Was in den Tiefen der Struktur zusammenhängt, Welterkenntnis, Lebenserfahrung, Prinzipien des Handelns, das muß auch zu irgendeiner Vereinigung im denkenden Bewußtsein gebracht werden. So entsteht in diesem Individuum die Philosophie. Philosophie ist in der Struktur des Menschen angelegt, jeder, an welcher Stelle er stehe, ist in irgendeiner Annäherung an sie begriffen, und jede menschliche Leistung tendiert, zur philosophischen Besinnung zu gelangen.

2. Die Struktur der Gesellschaft und die Stellung von Religion, Kunst und Philosophie in derselben

Der Einzelmensch als isoliertes Wesen ist eine bloße Abstraktion. Blutsverwandtschaft, örtliches Zusammenleben, Zusammenwirken in der Arbeitsleistung [in Konkurrenz und gemeinsamer Arbeit, die mannigfaltigen Zusammenhänge, die aus dem gemeinsamen Verfolgen von Zwecken hervorgehen], Machtbeziehung in Herrschaft und Gehorsam machen das Individuum zum Gliede der Gesellschaft. Da nun diese Gesellschaft aus den strukturierten Individuen besteht, wirken sich in ihr dieselben strukturellen Regelmäßigkeiten aus. Die subjektive und immanente Zweckmäßigkeit in den Individuen äußert sich in der Geschichte als Entwicklung. Die einzelseelischen Regelmäßigkeiten formen sich um in solche des sozialen Lebens. Die Differenzierung und höhere Beziehung der differenzierten Leistungen aufeinander im Individuum nimmt in der Gesellschaft als Arbeitsteilung festere und wirksamere Formen an. Die Entwicklung wird durch die Verkettung der Geschlechter unbeschränkt: denn die Erzeugnisse jeder Art von Arbeit bestehen fort als Grundlage für immer neue Generationen; geistige Arbeit breitet sich beständig räumlich aus, geleitet vom Bewußtsein der Solidarität und des Fortschritts: so entstehen Kontinuität der gesellschaftlichen Arbeit, Wachstum der in ihr aufgewandten geistigen Energie und zunehmende Gliederung der Arbeitsleistungen. Diese rationalen Momente, die im Leben der Gesellschaft wirken und von der sozialen Psychologie erkannt werden, stehen unter Bedingungen, auf denen das eigenste Wesen geschichtlichen Daseins beruht; Rasse, Klima, Lebensverhältnisse, ständische und politische Entwicklung, persönliche Eigenart der Individuen und ihrer Gruppen geben jedem geistigen Erzeugnis seinen besonderen Charakter; aber in all dieser Mannigfaltigkeit entstehen doch aus der immer gleichen Struktur des Lebens dieselben Zweckzusammenhänge, die ich als Systeme der Kultur bezeichne: nur in verschiedenen geschichtlichen Modifikationen. Die Philosophie kann jetzt bestimmt werden als eines dieser Kultursysteme der menschlichen Gesellschaft. Denn in dem Nebeneinander der Personen und der Abfolge der Geschlechter sind diejenigen, in denen die Funktion, durch allgemeingültige Begriffe sich zu Welt- und Lebensrätsel in Verhältnis zu setzen, enthalten ist, zu einem Zweckzusammenhang verbunden. Es ist nunmehr die Aufgabe, den Ort dieses Kultursystems im Haushalt der Gesellschaft zu bestimmen.

In der Wirklichkeitserkenntnis verketten sich die Erfahrungen der Generationen auf der Grundlage der Gleichartigkeit des Denkens und der Identität der von uns unabhängigen Welt. Wie sie so in beständiger Erweiterung begriffen ist, differenziert sie sich in der wachsenden Zahl von Einzelwissenschaften, und bleibt doch eine durch die sie alle verbindende Beziehung auf das eine Wirkliche und die ihnen gemeinsame Forderung der Allgemeingültigkeit ihres Wissens. So hat an diesen Einzelwissenschaften die Kultur unseres Geschlechtes ihre feste, allverbindende, allvorwärtsdringende leitende Grundlage.

Von diesem großen System erstreckt sich die menschliche Kultur bis zu dem Inbegriff derjenigen ihrer Systeme, in denen sich die Willenshandlungen zusammengefaßt und differenziert haben. Denn auch die Willenshandlungen der Individuen sind zu Zusammenhängen verbunden, welche im Wechsel der Generationen sich erhalten. Die Regelmäßigkeiten in den einzelnen Sphären des Handelns, die Selbigkeit der Wirklichkeit, auf welche es sich bezieht, die Forderung des Ineinandergreifens der Handlungen für die Realisierung gewisser Zwecke erwirken die Kulturzusammenhänge von wirtschaftlichem Leben, Recht und Naturbeherrschung. All dies Tun ist mit Lebenswerten erfüllt; Freude, Steigerung unseres Daseins liegt in solchen Tätigkeiten selbst und wird aus ihnen gewonnen.

Es gibt aber zunächst jenseit dieser Spannung des Willens einen Genuß der Lebenswerte und der Werte der Dinge, in welchem wir ausruhen von dieser Spannung: Lebensfreude, Geselligkeit und Fest, Spiel und Scherz: das ist dann die Luft, in welcher die Kunst sich entfaltet, deren Eigenstes ist, in einer Region des freien Spieles zu verweilen, in der doch zugleich die Bedeutung des Lebens sichtbar wird. Ein romantisches Denken hat oftmals die Verwandtschaft von Religion, Kunst und Philosophie hervorgehoben. Dasselbe Welt- und Lebensrätsel steht ja vor der Dichtung, der Religion und der Philosophie; ein verwandtes Verhältnis zu dem gesellschaftlich-geschichtlichen Zusammenhang ihrer Lebenssphäre ist im Religiösen, im Dichter und im Philosophen: umfangen von dieser sind sie doch einsam: ihr Schaffen erhebt sich über alle Ordnungen um sie her in eine Region, in der sie ganz allein den überall wirkenden Kräften der Dinge gegenüberstehen – über alle geschichtlichen Relationen zu dem zeitlosen Umgang mit dem, was immer und überall Leben erwirkt. Sie fürchten die Bande, mit denen Vergangenheiten und Ordnungen ihr Schaffen umstricken wollen. Sie hassen den Verbrauch der Persönlichkeit durch die Gemeinschaften, die nach ihrem Bedürfnis Ehre und Geltung ihrer Glieder bemessen. So trennt ein tiefgreifender Unterschied die festumspannende Verbindung in den äußeren Organisationen, den Zwecksystemen des Wissens oder denen des äußeren Handelns von dem Zusammenwirken in den Kulturzusammenhängen von Religion, Dichtung und Philosophie. Am freiesten aber walten die Dichter. Selbst die festen Beziehungen zur Wirklichkeit lösen sich in ihrem Spiel mit Stimmungen und Gestalten. Diese Gemeinsamkeiten nun von Religion, Dichtung und Philosophie, durch die sie in sich verbunden und von den anderen Lebensgebieten getrennt sind, beruhen schließlich darin, daß die Einspannung des Willens in begrenzte Zwecke hier aufgehoben ist: der Mensch löst sich aus dieser Gebundenheit an das Gegebene, Bestimmte, indem er sich auf sich selbst und den Zusammenhang der Dinge besinnt: es ist ein Erkennen, das nicht diesen oder jenen eingeschränkten Gegenstand zu seinem Objekt hat, ein Handeln, das nicht an einer bestimmten Stelle des Zweckzusammenhanges vollzogen werden soll. Die Einstellung des Blickes und der Intention in das Gesonderte, nach Ort und Zeit Bestimmte würde die Ganzheit unseres Wesens, das Bewußtsein unseres Eigenwertes, unserer Unabhängigkeit von der Verkettung nach Ursachen und Wirkungen, von der Bindung an Ort und Zeit auflösen: stünde dem Menschen nicht immer wieder das Reich der Religion, Poesie und Philosophie offen, in dem er von solcher Beschränktheit sich erlöst findet. Die Anschauungen, in denen er hier lebt, müssen immer irgendwie die Beziehungen von Wirklichkeit, Wert und Ideal, Zweck und Regel umspannen. Anschauungen: denn das Schöpferische der Religion liegt immer in einer Konzeption des wirkenden Zusammenhanges, zu welchem das Individuum sich verhält, Dichtung ist immer Hinstellen eines Geschehnisses, erfaßt in seiner Bedeutsamkeit; und von der Philosophie ist ja offensichtig, daß ihr begriffliches, systematisches Verfahren dem gegenständlichen Verhalten angehört. Die Dichtung nun verbleibt in der Region von Gefühl und Anschauung, da sie nicht nur jede begrenzte Zweckbestimmung, sondern das willentliche Verhalten selbst von sich ausschließt. Dagegen liegt der furchtbare Ernst der Religion und Philosophie darin, daß sie den inneren Zusammenhang, der in der Struktur unserer Seele von der Wirklichkeitsauffassung zur Zwecksetzung geht, in seiner objektiven Tiefe erfassen und aus dieser selber das Leben gestalten wollen. So werden sie zu einer verantwortlichen Besinnung über das Leben, welches eben diese Totalität ist; sie werden, gerade im guten Bewußtsein ihrer Wahrhaftigkeit, zu tatfrohen Kräften der Gestaltung des Lebens. Innig verwandt, wie sie so sind, müssen sie sich, eben weil sie dieselbe Intention der Gestaltung des Lebens haben, befehden bis zum Kampf um ihr Dasein. Der Tiefsinn des Gemütes und die Allgemeingültigkeit des begrifflichen Denkens ringen in ihnen miteinander.

Religion, Kunst, Philosophie sind so gleichsam eingeschaltet in die unerbittlich festen Zweckzusammenhänge von Einzelwissenschaften und von Ordnungen des gesellschaftlichen Handelns. Sie stehen so, unter sich verwandt und doch nach ihrem geistigen Verfahren sich fremd, in den merkwürdigsten Beziehungen. Diese gilt es nun zu erfassen. Das führt darauf zurück, wie im menschlichen Geiste der Zug zur Weltanschauung liegt und wie die Philosophie diese allgemeingültig zu begründen strebt. Dann wird sich uns auch die andere Seite der Philosophie auftun, wie von den im Leben entwickelten Begriffen und Wissenschaften her die philosophische Funktion der Verallgemeinerung und Verbindung in Wirksamkeit tritt.

II. Weltanschauungslehre. Religion und Dichtung in ihren Beziehungen zur Philosophie

Religion, Kunst und Philosophie haben eine gemeinsame Grundform, die in die Struktur des Seelenlebens zurückreicht. In jedem Moment unseres Daseins besteht ein Verhältnis unseres Eigenlebens zur Welt, die uns als ein anschauliches Ganzes umgibt. Wir fühlen uns, den Lebenswert des einzelnen Moments und die Wirkungswerte der Dinge auf uns, dies aber im Verhältnis zur gegenständlichen Welt. Im Fortschreiten der Reflexion erhält sich die Verbindung von Erfahrung über das Leben und Entwicklung des Weltbildes. Lebenswertung setzt Kenntnis dessen voraus, was ist, und Wirklichkeit tritt unter wechselnde Beleuchtungen vom Innenleben her. Nichts ist flüchtiger, zarter, veränderlicher als die Stimmung des Menschen gegenüber dem Zusammenhang der Dinge. Dokumente einer solchen sind jene lieblichen Gedichte, die an ein Naturbild den Ausdruck inneren Lebens knüpfen. Und beständig wechseln in uns, wie Schatten von Wolken, die über eine Landschaft hingehen, Auffassung und Schätzung von Leben und Welt. Der Religiöse, der Künstler, der Philosoph unterscheiden sich nun dadurch von den Dutzendmenschen, ja auch von Genies anderer Art, daß sie solche Lebensmomente festhalten in der Erinnerung, ihren Gehalt zum Bewußtsein erheben und die Einzelerfahrungen zu allgemeiner Erfahrung über das Leben selber verbinden. Damit erfüllen sie eine bedeutsame Funktion, nicht für sich nur, sondern auch für die Gesellschaft.

So erheben sich allenthalben Interpretationen der Wirklichkeit: die Weltanschauungen. Wie ein Satz einen Sinn oder eine Bedeutung hat und zum Ausdruck bringt, so möchten diese Interpretationen Sinn und Bedeutung der Welt aussprechen! Wie wechselnd aber sind nun doch schon in jedem einzelnen Individuum diese Interpretationen! Sie ändern sich unter der Wirkung der Erfahrungen allmählich oder plötzlich. Die Epochen des menschlichen Lebens durchlaufen in typischer Entwicklung, wie Goethe sah, verschiedene Weltanschauungen. Zeit und Ort bedingen ihre Mannigfaltigkeit. Wie eine Vegetation von unzähligen Formen bedecken Lebensansichten, künstlerischer Ausdruck von Weltverständnis, religiös bestimmte Dogmen, Formeln der Philosophen die Erde. Zwischen ihnen scheint, wie bei den Pflanzen am Boden, ein Streit um Dasein und Raum zu bestehen. Da gewinnen nun einzelne derselben, getragen von der einheitlichen Größe der Person, Macht über die Menschen. Heilige wollen Leben und Sterben Christi nachleben, lange Reihen von Künstlern sehen den Menschen mit den Augen Raffaels, Kants Idealismus der Freiheit reißt Schiller, Fichte, ja die meisten wirksamen Personen der folgenden Generation mit sich fort. Das Gleiten und Schwanken der seelischen Vorgänge, das Zufällige und Partikulare im Gehalt der Lebensmomente, das Unsichere und Wechselnde in der Auffassung, Wertung und Zwecksetzung, diese innere Unseligkeit des so irrig von Rousseau oder Nietzsche gepriesenen naiven Bewußtseins wird überwunden. Die bloße Form des religiösen, künstlerischen, philosophischen Verhaltens bringt Festigkeit und Ruhe und schafft einen Zusammenhang, der den religiösen Genius mit den Gläubigen, den Meister mit den Schülern, die philosophische Persönlichkeit mit denen, die unter ihrer Macht stehen, verbindet.

So klärt sich jetzt auf, was unter Welt- und Lebensrätsel als dem gemeinsamen Gegenstand von Religion, Philosophie, Dichtung zu verstehen ist. In der Struktur der Weltanschauung ist immer eine innere Beziehung der Lebenserfahrung zum Weltbilde enthalten, eine Beziehung, aus der stets ein Lebensideal abgeleitet werden kann. Die Analyse der höheren Gebilde in diesen drei Sphären des Schaffens ebenso wie die Beziehung von Wirklichkeit, Wert und Willensbestimmung als Struktur des Seelenlebens führen zu dieser Einsicht. Sonach ist die Struktur der Weltanschauung ein Zusammenhang, in welchem Bestandteile von verschiedener Provenienz und verschiedenem Charakter vereinigt sind. Der Grundunterschied zwischen diesen Bestandteilen geht zurück in die Differenzierung des Seelenlebens, welche als dessen Struktur bezeichnet worden ist. Die Anwendung des Namens Weltanschauung auf ein geistiges Gebilde, das Welterkenntnis, Ideal, Regelgebung und oberste Zweckbestimmung einschließt, rechtfertigt sich dadurch, daß nie in ihr die

Intention zu bestimmten Handlungen gesetzt ist, sie sonach nie bestimmtes praktisches Verhalten einschließt.

Das Problem des Verhältnisses der Philosophie zu Religion und Dichtung kann nun zurückgeführt werden in die Frage nach den Beziehungen, die sich aus der verschiedenen Struktur der Weltanschauung in diesen ihren drei Formen ergeben. Denn sie treten nur insofern in innere Beziehungen, als sie eine Weltanschauung vorbereiten oder enthalten. Wie der Botaniker die Pflanzen in Klassen ordnet und das Gesetz ihres Wachstums erforscht, so muß der Zergliederer der Philosophie die Typen der Weltanschauung aufsuchen und die Gesetzmäßigkeit in ihrer Bildung erkennen. Eine solche vergleichende Betrachtungsweise erhebt den menschlichen Geist über die in seiner Bedingtheit gegründete Zuversicht, in einer dieser Weltanschauungen die Wahrheit selber ergriffen zu haben. Wie die Objektivität des großen Geschichtschreibers die Ideale der einzelnen Zeiten nicht meistern will, so muß der Philosoph das betrachtende Bewußtsein selber, das sich die Gegenstände unterwirft, geschichtlich-vergleichend auffassen und sonach über ihnen allen seinen Standpunkt einnehmen. Dann vollendet sich in ihm die Geschichtlichkeit des Bewußtseins.

Die religiöse Weltanschauung ist nun ihrer Struktur nach verschieden von der dichterischen und diese von der philosophischen. Dem entspricht eine Verschiedenheit in der Anordnung der Typen der Weltanschauung innerhalb dieser drei Kultursysteme. Und aus den Grundunterschieden der philosophischen Weltanschauung von der religiösen und der dichterischen ergibt sich die Möglichkeit des Übergangs einer Weltanschauung aus der religiösen oder künstlerischen Form in die philosophische und umgekehrt. Das Vorwiegende des Übergangs in die philosophische Form in der seelischen Tendenz gegründet, seinem Tun Festigkeit und Zusammenhang zu geben, was schließlich nur im allgemeingültigen Denken erreicht wird. So entstehen die Fragen: Worin besteht die Eigenart der Struktur dieser verschiedenen Formen? nach welchen gesetzlichen Verhältnissen transformiert sich die religiöse oder künstlerische in die philosophische? An der Grenze dieser Untersuchung nähern wir uns dem allgemeinen Problem, für dessen Behandlung hier kein Raum ist: der Frage nach den gesetzlichen Verhältnissen, welche die Variabilität in der Struktur und die Mannigfaltigkeit der Typen der Weltanschauung bestimmen. Die Methode muß auch hier sein, daß zunächst die historische Erfahrung befragt und dann der in ihr liegende Sachverhalt der psychischen Gesetzlichkeit eingeordnet wird.

1. Die religiöse Weltanschauung und ihre Beziehungen zur philosophischen

Der Begriff der Religion gehört derselben Klasse an als der von Philosophie. Er bezeichnet zunächst einen Sachverhalt, der an gesellschaftlich aufeinander bezogenen Individuen als ein Teilinhalt ihres Lebens wiederkehrt. Und weil dieser Sachverhalt die Individuen, denen er gleichförmig angehört, in innere Beziehungen zueinander setzt und zu einem Zusammenhang verbindet: so bezeichnet der Begriff Religion zugleich einen Zusammenhang, der die religiös bestimmten Individuen als Glieder zu einem Ganzen verknüpft. Die Begriffsbestimmung unterliegt hier derselben Schwierigkeit, die in bezug auf die Philosophie sich gezeigt hat. Der Umfang der religiösen Tatsachen müßte nach Namengebung und Zusammengehörigkeit festgestellt werden, um den Wesensbegriff aus den diesem Umfang unterstehenden Tatsachen ableiten zu können. An dieser Stelle kann das methodische Verfahren, das hier die Schwierigkeiten löst, nicht selbst vorgelegt, sondern nur seine Ergebnisse können für die Zergliederung der religiösen Weltanschauung benutzt werden.
Religiös ist eine Weltanschauung, sofern sie ihren Ursprung in einer bestimmten Art von Erfahrung hat, die im religiösen

Vorgang begründet ist. Wo irgend der Name Religion auftritt, hat diese zu ihrem Merkmal den Verkehr mit dem
Unsichtbaren: denn dieser findet sich ebensogut in ihren
primitiven Stufen, als in jenen letzten Verzweigungen ihrer
Entwicklung, in welchen dieser Verkehr nur noch in der
inneren Beziehung der Handlungen zu einem alles Empirische überschreitenden und so das religiöse Verhältnis
ermöglichenden Ideal besteht oder in dem Verhalten der
Seele zu dem ihr verwandten göttlichen Zusammenhang der
Dinge. Durch diesen Verkehr entwickelt sich die Religion
in der Geschichte ihrer Formen zu einem immer umfassen-
deren und vollkommener differenzierten Strukturzusammenhang. Das Verhalten, in welchem dies geschieht und
das sonach den hervorbringenden Grund aller religiösen
Anschauungen und den Erkenntnisgrund für jede religiöse
Wahrheit enthalten muß, ist die religiöse Erfahrung. Diese
ist eine Form der Lebenserfahrung, hat aber darin ihren
spezifischen Charakter, daß sie die Besinnung ist, welche die
Vorgänge des Verkehrs mit dem Unsichtbaren begleitet.
Wenn die Lebenserfahrung ein an den Erlebnissen fort-
schreitendes Sichbesinnen über die Lebenswerte, die Wirkungswerte der Dinge und die daraus fließenden höchsten
Zwecke und obersten Regeln unseres Handelns ist, so liegt
nun das Eigentümliche der religiösen Lebenserfahrung
darin, daß sie, wo die Religiosität sich zu vollem Bewußtsein
erhebt, in dem Verkehr mit dem Unsichtbaren den höchsten
und unbedingt gültigen Lebenswert und in dem unsichtbaren Gegenstand dieses Verkehrs den unbedingt gültigen
höchsten Wirkungswert, das, von dem alles Glück und alle
Seligkeit ausgeht, erfährt: woraus sich dann auch ergibt, daß
von diesem Unsichtbaren aus alle Zwecke und Regeln des
Handelns bestimmt werden müssen. Hierdurch ist nun das
Unterscheidende in der Struktur der religiösen Weltanschauung bedingt. Sie hat ihren Mittelpunkt in dem religiösen Erlebnis, in welchem die Totalität des Seelenlebens
wirksam ist: die in ihm gegründete religiöse Erfahrung

bestimmt jeden Bestandteil der Weltanschauung: alle Anschauungen über den Zusammenhang der Welt entspringen,
sofern man sie isoliert betrachtet, aus diesem Verkehr und
müssen diesen Zusammenhang sonach als eine Kraft erfassen, die mit unserem Leben in Verhältnis steht, und zwar als
eine seelische Kraft, da nur eine derartige solchen Verkehr
möglich macht. Das Ideal des Lebens, d. h. die innere
Ordnung seiner Werte muß bestimmt sein durch das religiöse Verhältnis: endlich muß sich aus ihm die höchste Regel für die Beziehungen der Menschen untereinander ergeben.

Durch die verschiedene Art, welche dieser religiöse Verkehr, die religiöse Erfahrung und das Bewußtsein von ihr
annehmen kann, sondern sich die geschichtlichen Stufen und
Formen, in denen die religiöse Weltanschauung sich ausbildet.

In der uns zugänglichen älteren Religiosität finden wir stets
einen Glauben und eine Praxis miteinander verbunden. Sie
setzen sich gegenseitig voraus. Denn wie auch der Glaube an
lebendige, willentlich wirkende Kräfte um den Menschen
her entstanden sein mag: wir finden die Fortbildung dieses
Glaubens, soweit wir sie in Völkerkunde und Geschichte
feststellen können, durch die Art bestimmt, in welcher die
religiösen Gegenstände eben durch das Handeln auf sie
Gestalt erhalten, und anderseits bestimmt dann wieder den
Kultus der Glaube, da das religiöse Handeln in ihm erst sein
Ziel erhält. Religion ist den Naturvölkern die Technik, das
Unfaßliche, der bloß mechanischen Veränderung Unzu-
gängliche zu beeinflussen, seine Kräfte in sich aufzunehmen,
sich mit ihm zu vereinigen, in erwünschtes Verhältnis zu
ihm zu treten. Solche religiöse Handlungen werden von dem
Einzelnen, dem Häuptling oder dem Zauberer-Priester vollzogen. So bildet sich für deren Handhabung eine Berufs-
klasse aus. Am Beginn jeder Differenzierung der männli-
chen Berufe entsteht dies unheimliche, keineswegs besonders respektierte, doch mit bald furchtsamer, bald erwar-

tungsvoller Scheu betrachtete Metier des Zauberers, Medizinmannes oder Priesters. Aus ihm bildet sich allmählich ein geordneter Stand, er wird Träger des ganzen religiösen Verhältnisses, einer Technik von magischen Handlungen, Büßungen und Reinigungen, und er ist so lange Inhaber des Wissens, bis sich eine selbständige Wissenschaft absondert. Er muß sich durch Enthaltungen freimachen für den Gott, er muß sein Verhältnis zum Unsichtbaren durch Entsagungen bewähren, die ihn in seiner Heiligkeit und Würde von allen anderen Personen absondern: das ist die erste beschränkte Art, in welcher das religiöse Ideal sich vorbereitet.

Aus diesem Verkehr mit dem Unsichtbaren, der auf Erlangung von Gütern, Abwendung von Übeln gerichtet und durch besondere Personen vermittelt ist, entwickeln sich die primitiven religiösen Ideen innerhalb dieser Schicht der Religiosität. Sie beruhen auf dem mythischen Vorstellen und dessen innerer Gesetzlichkeit. Es liegt schon in der ursprünglichen Lebendigkeit und Totalität des Menschen, daß er in allen seinen Bezügen zur Außenwelt Äußerungen eines Lebendigen erfährt, und es ist das die allgemeine Voraussetzung eines religiösen Verkehrs. Die Technik der religiösen Handlungen mußte diese Form des Auffassens verstärken. Subjektiv, wechselnd, mannigfach wie diese Erfahrungen waren, erhielten sie doch in jeder Horde oder jedem Stamm Gleichförmigkeit durch die Gemeinsamkeit der religiösen Erfahrung, und sie gewannen Sicherheit durch die eigne, am Faden der Analogie verlaufende Logik derselben. Wo noch kein Vergleich wissenschaftlicher Evidenz sich darbot, konnte viel leichter solche Glaubenssicherheit und Übereinstimmung in ihr sich bilden. Wo Traum, Vision, anormale Nervenzustände aller Art als Wunder in das Tagesleben hineinreichten, erhielt in ihnen die religiöse Logik ein Erfahrungsmaterial, welches Einwirkungen des Unsichtbaren zu belegen besonders geeignet war. Die suggestive Kraft der Glaubensinhalte, ihre gegenseitige Bestätigung, die nach derselben religiösen Logik wie ihre erste

Feststellung fortging, dann die gleichsam experimentelle Beglaubigung, die aus der erprobten Wirkung eines Fetischs, einer Manipulation des Zauberkünstlers kam, ganz wie wir heute die Kraft eines Gnadenbildes durch die Kranken erprobt und in Abbildungen und Berichten der Wallfahrtsorte zu Zeugnismassen fixiert sehen, dann auch die Aktionen der Zauberer, Orakelpriester, Mönche, heftige Bewegungen und außergewöhnliche Zustände mit Erscheinungen und Offenbarungen, hervorgerufen durch Fasten, lärmende Musik, Berauschung irgendeiner Art – all das stärkte die religiöse Art von Gewißheit. Aber das Wesentliche war doch, daß auf den ersten uns zugänglichen Kulturstufen nach der Natur des damaligen Menschen und seiner Lebensbedingungen der religiöse Glaube aus überall gleichen, wirksamen Erlebnissen von Geburt, Tod, Krankheit, Traum, Wahnsinn seine primitiven religiösen Ideen entwickelte, die daher allerorts gleichermaßen wiederkehren. In jedem lebendigen beseelten Körper wohnt ein zweites Ich, die Seele (auch wohl als Mehrheit gedacht), das ihn vorübergehend verläßt, im Tode sich von ihm sondert und mannigfacher Wirkungen in seinem schattenhaften Dasein fähig ist. Die ganze Natur ist von geistartigen Wesen belebt, die auf den Menschen einwirken, und die er durch Zauber, Opfer, Kultus, Gebet für sich zu stimmen strebt. Himmel, Sonne und Gestirne sind Sitze göttlicher Kräfte. Nur hingewiesen sei hier auf eine andere Klasse von Ideen, welche bei den Völkern niederer Stufe auftritt und die sich auf den Ursprung der Menschen oder der Welt bezieht.

Diese primitiven Ideen bilden die Grundlage der religiösen Weltanschauung. Sie formen sich um, sie wachsen zusammen, jede Veränderung im Zustand der Kultur arbeitet an dieser Entwicklung. Innerhalb der allmählichen Umgestaltung der Religiosität liegt das entscheidende Moment für den Fortschritt zu einer Weltanschauung in der Veränderung des Verkehrs mit dem Unsichtbaren. Jenseit des offiziellen Kultus mit seinen Tempeln, Opfern, Zeremonien entsteht ein freieres, esoterisches Verhältnis der Seele zum Göttlichen. Ein religiös vornehmer Kreis tritt in dies besondere Verhältnis zur Gottheit, er schließt sich darin ab, oder er gestattet auch den Zugang. In den Mysterien, in dem Einsiedlerleben, im Prophetentum gelangt das neue Verhältnis zur Geltung. In dem religiösen Genius offenbart sich die geheimnisvolle Macht der Persönlichkeit, kraft deren sie den Zusammenhang ihres Wesens in Welterfassung, Wertung des Lebens und Gestaltung seiner Ordnungen in sich zusammennimmt. Die religiösen Erfahrungen und ihr vorstellungsmäßiger Niederschlag treten gleichsam in einen anderen Aggregatzustand. Das Verhältnis der religiösen Personen zu denen, die unter ihrer Wirkung stehen, empfängt eine andere innere Form. Nicht einzelne Wirkungen werden erfahren oder versucht, sondern der Zusammenhang der Seele tritt in diesen inneren Verkehr. Diese großen Persönlichkeiten hören auf, unter der Gewalt unverstandener, naturdunkler Kräfte zu stehen und an dem heimlichen Bewußtsein des Mißbrauchs, der Fälschung derselben sich zu ergötzen und zu leiden. Die Gefahr, die in diesem neuen, reineren Verhältnis verborgen ist, ist eine andere, die Steigerung des Bewußtseins von sich selbst, die aus der Wirkung auf die Gläubigen entspringt und aus dem Verkehr mit dem Unsichtbaren den Charakter einer besonderen Beziehung zu diesem empfängt. Unter den Kräften aber, die von diesem neuen Verhältnis ausgehen, ist eine der stärksten, daß es durch die innerliche Beziehung, in die alle Momente des religiösen Verkehrs und alle Seiten seines Gegenstandes zueinander treten, eine einheitliche Weltanschauung vorbereitete. Überall, wo Anlagen und Verhältnisse eine normale Entwicklung möglich machten, hat sich eine religiöse Weltanschauung gebildet, gleichviel wie lange Zeit diese Veränderung in dem Verkehr mit dem Unsichtbaren an den verschiedenen Stellen, wo zu ihr fortgegangen wird, in Anspruch nehmen mag, welche Stufen durchlaufen werden, einerlei ob die Namen der religiösen Persönlichkeiten vergessen sind.

Struktur und Gehalt der religiösen Weltanschauung, wie sie sich so ausbildet, sind bestimmt von dem religiösen Verkehr und der in ihm sich ausbildenden Erfahrung. Daher auch mit einer seltsamen Zähigkeit die primitiven Ideen in beständiger Fortwandelung doch ihre Kraft behaupten. Weltauffassen, Wertgebung, Lebensideal erhalten so in der religiösen Sphäre ihre eigne Form und Farbe.

In den Erfahrungen des religiösen Verkehrs findet sich der Mensch bestimmt durch ein Dynamisches, das unerforschlich und innerhalb der sinnlichen Kausalnexus unbeherrschbar ist. Es ist willentlich und seelisch. So entsteht die Grundform des religiösen Auffassens, wie sie sich in Mythos, Kulthandlung, Anbetung sinnlicher Objekte, in der allegorischen Auslegung der heiligen Schriften geltend macht. Die auf Seelenglaube, Gestirnkultus gegründete und im primitiven Verkehr mit dem Unsichtbaren entwickelte Methode des religiösen Sehens und Feststellens erreicht hier den inneren Zusammenhang, welcher der Stufe der Weltanschauung entspricht. Der Verstand kann die in dieser Art zu sehen enthaltenen Annahmen nicht begreifen, sondern nur zersetzen. Das Einzelne und Sichtbare meint und bedeutet hier etwas, das mehr als das ist, in dem es erscheint. Dies Verhältnis ist von der Bedeutung der Zeichen, dem Meinen im Urteil, dem Symbolischen in der Kunst unterschieden und doch ihnen verwandt. Es liegt in ihm eine Repräsentation ganz eigner Art: denn eben nach dem Verhältnis alles Erscheinenden, Sichtbaren zu dem Unsichtbaren bedeutet nur eines das andere und ist doch mit ihm eins. [Das ist das Verhältnis, in welchem das Weltbild zur Gottheit steht. Die Wirkungskraft des Unsichtbaren ist darin.] Hieraus ergibt sich, daß auch auf dieser Stufe des inneren Verkehrs mit dem Unsichtbaren das Hineinscheinen desselben in das sichtbare Einzelne, das Wirken in diesem, das Sich-Darbieten des Göttlichen in Personen und in religiösen Akten fortdauert. Und auch die mit dieser Stufe zusammenhängende Vereinheitlichung der Gottheiten hat nur in einem kleineren Teil von Völkern und Religionen diesen Zug des religiösen Auffassens dauernd überwinden können. Auf verschiedenen Wegen hat sich von früh an die Zusammenfassung der göttlichen Kräfte in einer höchsten vollzogen. Dieser Vorgang hatte sich bis um das Jahr 600 v. Chr. bei den wichtigsten Völkern des Ostens durchgesetzt. Die Einheit der Namen, die Herrschaft des im Sieg bewährten stärksten Gottes, die Einzigkeit des Heiligen, die Auflösung aller Unterschiede in dem mystischen religiösen Gegenstande, die Einsicht in die einmütige Ordnung der Gestirne – diese und andere ganz voneinander unterschiedene Ausgangspunkte führten zu der Lehre von dem einen Unsichtbaren. Und wie in den Jahrhunderten, in denen diese große Bewegung bei den östlichen Völkern sich vollzog, ein höchst lebendiger Verkehr zwischen ihnen bestand, kann man nicht zweifeln, daß derselbe auch der Verbreitung des größten Gedankens dieser Zeiten förderlich gewesen ist. Aber jede dieser Anschauungen von der die Welt bedingenden Einheit trägt an sich die Marke ihres religiösen Ursprungs in den Merkmalen von Güte, vorsehender Einsicht, Beziehung zu menschlichen Bedürfnissen. Und in den meisten von ihnen ist nach der Grundkategorie religiösen Auffassens das Göttliche umgeben von Kräften, die im Sichtbaren liegen, oder es muß als Gott auf der Erde erscheinen, es kämpft mit dämonischen Gewalten, es erweist sich an heiligen Orten oder in Wundern, es wirkt in Handlungen des Kultus. Die Sprache, in welcher der religiöse Verkehr über das Göttliche sich äußert, muß überall sinnlich-geistig sein. Symbole wie Licht, Reinheit, Höhe sind der Ausdruck für die im Gefühl erfahrenen Werte im göttlichen Wesen. Die allgemeinste abschließende reale Auffassungsform für den göttlich bedingten Zusammenhang der Dinge ist die teleologische Verfassung der Welt. Hinter dem Nexus der äußeren Objekte, in ihm und über ihm besteht ein geistiger Zusammenhang, in dem die göttliche Kraft sich zweckmäßig äußert. An diesem Punkte geht nun die religiöse Weltanschauung über in die philosophische. Denn das metaphysische Denken ist von Anaxagoras bis zu Thomas und Duns Scotus vorherrschend von dem Begriff des teleologischen Weltzusammenhangs bestimmt gewesen.

In dem innerlichen Verkehr mit dem Unsichtbaren erfährt das naive Lebensbewußtsein eine Umwendung. In dem Grade, in welchem der Blick des religiösen Genies auf das Unsichtbare gerichtet ist und sein Gemüt in dem Verhältnis zu ihm aufgeht, verzehrt diese Sehnsucht alle Werte der Welt, sofern sie nicht dem Verkehr mit Gott dienen. So entsteht das Ideal des Heiligen und die Technik der Askese, welche das Vergängliche, Begehrliche, Sinnliche im Individuum zu vernichten strebt. Das begriffliche Denken ist nicht imstande, diese Umwendung vom Sinnlichen zum Göttlichen auszudrücken. Sie wird in der Symbolsprache, die sich durch ganz verschiedene Religionen erstreckt, als Wiedergeburt bezeichnet, ihr Ziel als die Liebesgemeinschaft der menschlichen Seele mit dem göttlichen Wesen.

In der Sphäre der Willenshandlung und der Lebensordnungen entsteht ebenfalls aus dem innerlichen religiösen Verkehr ein neues Moment, das zu der Weihe der weltlichen Beziehungen hinzutritt. Alle, welche in dem religiösen Verhältnis zu der Gottheit stehen, sind dadurch zu einer Gemeinschaft verbunden, und diese ist jeder anderen in dem Grade überlegen, als der Wert der religiösen Beziehung den von anderen Lebensordnungen überwiegt. Die innerliche Tiefe und Stärke der Verhältnisse in dieser Gemeinschaft haben in der religiösen Symbolsprache einen eignen Ausdruck gefunden: die in der Gemeinschaft Verbundenen werden als Brüder und ihre Beziehung zur Gottheit wird als Gotteskindschaft bezeichnet.

Aus diesem Charakter der religiösen Weltanschauung können die Haupttypen und deren Beziehungen zueinander verstanden werden. Evolution des Universums, Immanenz der Weltvernunft in den Lebensordnungen und dem Lauf der Natur, ein geistiges All-Eines, hinter allem Geteilten, in das die Seele ihr Eigenwesen hingibt, die Dualität der guten, reinen, göttlichen Ordnung und der dämonischen, der ethische Monotheismus der Freiheit – diese Grundtypen der religiösen Weltanschauung erfassen alle das Göttliche auf Grund der Wertbeziehungen, die der religiöse Verkehr zwischen dem Menschlichen und dem Göttlichen, dem Sinnlichen und dem Sittlichen, der Einheit und der Vielheit, den Ordnungen des Lebens und dem religiösen Gute feststellt. In ihnen haben wir die Vorstufen der philosophischen Weltanschauungen anzuerkennen; sie gehen in Typen der Philosophie über. Religion, Mystik geht bei allen Völkern, die zur Philosophie halb oder ganz fortgeschritten sind, der Philosophie voraus.

Diese Veränderung hängt mit einer allgemeineren zusammen, die sich in der Form der religiösen Weltanschauung vollzieht. Die religiösen Vorstellungen treten abermals in einen anderen Aggregatzustand. Die Religion und die religiöse Weltanschauung setzen sich allmählich – denn alle diese Veränderungen vollziehen sich langsam – in die Form des begrifflichen Denkens um. Nicht so, als ob deren begriffliche Form die anschauliche verdrängte. Bleiben doch auch die niederen Arten des religiösen Verkehrs bestehen neben den höheren: sie erhalten sich in jeder entwickelteren Religion als deren untere Schichten. Die Magie in der religiösen Prozedur, die Knechtschaft unter den mit magischer Kraft ausgestatteten Priestern, der gröbste sinnliche Glaube an die Wirkung religiöser Orte und Bilder dauern fort in derselben Religion, in derselben Konfession neben tiefsinniger Mystik, die aus der höchst gesteigerten Innerlichkeit des religiösen Verkehrs erwächst. Ebenso behält nun die Bilderschrift der religiösen Symbolik ihre Geltung neben der theologischen Begriffsbildung. Aber wenn die Stufen des religiösen Verkehrs sich wie höhere und niedere zueinander verhielten, so besteht ein solches Verhältnis nicht zwischen den mannigfachen Modifikationen in der Form der religiösen Weltanschauung. Denn das liegt nun in der Natur der religiösen

Erlebnisse und Erfahrungen: sie möchten ihrer objektiven Geltung sich versichern, und nur in begrifflichem Denken könnte dies Ziel erreicht werden. Aber in dieser begrifflichen Arbeit selber stellt sich ihre gänzliche Unzulänglichkeit zu solchem Unternehmen heraus.

Diese Vorgänge können am gründlichsten an der indischen und an der christlichen Religiosität studiert werden. In der Vedântaphilosophie und in der Philosophie des Albertus und Thomas verwirklichte sich eine solche Umsetzung. Hier wie dort aber zeigte sich die Ummöglichkeit, die innere in dem partikularen religiösen Verhalten gegründete Schranke zu überwinden. Aus dem besonderen Verhalten der religiösen Personen, das aber seine Voraussetzungen in einem älteren Dogmenkreise hatte, entsprang dort die Intuition vom Heraustreten aus der Verkettung von Geburt, Werken, Vergeltung, Wanderung durch das Wissen, in welchem die Seele ihre Identität mit dem Brahman erfaßt. So erwuchs der Widerspruch zwischen der furchtbaren Realität, in welcher das Dogma den unentrinnbaren Kreis von Täter, Tat und Leiden faßte, und dem Scheinwesen alles Geteilten, das die metaphysische Lehre forderte. Das Christentum stellte sich zuerst dar in Dogmen ersten Grades. Schöpfung, Sündenfall, Offenbarung Gottes, Gemeinschaft Christi mit Gott, Erlösung, Opfer, Genugtuung. Sowohl diese religiösen Symbole als ihre Beziehungen aufeinander gehören einer ganz anderen Region als der des Verstandes an. Ein inneres Bedürfnis trieb nun aber weiter, den Gehalt dieser Dogmen aufzuklären und die in ihnen enthaltene Anschauung göttlicher und menschlicher Dinge herauszuheben. Man tut der Geschichte des Christentums unrecht, wenn man die Aufnahme der Theoreme der griechisch-römischen Philosophie nur als ein äußeres Schicksal ansieht, das ihm durch seine Umgebung aufgedrungen sei: sie war zugleich eine innere, in den Bildungsgesetzen der Religiosität selbst liegende Notwendigkeit. Indem nun die Dogmen den Kategorien des Weltzusammenhangs eingeord-

net werden, entstehen die Dogmen zweiten Grades: die
Lehre von den Eigenschaften Gottes, der Natur Christi,
dem Prozeß des christlichen Lebens im Menschen. Und hier
verfällt nun die Innerlichkeit der christlichen Religion einem
tragischen Schicksal. Diese Begriffe isolieren die Momente
des Lebens, stellen sie gegeneinander. So entsteht der unlösliche Streit zwischen der Unendlichkeit Gottes und seinen
Eigenschaften, diesen Eigenschaften untereinander, dem
Göttlichen und Menschlichen in Christus, der Freiheit des
Willens und der Gnadenwahl, der Versöhnung durch das
Opfer Christi und unserer sittlichen Natur. Die Scholastik
arbeitet sich vergeblich an ihnen ab, der Rationalismus
zersetzt durch sie das Dogma, die Mystik geht zurück in
erste Linien einer religiösen Gewißheitslehre. Und wenn
nun von Albertus ab die Scholastik dazu fortgeführt wird,
die religiöse Weltanschauung umzusetzen in eine philosophische, diese loszulösen von der andersgearteten Sphäre der
positiven Dogmen, so kann sie auch so die Schranken nicht
überwinden, die in dem christlichen Verkehr mit Gott gegeben waren: die in ihm gesetzten Eigenschaften Gottes verbleiben unverträglich mit seiner Unendlichkeit und die
Bestimmung des Menschen durch ihn mit dessen Freiheit.
Dieselbe Unmöglichkeit einer Umsetzung der religiösen in
die philosophische Weltanschauung zeigte sich überall, wo
dieser Versuch gemacht wurde. Philosophie entstand in
Griechenland, wo ganz unabhängige Personen sich direkt
der Welterkenntnis in allgemeingültigem Wissen zuwand-
ten. Und sie wurde bei den neueren Völkern wiederherge-
stellt durch Forscher, welche unabhängig von den kirchlichen Ordnungen dasselbe Problem der Welterkenntnis sich
stellten. Beide Male entstand sie im Zusammenhang mit den
Wissenschaften, sie beruhte auf der Konstituierung der
Welterkenntnis in einem festen Gerüst ursächlicher Zusammenhänge im Gegensatz zu den Weltwertungen der Religion. Ein verändertes inneres Verhalten macht sich in ihr
geltend.

Aus dieser Analyse ergibt sich, in welchen Zügen die religiöse Weltanschauung gleichförmig mit der philosophischen ist, sowie worin sie sich von ihr unterscheidet. Die Struktur beider ist in den großen Zügen dieselbe. Dieselbe innere Beziehung von Wirklichkeitsauffassen, Wertgebung, Zwecksetzung, Regelung hier wie dort. Derselbe innere Zusammenhang, in dem so die Persönlichkeit in sich zusammengefaßt und gefestigt ist. Und ebenso ist in dem gegenständlichen Auffassen die Kraft enthalten, das persönliche Leben und die gesellschaftlichen Ordnungen zu gestalten. So nahe sind beide einander, so verwandt eine der anderen, so übereinstimmend in bezug auf das Gebiet, das sie beherrschen wollen, daß sie überall zusammenstoßen müssen. Denn ihr Verhältnis zu dem Welt- und Lebensrätsel, wie es so vor beiden ausgebreitet liegt, ist nun doch gänzlich verschieden – so verschieden als religiöser Verkehr und das breite Verhältnis zu allen Arten von Wirklichkeit, so verschieden als die in ihrer Richtung festgelegte, selbstsichere, religiöse Erfahrung und eine Lebenserfahrung, die alles innere Tun und Verhalten gleichmäßig und gleichmütig zur Besonnenheit erhebt. Dort bestimmt das große Erlebnis von einem unbedingten unendlichen gegenständlichen Werte, dem alle endlichen untergeordnet sind, von dem unendlichen Lebenswerte des Verkehrs mit diesem unsichtbaren Gegenstande das ganze gegenständliche Auffassen und die gesamte Zwecksetzung: das transzendente Bewußtsein eines Geistigen ist ja selbst nur die Projektion des größten religiösen Erlebnisses, in dem der Mensch die Independenz seines Willens vom ganzen Naturzusammenhang erfaßt; die Färbung dieses Ursprungs der religiösen Weltanschauung teilt sich jedem ihrer Züge mit: die Grundform des Sehens und Feststellens, die hierdurch gegeben ist, waltet geheimnisvoll, gefährlich, unüberwindlich in jedem religiösen Gebilde. Hier dagegen ein ruhiges Gleichgewicht in den seelischen Verhaltungsweisen, ein Anerkennen dessen, was jede derselben hervorbringt, ein Benutzen sonach der Einzelwissenschaften und eine Freude an den weltlichen Lebensordnungen, aber eine nie endende Arbeit, zwischen diesem allem einen allgemeingültigen Zusammenhang aufzufinden – und ein immer zunehmendes Erfahren von Grenzen des Erkennens, von Unmöglichkeit einer gegenständlichen Verknüpfung des in den verschiedenen Verhaltungsweisen Gegebenen – Resignation.

So entstehen die historischen Verhältnisse zwischen diesen beiden Arten von Weltanschauung, die an Namengebung, Begriffsbestimmung und historischem Sachverhalt festgestellt worden sind. Religiosität ist subjektiv, in den sie bestimmenden Erlebnissen partikular, ein Unauflösliches, höchst Persönliches ist in ihr, das jedem, der nicht an den Erlebnissen teilnimmt, als »eine Torheit« erscheinen muß. Sie ist und bleibt an die Schranken gebunden, die in ihrem Ursprung aus der einseitigen, historisch und persönlich bedingten religiösen Erfahrung, in der inneren Form des religiösen Anschauens und der Richtung auf das Transzendente gelegen sind. Indem sie nun aber in ihrem Kulturkreis auf wissenschaftliche Ergebnisse, begriffliches Denken, weltliche Bildung trifft, erfährt sie ihre Wehrlosigkeit in all ihrer inneren Kraft, ihre Schranken bei allem Anspruch der Mitteilung und der Wirkung in das Weite. Der Religiöse, der tief genug empfindet, diese Schranken einzusehen und darunter zu leiden, muß streben, sie zu überwinden. Das innere Gesetz, nach welchem die Allgemeinvorstellungen sich nur in begrifflichem Denken vollenden können, zwingt in dieselbe Bahn. Die religiöse Weltanschauung strebt sich umzusetzen in eine philosophische.

Aber die andere Seite dieses geschichtlichen Verhältnisses liegt nun doch darin, daß die religiöse Weltanschauung, ihre begriffliche Darstellung und ihre Begründung die philosophische in einem weiten Umfang vorbereitet hat. Zunächst waren die Ansätze zu einer Begründung des religiösen Wissens sehr fruchtbar für die Philosophie; gleichviel wie es sich mit der Selbständigkeit des Augustinus in bezug auf die

Sätze verhalten mag, die auf Descartes übergingen: von
Augustinus kam doch die Anregung zu dem neuen erkenntnistheoretischen Verfahren. Sätze anderer Art gehen von der
Mystik zu dem Cusaner und von da zu Bruno, und Descartes und Leibniz sind in bezug auf die Unterscheidung der
ewigen Wahrheiten von der nur teleologisch verständlichen
Ordnung des Tatsächlichen von dem Albertus und Thomas
bestimmt. Es zeigt sich ferner immer mehr, in welchem
Umfang die logischen und metaphysischen Begriffe der
Scholastiker auf Descartes, Spinoza und Leibniz gewirkt
haben. Und die Typen der religiösen Weltanschauung stehen in mannigfachen Beziehungen zu denen der philosophischen. Der Realismus eines guten und eines bösen Reiches,
den die Zarathustrareligiosität vertrat, und der von da in die
jüdische und christliche Religiosität übergegangen ist, ging
ein Verhältnis ein zu der Zergliederung der Wirklichkeit
nach bildender Kraft und Materie und teilte so dem Platonis-
mus eine eigne Färbung mit. Die Lehre von der Evolution,
die von den niederen göttlichen Wesen zu den höheren
führt, wie sie bei den Babyloniern und den Griechen auftritt, bereitete die von der Evolution der Welt vor. Die
chinesische Lehre von dem geistigen Zusammenhang in den
natürlichen Ordnungen und die indische von dem Schein
und Leiden der sinnlichen Mannigfaltigkeit und der Wahrheit und Seligkeit der Einheit sind die Vorbereitung der
beiden Richtungen, in denen der objektive Idealismus sich
entfalten sollte. Endlich die israelitische und christliche
Lehre von der Transzendenz eines heiligen Schöpfers war
die Vorbereitung für denjenigen Typus der philosophischen
Weltanschauung, der in der christlichen wie in der moham-
medanischen Welt die weiteste Ausdehnung erlangt hat. So
haben alle Typen der religiösen Weltanschauung die philosophische beeinflußt, vornehmlich aber liegt in ihnen die
Grundlage sowohl für den Typus des objektiven Idealismus
als den des Idealismus der Freiheit. Die Gnosis schuf das
Schema für die wirkungsvollsten pantheistischen Werke:

Hervorgang der mannigfaltigen Welt, die Schönheit und Kraft in ihr und zugleich das Leiden der Endlichkeit und Getrenntheit, Rückkehr in die göttliche Einheit: die Neuplatoniker, Spinoza und Schopenhauer haben es zur Philosophie entwickelt. Und die Weltanschauung des Christentums, der Idealismus der Freiheit, entwickelte zunächst in der Theologie Probleme und Lösungen derselben, die dann sowohl auf Descartes als auf Kant gewirkt haben. So wird deutlich, warum und an welchen Stellen die religiösen Schriftsteller Platz finden müssen in dem geschichtlichen Zusammenhang der Philosophie und auch den Namen von Philosophen erhalten konnten und wie doch keine von der Religiosität bedingte Schrift in dem Zusammenhang der Philosophie, in welchem die Möglichkeiten allgemeingültiger Lösung der philosophischen Probleme sich in innerer folgerichtiger Dialektik entwickelt haben, eine Stellung beanspruchen darf.

2. Die Lebensanschauung der Dichter und die Philosophie

Jede Kunst macht an einem einzelnen und begrenzt Hingestellten Beziehungen sichtbar, die über es hinausreichen und ihm daher eine allgemeinere Bedeutung geben. Der Eindruck der Erhabenheit, den die Gestalten Michelangelos oder die Tongebilde von Beethoven hervorrufen, stammt aus dem besonderen Charakter der in diese Gebilde hineingelegten Bedeutung, und diese setzt eine Seelenverfassung voraus, die als ein Festes, Starkes, immer Gegenwärtiges, Zusammenhängendes sich, was an sie herantritt, unterordnet. Aber nur e i n e Kunst ist durch ihre Mittel befähigt, mehr als eine solche Seelenverfassung auszudrücken. Alle anderen Künste sind gebunden an die Vergegenwärtigung eines sinnlich Gegebenen, hierin haben sie ihre Kraft und ihre Schranke, die Dichtung allein schaltet frei im ganzen Bereich der Wirklichkeit wie der Ideen: denn sie hat in der

Sprache ein Ausdrucksmittel für alles, was in der Seele des Menschen auftreten kann – äußere Gegenstände, innere Zustände, Werte, Willensbestimmungen – und in diesem ihrem Ausdrucksmittel der Rede ist schon eine Fassung des Gegebenen durch das Denken enthalten. Wenn also irgendwo in den Werken der Kunst eine Weltanschauung zum Ausdruck kommt, so ist es in der Dichtung.

Ich versuche die hier entstehenden Fragen so zu behandeln, daß die Unterschiede der ästhetischen und psychologischen Standpunkte dabei nicht berührt zu werden brauchen. Alle dichterischen Werke vom flüchtigsten Volkslied bis zur Orestie des Aischylos oder dem Faust Goethes stimmen darin überein, daß sie ein Geschehnis darstellen: dies Wort in einem Sinne genommen, in dem es Erlebbares wie Erlebtes, eigne wie fremde Erfahrungen, Überliefertes wie Gegenwärtiges einschließt. Die Darstellung des Geschehnisses in der Dichtung ist der u n w i r k l i c h e S c h e i n e i n e r R e a l i t ä t, nacherlebt und zum Nacherleben dargeboten, herausgehoben aus dem Zusammenhang der Wirklichkeit und den Beziehungen unseres Willens und unseres Interesses zu ihnen. So ruft es keine tatsächliche Reaktion hervor: Vorgänge, die sonst uns zum Handeln aufregen würden, stören das willenlose Verhalten des Betrachters nicht mehr: keine Hemmung des Willens, kein Druck geht von ihnen aus: solange jemand in der Region der Kunst verweilt, ist aller Druck der Wirklichkeit ihm von der Seele genommen. Ist nun ein Erlebnis in diese Welt des Scheines gehoben, so sind die Vorgänge, die es im Leser oder Zuhörer hervorruft, nicht dieselben, als sie in den es erlebenden Personen wären. Um die ersteren genauer aufzufassen, sondern wir die Vorgänge des Nacherlebens darin von denen, welche die Auffassung der fremden Lebendigkeit als Wirkungen begleiten: der Verlauf, in welchem ich die Gefühle und Willensspannungen in Cordelia auffasse, ist verschieden von der Bewunderung und dem Mitleid, die aus diesem Nacherlebnis entspringen. Das bloße Verstehen einer Erzählung oder eines Schauspiels schließt dann weiter in sich Prozesse, die über die in den Personen derselben sich abspielenden hinausreichen. Der Leser einer poetischen Erzählung muß die Prozesse des Beziehens vom Subjekt auf Prädikat, von Satz auf Satz, von Äußerem auf Inneres, von Beweggründen auf Taten und von diesen auf Folgen in sich vollziehen, um Worte des Berichtes in das Bild des Vorganges und diesen in den inneren Zusammenhang umsetzen zu können. Das Tatsächliche muß er den in den Worten enthaltenen Allgemeinvorstellungen und allgemeinen Relationen unterordnen, um es zu verstehen. Und je mehr der Leser in diesen Vorgang sich vertieft, desto weiter gehen dann die Vorgänge des Erinnerns, Apperzipierens, Beziehens über das in der Erzählung vom Dichter Ausgesprochene hinaus. Zu etwas, das er nicht sagte, aber vielleicht eben durch das Ausgesprochene im Leser hervorbringen wollte. Um das es ihm vielleicht mehr zu tun war, als um das Gesagte. Der Leser faßt allgemeine Züge eines Lebensverhältnisses an dem Erzählten auf, durch welche dessen Bedeutsamkeit verstanden wird. Ebenso ergänzt der Zuschauer eines Dramas, das ⟨was⟩ er auf der Bühne sieht und vernimmt, zu einem hierüber hinausgehenden Zusammenhang; eine Seite des Lebens tut sich ihm auf in der Art, wie in der dramatischen Handlung die menschlichen Taten dem Schicksal anheimfallen, das über sie richtet. Er verhält sich zu dem, was da vorgeht, wie zum Leben selber; legt aus, ordnet das Einzelne seinem Zusammenhang ein oder als Fall einem allgemeinen Sachverhalt. Und ohne daß er es zu merken braucht, leitet ihn dabei der Dichter; aus dem vorgestellten Geschehnis läßt er ihn ein über dasselbe Hinausreichendes schöpfen. So erweist sich, daß sowohl die epische als die dramatische Dichtung dem Leser, Hörer oder Zuschauer ein Geschehnis so vorstellen, daß dessen B e - d e u t s a m k e i t zur Auffassung gelangt. Denn als bedeutsam wird ein Geschehnis aufgefaßt, sofern es uns etwas von der Natur des Lebens offenbart. Die Dichtung ist Organ des Lebensverständnisses, der Poet ein Seher, der den

Sinn des Lebens erschaut. Und hier begegnen sich nun das Verständnis des Auffassenden und das Schaffen des Dichters. Denn in diesem vollzieht sich der geheimnisvolle Prozeß, durch welchen der harte, eckige Rohstoff eines Erlebnisses erhitzt und umgeschmolzen wird in diejenige Form, die es dem Auffassenden als bedeutsam erscheinen läßt. Shakespeare liest in seinem Plutarch die Biographien von Cäsar und Brutus; er verbindet sie zu dem Bilde des Vorganges. Nun erleuchten sich gegenseitig die Charaktere von Cäsar, Brutus, Cassius, Antonius; es ist eine Notwendigkeit darin, wie sie sich zueinander verhalten, und wenn nun unter diesen großen Persönlichkeiten die Köpfe der begehrlichen, urteilslosen, bedientenhaften Masse sichtbar werden, so wird deutlich, was das Ende des zwischen den Hauptpersonen verlaufenden Konfliktes sein muß. Der Dichter kennt Elisabeth, die Königsnatur Heinrichs V. und andere Könige aller Sorten: seiner Seele geht ein Wesenszug menschlicher Dinge auf, der alle Tatsachen des Plutarch in Zusammenhang bringt und unter den der geschichtliche Vorgang als ein Fall sich unterordnet: das Siegreiche der die Wirklichkeit meisternden skrupellosen Herrschernatur über die republikanischen Ideale, die keine Republikaner mehr finden. So erfaßt, gefühlt, verallgemeinert wird dieses allgemeine Lebensverhältnis ihm zum Motiv einer Tragödie. Denn Motiv ist eben ein Lebensverhältnis, dichterisch in seiner Bedeutsamkeit aufgefaßt. Und nun wirkt in diesem Motiv eine innere Triebkraft, Charaktere, Vorgänge, Handlungen so aneinander anzupassen, daß jener allgemeine Zug in der Natur der Dinge gesehen wird, ohne daß der Dichter ihn ausspricht – oder auch nur aussprechen könnte. Denn in jedem allgemeinen Zug des Lebens liegt ein Verhältnis zur Bedeutung des Lebens überhaupt, sonach etwas ganz Unergründliches.

So ergibt sich nun die Antwort auf die Frage, inwiefern der Dichter eine Lebensansicht oder gar eine Weltanschauung ausspreche. Jedes lyrische, epische oder dramatische

Gedicht erhebt ein einzelnes Erfahrnis in die Besinnung über seine Bedeutsamkeit. Hierdurch unterscheidet es sich von der unterhaltenden Fabrikware. Es hat alle Mittel dazu, diese Bedeutsamkeit sehen zu lassen, ohne sie auszusprechen. Und die Anforderung, daß die Bedeutung des Geschehnisses in der inneren Form der Dichtung zum Ausdruck gelange, muß schlechterdings in jeder Dichtung erfüllt sein. In der Regel geht dann die Dichtung irgendwie dazu fort, der Bedeutsamkeit dessen, was vorgeht, auch einen allgemeinen Ausdruck zu geben. Einige der schönsten lyrischen Gedichte und Volkslieder sprechen oft das Zustandsgefühl schlicht aus; aber die tiefste Wirkung entsteht doch, wenn das Gefühl des Lebensmomentes in gesetzmäßigem Fortschreiten sich erweitert und in dem Bewußtsein von der Bedeutsamkeit desselben ausklingt: in Dante und Goethe geht dies Verfahren bis an die Grenze der Gedankendichtung. In den Erzählungen scheint das Geschehen plötzlich anzuhalten und das Licht des Denkens fällt auf dasselbe, oder das Gespräch beleuchtet wie in den weisen Worten von Don Quixote, Meister und Lothario die Bedeutung dessen, was geschieht. Im Drama tritt mitten in seinen stürmischen Verlauf die Reflexion der Personen über sich und das, was geschieht, hervor und befreit die Seele des Zuschauers. Ja viele große Dichtungen gehen noch einen Schritt weiter. Sie verbinden die Ideen über das Leben, wie sie aus Geschehnissen hervorgehen, in Gespräch, Monolog oder Chor zu einer zusammenhängenden und allgemeinen Auffassung des Lebens. Hiervon sind die griechische Tragödie, Schillers Braut von Messina, Hölderlins Empedokles hervorragende Beispiele.

Dagegen verläßt die Dichtung ihr eignes Bereich, so oft sie, losgelöst vom Erlebnis, Gedanken über die Natur der Dinge auszusprechen unternimmt. Dann entsteht eine Zwischenform zwischen Dichtung und Philosophie oder Naturbeschreibung, und deren Wirkung ist ganz verschieden von der eigentlich dichterischer Werke. Schillers

Götter Griechenlands, die Ideale sind als innere Erlebnisse, die nach der Gesetzmäßigkeit des Gefühls ablaufen, wahre tiefe Lyrik, dagegen gehören andere berühmte Gedichte von Lucrez, Haller, Schiller der Zwischengattung an, weil sie ein Gedachtes mit Gefühlswerten ausstatten und in Phantasiebilder verkleiden. Diese Zwischenform hat ihr Recht durch große Wirkungen erwiesen; aber reine Dichtung ist sie nicht.

Alle echte Dichtung ist durch ihren Gegenstand, das einzelne Erlebnis, gebunden an das, was der Poet an sich, an anderen, an jeder Art von Überlieferung menschlicher Geschehnisse erfährt. Der lebendige Quell, aus dem ihr Wissen von der Bedeutsamkeit dieser Geschehnisse fließt, ist die Lebenserfahrung. Diese Bedeutsamkeit ist viel mehr als ein im Geschehnis erkannter Wert. Denn nach der Struktur des Seelenlebens ist der ursächliche Zusammenhang in ihm eins mit seinem teleologischen Charakter, nach dem eine Tendenz auf Hervorbringung von Lebenswerten und das lebendige Verhältnis zu Wirkungswerten aller Art in ihm besteht. Daher schöpft der Dichter aus der Lebenserfahrung, und er erweitert deren bisherigen Bestand, so oft er Zeichen, die auf ein Inneres deuten, feiner sieht, als bisher geschehen, oder eine Mischung von Zügen in einem Charakter neu gewahrt, ein eignes Verhältnis, das aus der Natur zweier Charaktere folgt, zuerst beobachtet, kurz so oft eine Nuance des Lebens ihm sichtbar wird. Aus solchen Elementen baut sich eine innere Welt auf. Er verfolgt die Geschichte der Leidenschaften und die Entwicklung von Menschen der verschiedensten Arten. Er gliedert die Welt der Charaktere nach Verwandtschaft, Verschiedenheit und Typen. Und dies alles tritt in eine zusammengesetzte höhere Form, wenn er umfassende allgemeine Züge im individuellen oder im gesellschaftlich-geschichtlichen Leben erfaßt. Und damit ist noch nicht der höchste Punkt seines Lebensverständnisses erreicht. Sein Werk wird um so reifer sein, je mehr das Motiv, das in einem solchen Lebensbezug besteht, in das

Verhältnis zum ganzen Zusammenhang des Lebens erhoben
wird: dann wird es in seinen Grenzen gesehen, und doch
zugleich in den höchsten ideellen Beziehungen. Jeder große
Dichter muß diesen Fortgang in sich durchmachen, wie er
aus der einseitigen Kraft von Kabale und Liebe oder von den
ersten Fragmenten des Faust zu Wallenstein und zu Goethes
späterem Lebenswerk fortführt.

Diese Besinnung über die Bedeutung des Lebens kann erst
volle Begründung in der Erkenntnis der göttlichen und
menschlichen Dinge und ihren Abschluß erst in einem Ideal
der Lebensführung finden. So liegt in ihr die Tendenz zu
einer Weltanschauung. Diesem inneren Zug im Dichter
kommen Lebenslehre, Philosophie und Wissenschaften um
ihn her entgegen. Was er aber von ihnen auch aufnehmen
mag: der Ursprung seiner Weltanschauung gibt derselben
eine eigne Struktur. Sie ist unbefangen, allseitig und uner-
sättlich, alle Wirklichkeit in sich aufzunehmen, im Unterschied von der religiösen. Ihr gegenständliches Auffassen
der Natur und des letzten Zusammenhangs der Dinge ist
immer an der Vertiefung in die Bedeutsamkeit des Lebens
orientiert, und eben diese gibt ihren Idealen Freiheit und
Lebendigkeit. Der Philosoph ist um so wissenschaftlicher, je
mehr er die Verhaltungsweisen sauber trennt und die
Anschauung zerlegt: der Dichter schafft aus der Totalität
seiner Kräfte.

Wenn Anlage und Umgebung einen Dichter zur Ausbildung
einer Weltanschauung bestimmen, dann kann sie doch aus
dem einzelnen Werk nur in beschränktem Umfang abgelesen
werden. Sie macht sich hier am wirkungsvollsten geltend
nicht in direkter Aussprache, die nie erschöpfend ist, sondern in der Energie der Verbindung des Mannigfaltigen zur
Einheit, der Teile zu einem gegliederten Ganzen. Bis in die
Melodie der Verse, in den Rhythmus der Gefühlsfolge ist die
innere Form jeder wahren Dichtung durch die Bewußtseinsstellung des Poeten und seines Zeitalters bestimmt. Die
Typen der Technik in jeder Dichtungsart müssen begriffen

werden als der Ausdruck individueller, geschichtlicher Ver-
schiedenheiten in der Art, das Leben aufzufassen. Wie aber
so ein Körper entsteht, dessen Seele ein an dem Geschehnis
herausgehobener Lebensbezug ist, kann in diesem die Weltanschauung des Dichters immer nur einseitig erscheinen:
ganz ist sie nur in dem Dichter selbst. Daher die höchste
Wirkung der wahrhaft großen Dichter erst dann entsteht,
wenn zu dem Zusammenhang fortgegangen wird, in dem die
in den einzelnen Werken hingestellten Lebensbezüge zueinander stehen. Als auf Goethes erste starke Dichtungen Tasso
und Iphigenie folgten, brachten sie nur eine mäßige Wirkung auf eine begrenzte Zahl von Personen hervor, wie dann
aber die Schlegel und ihre romantischen Genossen deren
inneren Zusammenhang in einer Lebensverfassung und die
Beziehungen des Stils zu dieser zur Erkenntnis brachten,
steigerte dies Goethes Wirkungen. So wenig berechtigt ist
das platte Vorurteil, daß die Wirkung von Kunstwerken
durch ästhetisches oder literarhistorisches Verständnis Schaden leide.

Die Formen der dichterischen Weltanschauung besitzen eine
grenzenlose Mannigfaltigkeit und Beweglichkeit. In dem
Zusammenwirken dessen, was das Zeitalter an den Dichter
heranbringt, mit dem, was er von seiner Lebenserfahrung
aus erzeugt, entstehen ihm von außen feste Bindungen und
Schranken seines Denkens. Aber der innere Zug, das Leben
aus den Erfahrungen über dasselbe zu deuten, drängt stets
gegen diese Schranken an. Selbst da, wo ein Dichter das
systematische Gerüst seines Denkens von außen empfängt,
wie Dante, Calderon oder Schiller, ruht doch nie die Kraft
der Umbildung in ihm. Je freier er aber aus der Erfahrung
des Lebens schöpft, desto mehr steht er unter der Macht des
Lebens selbst, das ihm immer neue Seiten zuwendet. So
offenbart die Geschichte der Dichtung die unendlichen
Möglichkeiten, das Leben zu fühlen und zu gewahren, die in
der menschlichen Natur und ihren Beziehungen zur Welt
enthalten sind. Das religiöse Verhältnis, das Gemeinden

bildet und Tradition schafft, der Charakter des philosophischen Denkens, der in der Kontinuität fester Begriffsbildung sich äußert, wirken auf die Umgrenzung der Weltanschauung zu festen Typen: der Dichter ist auch darin der wahre Mensch, daß er sich der Wirkung des Lebens auf ihn frei überläßt. In dem Dutzendmenschen ist die Besinnung über das Leben zu schwach, als daß er in der modernen Anarchie der Lebensanschauungen zu einer festen Position gelangte: in dem Dichter ist die Wirkung der verschiedenen Seiten des Lebens zu stark, seine Sensibilität für dessen Nuancen ist zu groß, als daß ein abgegrenzter Typus der Weltanschauung ihm jederzeit für das, was aus dem Leben zu ihm spricht, genügen könnte.

Die Geschichte der Dichtung zeigt die Zunahme des Strebens und der Kraft, das Leben aus ihm selber zu verstehen. Der Einfluß der religiösen Weltanschauung auf die Dichter tritt, wie im einzelnen Volke, so auch in der Menschheit immer mehr zurück; die Wirkung des wissenschaftlichen Denkens ist in beständiger Zunahme begriffen: der Kampf der Weltanschauungen gegeneinander nimmt jeder derselben für sich immer mehr von ihrer Macht über die Gemüter; die Stärke der Phantasie wird bei den hochkultivierten Völkern stetig verringert durch die Disziplin des Denkens. So wird es für die Dichter zu einer methodischen Regel beinahe, die Wirklichkeit der Dinge vorurteilsfrei zu interpretieren. Und jede heute bestehende Richtung der Poesie sucht diese Aufgabe nur in einer besonderen Art zu lösen.

Aus diesen Eigenschaften der dichterischen Lebensansicht und Weltanschauung ergibt sich das geschichtliche Verhältnis der Poesie zur Philosophie. Die Struktur der dichterischen Lebensansichten ist der begrifflichen Gliederung der philosophischen Weltanschauung ganz heterogen. Kein regelmäßiger Fortgang von jener zu dieser kann stattfinden. Da sind keine Begriffe, die aufgenommen und fortgebildet werden könnten. Dennoch wirkt die Dichtung auf das philosophische Denken. Die Dichtung hat die Entstehung der

Philosophie in Griechenland und ihre Erneuerung in der Renaissance vorbereitet. Ein regelmäßiger, beständig fortdauernder Einfluß geht von ihr auf die Philosophen aus. Sie hat objektive Betrachtung des Weltzusammenhangs, welche sich ganz von der Beziehung auf die Interessen und die Nützlichkeit befreit hat, zuerst in sich ausgebildet und damit das philosophische Verhalten vorbereitet: unermeßlich muß die Wirkung gewesen sein, die hierin von Homer ausging. Sie war vorbildlich für die freie Bewegung des Blickes über die ganze Weite des Weltlebens. Ihre Intuitionen über den Menschen wurden zum Material für die psychologische Analyse und konnten durch diese nie ganz ausgeschöpft werden. Sie sprach das Ideal einer höheren Menschheit freier, heiterer und menschlicher aus, als Philosophie es jemals vermag. Ihre Lebensansicht und Weltanschauung bestimmte die Lebensverfassung großer Philosophen. Die neue Freude der Renaissancekünstler am Leben wurde in der Philosophie von Bruno an zur Lehre von der Immanenz der Werte in der Welt. Goethes Faust enthielt einen neuen Begriff von der allseitigen Kraft des Menschen, ins Ganze zu gehen – anschauend, genießend, wirkend, und so wurde er neben dem Ideal der transzendentalen Schule wirksam in der Richtung der Philosophie auf die Erhöhung des menschlichen Daseins. Schillers historische Dramen übten eine starke Einwirkung auf die Entwicklung des geschichtlichen Bewußtseins. Der dichterische Pantheismus in Goethe bereitete die Ausbildung des philosophischen vor. Und wie durchdringt nun der Einfluß der Philosophie alle Dichtung! Sie drängt sich in ihr innerstes Geschäft, eine Lebensansicht auszubilden. Sie bietet ihre fertigen Begriffe, ihre geschlossenen Typen der Weltansicht dar. Sie umstrickt die Dichtung – gefährlich und doch nicht zu entbehren. Euripides studiert die Sophisten, Dante die mittelalterlichen Denker und den Aristoteles, Racine kommt von Port-Royal, Diderot und Lessing aus der Philosophie der Aufklärung, Goethe versenkt sich in Spinoza, und Schiller wird zum Schüler von

Kant. Und wenn Shakespeare, Cervantes, Molière sich keiner Philosophie gefangen geben, so durchdringen doch unzählige feine Einwirkungen philosophischer Doktrinen ihre Werke als die unentbehrlichen Mittel, die Seiten des Lebens festzuhalten.

III. Die philosophische Weltanschauung. Das Unternehmen, die Weltanschauung zur Allgemeingültigkeit zu erheben

So verknüpft die Tendenz zur Entwicklung einer Lebensansicht und einer Weltanschauung Religion, Dichtung und Philosophie. In diesen geschichtlichen Beziehungen hat sich die Philosophie ausgebildet. Die Tendenz zu einer allgemeingültigen Lebens- und Weltanschauung war von Anfang an in ihr wirksam. Wo irgend an verschiedenen Stellen der östlichen Kultur die Entwicklung durch die religiöse Weltanschauung zur Philosophie angesetzt hat, blieb diese Tendenz alleinherrschend und alle andere philosophische Arbeit ihr untergeordnet. Als dann in Griechenland Philosophie in vollem Verstande hervortrat, hat sich schon in der altpythagoreischen Schule und Herakleitos dieselbe Tendenz durchgesetzt, das ganze Dasein in einer Weltanschauung zu umfassen. Und die ganze weitere Entwicklung der Philosophie über zwei Jahrtausende hindurch war von demselben Streben beherrscht, bis in die Epoche, als nacheinander vom Ende des 17. Jahrhunderts ab Locke, die neuen Versuche von Leibniz, Berkeley auftraten. Wohl hatte sie während dieser Zeit zu kämpfen gegen den sinnlichen Verstand, die Weltleute, die positiven Forscher. Dies aber war eine Opposition, die gleichsam von außen gegen ihr Streben sich geltend machte. Und der Skeptizismus, der aus dem Innern der Philosophie selbst hervorging, aus dem Nachdenken über Verfahrungsweisen und Tragweite des Erkennens, hatte den Mittelpunkt seiner Arbeit eben in dem Verhältnis zu demselben unzerstörbaren Bedürfnis unseres Geistes; die Negativität des skeptischen Verhaltens diesem Bedürfnis gegenüber verschuldete die Unwirklichkeit seiner Bewußtseinsstellung. Und wir haben gesehen, wie auch in den beiden Jahrhunderten, welche die Arbeit von Locke, Leibniz und Berkeley fortgeführt haben, ein inneres Verhältnis zu dem Problem einer allgemeingültigen Weltanschauung fortbestand. Gerade der größte unter den Denkern dieser beiden Jahrhunderte, Kant, ist am stärksten durch dies Verhältnis bestimmt.

Diese zentrale Stellung der Weltanschauung in der Philosophie kann auch an ihrem Verhältnis zu den beiden anderen geschichtlichen Kräften festgestellt werden. Aus ihr erklärt sich, daß die Religiosität in unaufhörlichen Kämpfen mit der Philosophie gelebt hat und die Dichtung, die ihr soviel gegeben und von ihr soviel empfangen hat, nur in beständigem innerem Kampf gegenüber den Herrschaftsansprüchen der abstrakten Lebensauffassung sich behaupten konnte. Hatte vielleicht Hegel darin recht, daß Religiosität und Kunst untergeordnete Formen der Wesensentfaltung der Philosophie seien: bestimmt, immer mehr in die höhere Bewußtseinsweise der philosophischen Weltanschauung sich umzusetzen? Die Entscheidung dieser Frage hängt vornehmlich davon ab, ob der Wille zu einer wissenschaftlich begründeten Weltansicht je sein Ziel erreicht.

1. Die Struktur der philosophischen Weltanschauung

Die philosophische Weltanschauung, wie sie so unter dem Einfluß der Richtung auf Allgemeingültigkeit entsteht, muß ihrer Struktur nach wesentlich verschieden sein von der religiösen und der dichterischen. Sie ist im Unterschied von der religiösen universal und allgemeingültig. Und im Unterschied von der dichterischen ist sie eine Macht, die reformatorisch auf das Leben wirken will. Sie entfaltet sich auf der umfassendsten Grundlage, fundiert auf das empirische Bewußtsein, die Erfahrung und die Erfahrungswissenschaften, nach den Bildungsgesetzen, die in der Vergegenständlichung der Erlebnisse im begrifflichen Denken gegründet sind. Indem die Energie des diskursiven urteilenden Denkens, in welchem überall die Beziehung der Aussage auf einen Gegenstand enthalten ist, in alle Tiefen der Erlebnisse dringt, wird die ganze Welt des Gefühls und der Willenshandlung vergegenständlicht zu Begriffen von Werten und deren Relationen, zu Regeln, welche die Bindung des Willens ausdrücken. Die Arten der Gegenstände, die den Verhaltungsweisen entsprechen, treten auseinander. In jeder Sphäre, die durch ein Grundverhalten bestimmt ist, bildet sich systematischer Zusammenhang. Die Verhältnisse von Begründung, wie sie zwischen den Aussagen bestehen, fordern für die Wirklichkeitserkenntnis einen festen Maßstab der Evidenz. In der Region der Werte entsteht eben hieraus der Fortgang des Denkens zu Annahmen über objektive Werte, ja zur Forderung eines unbedingten Wertes. Und ebenso kommt im Gebiete unserer Willenshandlungen das Denken erst zur Ruhe, wenn es zu einem höchsten Gut oder einer obersten Regel gelangt ist. Die Momente, welche das Leben bilden, legen sich so auseinander zu Systemen durch die Verallgemeinerung der Begriffe und die Generalisation der Sätze. Die Begründung als die Form des systematischen Denkens verkettet in jedem dieser Systeme die begrifflichen Glieder immer durchsichtiger, vollständiger. Und die höchsten Begriffe, zu denen diese Systeme gelangen, das allgemeine Sein, der letzte Grund, der unbedingte Wert, das höchste Gut fassen sich zusammen in dem Begriff eines teleologischen Weltzusammenhangs, in welchem die Philosophie sich mit der Religiosität und dem künstlerischen Denken begegnet. So sind nach inneren Bildungsgesetzen die Grundzüge des teleologischen Schemas der Weltauffassung entstanden, und ebenso war in der Sache selbst die

Dauer dieses Schemas bis zum Ausgang des Mittelalters und seine natürliche Macht bis zum heutigen Tage begründet; auf seiner Grundlage oder in Opposition gegen dasselbe sind die Grundformen der philosophischen Weltanschauung auseinander getreten.

Wenn die Weltanschauung begrifflich erfaßt, begründet und so zur Allgemeingültigkeit erhoben wird, so nennen wir sie Metaphysik. Sie breitet sich in eine Mannigfaltigkeit von Gestalten aus. Individualität, Umstände, Nation, Zeitalter rufen wie bei den Dichtern so auch bei den Philosophen eine unbestimmte Zahl von Nuancen der Weltansicht hervor. Denn die Möglichkeiten, wie die Struktur unseres Seelenlebens von der Welt affiziert wird, sind grenzenlos, und ebenso wechseln beständig nach der Lage des wissenschaftlichen Geistes die Mittel des Denkens. Aber die Kontinuität, welche die Denkvorgänge verknüpft, die Bewußtheit, welche die Philosophie charakterisiert, haben nun zur Folge, daß ein innerer Zusammenhang die Gruppen der Systeme verbindet und Zusammengehörigkeit verschiedener Denker zueinander gefühlt wird sowie daß der Gegensatz zu anderen Gruppen zum Bewußtsein kommt. So trat in der klassischen griechischen Philosophie der Gegensatz zwischen der teleologischen Metaphysik, gleichsam dem natürlichen System derselben, und der Weltanschauung hervor, welche die Welterkenntnis auf die Erfassung der Wirklichkeit nach den Beziehungen von Ursachen und Wirkungen einschränkt. Wie dann das Problem der Freiheit von der Stoa ab in seiner Bedeutung zur Geltung kam, sonderten sich immer klarer die Systeme des objektiven Idealismus, nach welchen der Grund der Dinge den Weltzusammenhang determiniert, von denen des Idealismus der Freiheit, in denen das Erlebnis des freien Willens festgehalten und in den Weltgrund selbst projiziert wird. Es bildeten sich die Grundtypen der Metaphysik aus, welche in den entscheidenden Unterschieden der menschlichen Weltanschauungen wurzeln. Sie haben eine große Mannigfaltigkeit von Weltanschauungen und systematischen Formen unter sich.

2. Typen der philosophischen Weltanschauung

Die historische Induktion, durch welche diese Typen festgestellt werden müssen, kann hier nicht vorgelegt werden. Die
empirischen Merkmale, von denen diese Induktion ausgeht,
liegen in der inneren Verwandtschaft der metaphysischen
Systeme, in dem Verhältnis von Umformung, nach welchem
ein System das andere bedingt, in dem Bewußtsein der
Denker über ihre Zusammengehörigkeit und ihren Gegensatz, vor allem aber in der inneren historischen Kontinuität,
in welcher ein solcher Typus immer klarer sich ausbildet und
immer tiefer sich begründet, und in der Wirkung, welche
von solchen typischen Systemen, wie dem von Spinoza,
Leibniz oder Hegel, von Kant oder Fichte, von d'Alembert
oder Hobbes oder Comte ausgegangen ist. Es gibt zwischen
diesen Typen Formen, in denen diese Weltanschauungen
noch nicht zu klarer Sonderung gelangt sind; andere Formen
möchten, der Konsequenz des Denkens trotzend, den Inbegriff der metaphysischen Motive festhalten; diese erweisen
sich stets unfruchtbar für die Fortentwicklung der Weltanschauung und unwirksam in Leben und Literatur, so stark
sie auch in ihrer komplizierten Grundbestimmung oder
durch technische Vorzüge sein mögen. Aus der bunten
Mannigfaltigkeit solcher Nuancen der Weltanschauung treten bedeutsam die folgerichtigen, reinen, wirkungsstarken
Typen derselben hervor. Von Demokrit, Lucrez, Epikur zu
Hobbes, von ihm zu den Enzyklopädisten, zum modernen
Materialismus sowie zu Comte und Avenarius kann trotz
der großen Verschiedenheit der Systeme doch ein Zusammenhang verfolgt werden, welcher diese Gruppen von
Systemen zu einem einheitlichen Typus verknüpft, dessen
erste Form als materialistisch oder naturalistisch
bezeichnet werden kann und dessen weitere Entwicklung
folgerichtig unter den Bedingungen des kritischen Bewußtseins zum Positivismus im Verstande Comtes führt.
Herakleitos, die strenge Stoa, Spinoza, Leibniz, Shaftes-

bury, Goethe, Schelling, Schleiermacher, Hegel bezeichnen die Stationen des o b j e k t i v e n I d e a l i s m u s. Platon, die hellenistisch-römische Philosophie der Lebensbegriffe, die Cicero repräsentiert, die christliche Spekulation, Kant, Fichte, Maine de Biran und die ihm verwandten französischen Denker, Carlyle bilden die Stufen der Entwicklung des I d e a l i s m u s d e r F r e i h e i t. Aus der dargelegten inneren Gesetzmäßigkeit, die in der Bildung der metaphysischen Systeme wirksam ist, geht die Differenzierung der Metaphysik in diese Ordnungen von Systemen hervor. Und auf diese Entwicklung und die in ihr auftretenden Modifikationen wirkt zunächst der von uns dargestellte Verlauf, in welchem das Verhältnis zur Wirklichkeit bestimmte Positionen durchmacht; so begegnete uns früher der Positivismus als den hervorragendsten Fall des unmetaphysischen Verfahrens in sich enthaltend, das einen festen Grund für das Erkennen sucht, während er jetzt in seiner Totalität als eine auf dies Verfahren erkenntnistheoretisch begründete Umformung einer Weltanschauung betrachtet wird. Dann aber ist die Entwicklung und nähere Nuancierung der Typen durch den Verlauf bedingt, in welchem auf Grund der Beziehungen von Werten, Zwecken und Bindungen des Willens die Idealbegriffe sich in der Menschheit entfaltet haben.

Die Wirklichkeitserkenntnis hat ihre Grundlage in dem Studium der Natur. Denn dieses allein vermag den Tatsachen eine Ordnung nach Gesetzen abzugewinnen. In dem Zusammenhang der so entstehenden Welterkenntnis regiert der Begriff der Kausalität. Wenn derselbe das Erfahren einseitig bestimmt, so ist für die Begriffe von Wert und Zweck kein Raum. Und da in der Anschauung der Wirklichkeit die physische Welt an Ausdehnung und Kraft so überwiegt, daß die geistigen Lebenseinheiten nur wie Interpolationen im Texte der physischen Welt erscheinen, da ferner nur die Erkenntnis dieser physischen Welt an Mathematik und Experiment die Hilfsmittel hat, das Ziel des auffassen-

den Verhaltens zu erreichen: so nimmt diese Welterklärung
die Form der Interpretation der geistigen aus dieser physischen Welt an. Und wenn dann auf dem kritischen Standpunkt der phänomenale Charakter der physischen Welt
erkannt ist, so setzen sich Naturalismus und Materialismus
in den naturwissenschaftlich bestimmten Positivismus um. –
Oder die Weltanschauung ist von der Verhaltungsweise des
Gefühlslebens bestimmt. Sie steht unter dem Gesichtspunkte der Werte der Dinge, der Lebenswerte, der Bedeutung und des Sinnes der Welt: die ganze Wirklichkeit
erscheint dann als der Ausdruck eines Inneren, und so wird
sie gefaßt als die Entfaltung eines unbewußt oder bewußt
wirkenden seelischen Zusammenhangs. Dieser Standpunkt
erblickt sonach in dem vielen, geteilten, eingeschränkten
Einzelwirkenden ein ihm immanentes Göttliches, das nach
dem im Bewußtsein auffindbaren Verhältnis teleologischer
Kausalität die Erscheinungen bestimmt: objektiver Idealismus, Panentheismus oder Pantheismus entstehen so. –
Wenn aber das Willensverhalten die Weltauffassung bestimmt, dann entspringt das Schema der Unabhängigkeit des
Geistes von der Natur oder seiner Transzendenz: in der
Projektion auf das Universum bilden sich die Begriffe der
göttlichen Personalität, der Schöpfung, der Souveränität der
Persönlichkeit dem Weltlauf gegenüber.
Jede dieser Weltanschauungen enthält in der Sphäre des
gegenständlichen Auffassens eine Verbindung von Welterkenntnis, Lebenswürdigung und Prinzipien des Handelns.
Darin, daß sie der Persönlichkeit in ihren verschiedenen
Leistungen innere Einheit geben, beruht ihre Macht. Und
jede von ihnen hat darin Anziehungskraft und Möglichkeit
folgerichtiger Entwicklung, daß sie das vieldeutige Leben
von einer unserer Verhaltungsweisen aus nach dem in dieser
enthaltenen Gesetze gedankenmäßig erfaßt.

3. Die Unlösbarkeit der Aufgabe. Abnahme der Macht der
   Metaphysik

In einem unermeßlichen Reichtum von Lebensformen hat
die Metaphysik sich ausgebreitet. Sie geht rastlos von Möglichkeit zu Möglichkeit vorwärts. Ihr genügt keine Form, sie
setzt jede um in eine neue. Ein geheimer innerer Widerspruch, der in ihrem Wesen selber liegt, tritt in jedem ihrer
Gebilde neu heraus und zwingt sie, die gegebene Form fallen
zu lassen und eine neue zu suchen. Denn die Metaphysik ist
ein merkwürdiges Doppelwesen. Ihr Streben ist die Auflösung des Welt- und Lebensrätsels, und ihre Form ist die
Allgemeingültigkeit. Mit dem einen Antlitz wendet sie sich
der Religion und der Dichtung zu und mit dem andern den
Einzelwissenschaften. Sie ist selber weder eine Wissenschaft
im Sinne der Einzelwissenschaften, noch ist sie Kunst oder
Religion. Die Voraussetzung, unter der sie ins Leben tritt,
ist, daß es einen Punkt in dem Geheimnis des Lebens gäbe,
der dem strengen Denken zugänglich sei. Wenn er existiert,
wie Aristoteles, Spinoza, Hegel, Schopenhauer annahmen,
dann ist Philosophie mehr als jede Religion und jede Kunst
und auch mehr als die Einzelwissenschaften. Wo werden wir
diesen Punkt antreffen, an welchem begriffliche Erkenntnis
und ihr Gegenstand, das Welträtsel zusammenhängen und
dieser einmalige singuläre Weltzusammenhang nicht nur
einzelne Regelmäßigkeiten des Geschehens gewahren läßt,
sondern an dem sein Wesen denkbar wird? Er muß jenseit
des Gebietes der Einzelwissenschaften und jenseit ihrer
Methoden gelegen sein. Die Metaphysik muß sich über die
Reflexionen des Verstandes erheben, um ihren eignen
Gegenstand und ihre eigne Methode zu finden. Die Versuche hierzu in der Sphäre der Metaphysik sind durchlaufen,
und das Ungenügende in ihnen ist aufgezeigt worden. Die
seit Voltaire, Hume und Kant entwickelten Gründe, welche
den beständigen Wechsel der metaphysischen Systeme und
ihr Unvermögen, den Anforderungen der Wissenschaft zu

genügen, erklärlich machen, sollen hier nicht wiederholt werden. Nur das dem vorliegenden Zusammenhang Angehörige hebe ich heraus.

Wirklichkeitserkenntnis nach den kausalen Relationen, Erleben von Wert, Bedeutung und Sinn und das willentliche Verhalten, das in sich den Zweck für die Willenshandlung und die Regel für die Bindung des Willens enthält – das sind verschiedene Verhaltungsweisen, welche in der seelischen Struktur verbunden sind. Ihre psychische Relation ist für uns im Erlebnis da; sie gehört unter die letzten erreichbaren Tatsachen des Bewußtseins. Das Subjekt verhält sich in dieser verschiedenen Weise zu den Gegenständen, hinter diese Tatsache kann nicht zu einem Grund derselben zurückgegangen werden. So können die Kategorien von Sein, Ursache, Wert, Zweck nach ihrer Provenienz aus diesen Verhaltungsweisen weder aufeinander noch auf ein höheres Prinzip zurückgeführt werden. Wir können die Welt nur unter einer der Grundkategorien auffassen. Wir können gleichsam immer nur eine Seite unseres Verhältnisses zu ihr gewahren – nie das ganze Verhältnis, wie es durch den Zusammenhang dieser Kategorien bestimmt würde. Dies ist der erste Grund für die Unmöglichkeit der Metaphysik: will sie sich durchsetzen, so muß sie immer entweder durch Trugschlüsse diese Kategorien in inneren Zusammenhang bringen, oder sie muß das in unserem lebendigen Verhalten Enthaltene verstümmeln. Eine weitere Grenze des begrifflichen Denkens zeigt sich innerhalb jeder dieser Verhaltungsweisen. Wir können keine letzte Ursache als ein Unbedingtes zu dem bedingten Zusammenhang der Vorgänge hinzudenken: denn die Anordnung einer Mannigfaltigkeit, deren Elemente sich gleichförmig zueinander verhalten, bleibt selbst ein Rätsel, und aus dem unveränderlichen Einen kann weder die Veränderung noch die Vielheit begriffen werden. Wir können den subjektiven und relativen Charakter der Wertbestimmungen, der aus ihrem Ursprung im Gefühl stammt, nie überwinden: ein unbedingter Wert ist ein Postulat, aber kein erfüllbarer Begriff. Wir können einen höchsten oder unbedingten Zweck nicht aufweisen, da dieser die Feststellung eines unbedingten Wertes zur Voraussetzung hat, und die Regel des Handelns, die allgemeingültig in der gegenseitigen Bindung der Willen enthalten ist, gestattet nicht, die Zwecke des einzelnen oder der Gesellschaft abzuleiten.

Wenn nun aber so keine Metaphysik den Anforderungen an wissenschaftlichen Beweis zu genügen vermag, so bleibt eben doch als fester Punkt für die Philosophie das Verhältnis des Subjektes zur Welt zurück, nach welchem jede Verhaltungsweise desselben eine Seite der Welt zum Ausdruck bringt. Die Philosophie vermag die Welt nicht in ihrem Wesen durch ein metaphysisches System zu erfassen und allgemeingültig diese Erkenntnis zu erweisen; aber wie in jeder ernsten Dichtung ein Zug des Lebens, so wie er vorher nicht gesehen worden war, sich aufschließt, wie Dichtung so die verschiedenen Seiten des Lebens uns in immer neuen Werken offenbart, wie wir die Gesamtanschauung des Lebens in keinem Kunstwerk besitzen und doch vermittels ihrer aller uns dieser Gesamtauffassung annähern: so tritt uns in den typischen Weltanschauungen der Philosophie eine Welt entgegen, wie sie erscheint, wenn eine mächtige philosophische Persönlichkeit einer der Verhaltungsweisen zu ihr die anderen unterwirft und den in dieser enthaltenen Kategorien die anderen Kategorien unterordnet. So bleibt von der ungeheuren Arbeit des metaphysischen Geistes das geschichtliche Bewußtsein zurück, das sie in sich wiederholt und so die unergründliche Tiefe der Welt an ihr erfährt. Nicht die Relativität jeder Weltanschauung ist das letzte Wort des Geistes, der sie alle durchlaufen hat, sondern die Souveränität des Geistes gegenüber einer jeden einzelnen von ihnen und zugleich das positive Bewußtsein davon, wie in den verschiedenen Verhaltungsweisen des Geistes die eine Realität der Welt für uns da ist.

Es ist die Aufgabe der Weltanschauungslehre, methodisch

aus der Zergliederung des geschichtlichen Verlaufs von Religiosität, Dichtung und Metaphysik im Gegensatz zum Relativismus das Verhältnis des menschlichen Geistes zu dem Rätsel der Welt und des Lebens zur Darstellung zu bringen.

IV. Philosophie und Wissenschaft

In der begründenden und begrifflichen Arbeit der Metaphysik selber wächst beständig die Besinnung über das Denken selbst, über seine Formen und über seine Gesetze. Die Bedingungen, unter denen wir erkennen, werden untersucht: die Annahme, daß eine von uns unabhängige Wirklichkeit besteht und unserem Denken zugänglich ist, der Glaube, daß Personen außer uns bestehen und von uns verstanden werden können, und zuletzt die Voraussetzung, daß dem Verlauf unserer inneren Zustände in der Zeit Realität zukomme und die Erlebnisse, wie sie sich in der inneren Erfahrung abbilden, im Denken zu gültiger Darstellung gelangen können. Die Besinnung über die Vorgänge, in denen die Weltanschauung entsteht, und über die Rechtsgründe, welche die Voraussetzungen der Weltanschauung rechtfertigen, begleitet die Bildung der Weltanschauung und wächst beständig in dem Kampf der metaphysischen Systeme.

Und zugleich entspringt aus der eigensten Natur der philosophischen Weltanschauung ihr Verhältnis zu der menschlichen Kultur und deren Zweckzusammenhängen. Die Kultur gliederte sich uns nach den inneren Beziehungen zwischen der Welterkenntnis, dem Leben und den Erfahrungen des Gemütes und den praktischen Ordnungen, in denen sich die Ideale unseres Handelns realisieren. Hierin äußert sich der seelische Strukturzusammenhang, und eben dieser bestimmt auch die philosophische Weltanschauung. So tritt sie in Verhältnis zu allen Seiten der Kultur. Und wie sie nach Allgemeingültigkeit strebt und überall Begründung und

Zusammenhang aufsucht, muß sie in allen Sphären der Kultur sich geltend machen: zum Bewußtsein erhebend, was da geschieht, begründend, kritisch urteilend, verknüpfend. Hier aber kommt ihr nun das in den Zweckzusammenhängen der Kultur selber entstandene Nachdenken entgegen.

1. Die aus der begrifflichen Technik im Kulturleben entstehenden Funktionen der Philosophie

Nicht in der Weltanschauung allein hat sich die Besinnung des Menschen über sein Tun und das Streben nach allgemeingültigem Wissen entwickelt. Ehe Philosophen auftraten, war aus der politischen Tätigkeit die Sonderung der Funktionen des Staates, die Einteilung der Verfassungen hervorgegangen; in der Praxis des Rechtsgeschäfts und des Prozesses hatten die Grundbegriffe der bürgerlichen Rechtsordnung und des Strafrechts sich ausgebildet; die Religionen hatten Dogmen formuliert, voneinander gesondert und aufeinander bezogen; Arten der Kunstübung waren unterschieden worden. Denn jeder Fortgang menschlicher Zweckzusammenhänge zu zusammengesetzteren Formen vollzieht sich unter der Leitung des begrifflichen Denkens.
So bilden sich Funktionen der Philosophie aus, welche das Denken, das in den einzelnen Gebieten der Kultur sich vollzogen hat, weiterführen. Wie keine feste Grenze die religiöse Metaphysik von der philosophischen trennt, so geht auch das technische Denken in kontinuierlicher Ausbildung in das philosophische über. Überall ist der philosophische Geist zugleich charakterisiert durch die universale Selbstbesinnung und die in ihr gegründete persongestaltende und reformatorische Macht und zugleich durch die dem philosophischen Kopfe einwohnende starke Tendenz auf Begründung und Zusammenhang. Solche Funktion der Philosophie ist von vornherein nicht an die Gestaltung der Weltanschauung gebunden, und auch da, wo Metaphysik nicht gesucht oder nicht anerkannt wird, besteht sie.

2. Die allgemeine Lehre vom Wissen und die Theorie über die einzelnen Kulturgebiete

So entspringt aus dem Charakter der Philosophie als Selbstbesinnung des Geistes die andere Seite derselben, welche mit dem Streben nach einer allgemeingültigen Weltanschauung immer zusammen bestanden hat. In der Weltanschauung wird das in den Verhaltungsweisen gegründete Erfahren zu einer objektiven gegenständlichen Einheit zusammengenommen. Wenn aber die Verhaltungsweisen selber in ihren Beziehungen zu den Inhalten ins Bewußtsein erhoben werden, das in ihnen entstehende Erfahren untersucht, seine Rechtsbeständigkeit geprüft wird: dann zeigt sich die andere Seite der Selbstbesinnung. Von ihr aus angesehen, ist Philosophie die G r u n d w i s s e n s c h a f t, welche Form, Regel und Zusammenhang aller Denkprozesse zu ihrem Gegenstand hat, die von dem Zweck bestimmt sind, gültiges Wissen hervorzubringen. Sie untersucht als Logik die Bedingungen der Evidenz, die den richtig vollzogenen Prozessen anhaftet, und zwar auf jedem Gebiet, in dem Denkprozesse auftreten. Sie geht als Erkenntnistheorie von dem Bewußtsein der Realität des Erlebnisses und der objektiven Gegebenheit der äußeren Wahrnehmung auf die Rechtsgründe dieser Voraussetzungen unseres Erkennens zurück. Als solche T h e o r i e d e s W i s s e n s ist sie Wissenschaft.

Auf Grund dieser ihrer wichtigsten Funktion tritt sie nun in Beziehung zu den verschiedenen Sphären der Kultur und übernimmt in jeder von ihnen Aufgaben eigner Art.

In der Sphäre der Weltvorstellung und der Welterkenntnis tritt sie in Verhältnis zu den Einzelwissenschaften, welche die einzelnen Teile der Welterkenntnis erzeugen. Diese ihre Leistung schließt sich am nächsten an Logik und Erkenntnistheorie als die grundlegende Arbeit der Philosophie an. Sie klärt die Verfahrungsweisen der einzelnen Wissenschaften vermittels der allgemeinen Logik auf. Sie setzt mit ihr die in den Wissenschaften entstandenen methodischen Begriffe in Zusammenhang. Sie erforscht die Voraussetzungen, die Ziele, die Grenzen des einzelwissenschaftlichen Erkennens. Und sie wendet die so gewonnenen Ergebnisse auf das Problem der inneren Struktur und der Zusammenhänge in den beiden großen Gruppen der Naturwissenschaften und der Geisteswissenschaften an. Keine ihrer Beziehungen zu irgendeinem System der Kultur ist so klar und deutlich. Keine hat sich in so systematischer Folgerichtigkeit entwickelt, und so gibt es auch unter den einseitigen Begriffsbestimmungen der Philosophie keine, die so einleuchtend wäre, als daß sie die T h e o r i e d e r T h e o r i e n, die Begründung und die Zusammenfassung der Einzelwissenschaften zur Erkenntnis der Wirklichkeit sei.

Weniger durchsichtig ist das Verhältnis der Philosophie zu der L e b e n s e r f a h r u n g. Leben ist die innere Beziehung der psychischen Leistungen im Zusammenhang der Person. Lebenserfahrung ist die wachsende Besinnung und Reflexion über das Leben. Durch sie wird das Relative, Subjektive, Zufällige, Vereinzelte der elementaren Formen zweckmäßigen Handelns zur Einsicht in das für uns Wertvolle, Zweckmäßige erhoben. Was bedeuten im Gesamthaushalte unseres Lebens die Leidenschaften? welchen Wert hat in einem natürlich verstandenen Leben die Aufopferung? oder der Ruhm und die äußere Anerkennung? An der Lösung solcher Fragen arbeitet aber nicht nur die Lebenserfahrung des Einzelnen, sondern diese erweitert sich zu der, welche die Gesellschaft erwirbt. Die Gesellschaft ist der umfassende Regulator des Gefühls- und Trieblebens; Grenzen, die aus dem Bedürfnis des Zusammenlebens entspringen, setzt sie den regellosen Leidenschaften in Recht und Sitte: durch Arbeitsteilung, Ehe, Eigentum schafft sie Bedingungen für die ordnungsmäßige Befriedigung der Triebe. So befreit sie von dieser furchtbaren Herrschaft: das Leben gewinnt Raum für die höheren geistigen Gefühle und Strebungen, und diese vermögen das Übergewicht zu erlangen. Die Lebenserfahrung, welche die Gesellschaft in solcher Arbeit macht,

erwirkt immer angemessenere Bestimmungen der Lebenswerte und gibt ihnen mittels der öffentlichen Meinung eine
feste geregelte Stellung: hierdurch erzeugt die Gesellschaft
aus ihr selber eine Wertabstufung, die dann den Einzelnen
bedingt. Auf diesem Boden der Gesellschaft machen sich
nun die individuellen Lebenserfahrungen geltend. Sie entstehen auf mannigfache Art. Ihren Grundstock bilden die
persönlichen Erlebnisse, sofern ein Wert in ihnen aufgeht.
Andere Lehren empfangen wir als Zuschauer, welche die
Passionen der Menschen gewahren – ihre Leidenschaften,
die bis zur Zerrüttung ihrer selbst und folgerichtig ihres
Verhältnisses zu anderen Personen hinführen – ihre Leiden,
die hieraus folgen. Und wir ergänzen diese Lebenserfahrungen durch die Historie, die in großen Zügen Menschen-
schicksal zeigt, und durch die Dichtung: sie vor allem
offenbart die schmerzlich süße Spannung der Leidenschaft,
die Illusion derselben, ihre Auflösung. Alles wirkt zusammen, damit der Mensch freier werde und offen für die
Resignation und das Glück der Hingebung an die großen
Objektivitäten des Lebens.
Unmethodisch, wie diese Lebenserfahrung zunächst ist,
muß sie, indem sie die Tragweite und die Grenzen ihres
Verfahrens gewahr wird, sich steigern zu einer methodischen Besinnung, welche den subjektiven Charakter der
Wertbestimmung zu überwinden strebt. So geht sie in Philosophie über. Alle Etappen, die auf diesem Wege liegen,
sind von Schriften besetzt, die über Lebenswerte, Charaktere, Temperamente, Lebensführung handeln. Und wie Poesie ein wichtiges Glied in der Ausbildung der Lehre von
Temperamenten, Charakteren und Lebensführung ist, so
bereitet dann wieder dieses Lesen in den Seelen der Menschen, dieses eigne Abschätzen der Werte der Dinge, ein
unersättliches Verstehenwollen die bewußtere Erfassung der
Bedeutung des Lebens vor. Homer ist der Lehrer der reflek-
tierenden Schriftsteller, und Euripides ist ihr Schüler. Auf
derselben Grundlage entwickelt sich jede eigen erworbene

Religiosität. Erfahrungen über das Leben, eine furchtbare Stärke der Einsicht in die Illusion, welche allen diesseitigen Lebensgütern anhaftet, erwirken in jedem religiösen Genie die Hingabe an die transzendente Welt. Das religiöse Erlebnis wäre leer und fade, wenn nicht auf dem Grunde der erlebten Misere, Niedertracht oder mindestens der Kleinlichkeit menschlicher Dinge, der Trennungen und des Leides in ihnen die Erhebung zum Heiligen sich vollzöge, gleichsam als eine Entrückung über diesen verderblichen Kreis. Diesen Weg in die Einsamkeit sind Buddha, Lao-tse und, wie einige Stellen der Evangelien noch verraten, auch Christus gegangen, Augustinus und Pascal haben ihn beschritten. Und zusammen mit den Wissenschaften und geschichtlichen Lebensordnungen bilden nun die Lebenserfahrungen die reale Grundlage der Philosophie. Das persönliche Moment in den größten Philosophen beruht auf ihnen. Ihre Läuterung und Begründung bildet einen wesentlichen und geradezu den wirksamsten Bestandteil in den philosophischen Systemen. Dies zeigt sich besonders deutlich in Platon, der Stoa, Spinoza, ja in beschränkterem Umfang auch in Kant für den, welcher seine Anthropologie mit seinen früheren Schriften zusammenhält. So entsteht nun in der Philosophie das System der immanenten Lebenswerte und das der gegenständlichen Wirkungswerte: jene haften an einem Zustand der Seele, diese kommen einem Äußeren zu, das die Fähigkeit hat, Lebenswerte zu erzeugen.

Die Philosophie hat endlich in dem kulturgeschichtlichen Zusammenhang ein Verhältnis zur praktischen Welt, ihren Idealen und ihren Lebensordnungen. Denn sie ist die Besinnung über den Willen, seine Regeln, Zwecke und Güter. In den Lebensordnungen von Wirtschaft, Recht, Staat, Herrschaft über die Natur, Sittlichkeit hat dieser seinen Ausdruck gefunden. So kann nur an ihnen das Wesen des willentlichen Verhaltens aufgeklärt werden. Nun geht durch sie alle hindurch das Verhältnis von Zwecksetzung, Bindung und Regel. Hieraus ergibt sich das tiefste Problem der Philosophie auf diesem Gebiet: die große Frage, ob alle sittliche Regel ableitbar aus Zwecken ist. Die Einsicht, zu der Kant in seinem kategorischen Imperativ sich erhob, kann dahin fortgebildet werden, daß es nur Ein unbedingtes Festes in der sittlichen Welt gibt, nämlich daß die gegenseitige Bindung der Willen in ausdrücklichem Vertrag oder im stillschweigenden Annehmen vom Bestande der Gegenseitigkeit eine unbedingte Gültigkeit für jedes Bewußtsein hat: daher denn Rechtlichkeit, Rechtschaffenheit, Treue, Wahrhaftigkeit das feste Gerüst der moralischen Welt bilden: ihm sind alle Zwecke und alle Regeln des Lebens, selbst die Güte, das Streben nach Vollkommenheit eingeordnet – in einer Rangordnung des Sollens, die von dem Pflichtmäßigen absteigt zu der moralischen Forderung von Güte und Hingabe an andere und von da zu der von persönlicher Vervollkommnung. Indem die philosophische Analyse des moralischen Bewußtseins den Geltungsbereich der sittlichen Ideale feststellt, das Bindende der Pflicht von der Beweglichkeit der Zwecke sondert, bestimmt sie die Bedingungen, unter denen die Zwecksysteme innerhalb der Gesellschaft sich ausbilden. Und indem dann die Philosophie die Tatsächlichkeit der Lebensordnungen, wie die Geisteswissenschaften sie beschreiben und zergliedern, aus der Struktur des Individuums und der Gesellschaft verständlich macht, indem sie aus dem teleologischen Charakter derselben ihre Entwicklung und ihre Bildungsgesetze ableitet, alle diese Notwendigkeiten aber unter jenes oberste Gesetz der Bindungen des Willens stellt, wird sie zu einer inneren Kraft, welche auf die Steigerung des Menschen und die Fortentwicklung seiner Lebensordnungen hindrängt, gibt aber zugleich feste Maßstäbe für diese in der sittlichen Regel und in den Realitäten des Lebens.

Blicken wir an diesem Punkte noch einmal zurück auf die philosophische Weltanschauung. Hier erst kann die ganze Breite ihrer Grundlage übersehen werden. Die Bedeutung tritt hervor, welche die Lebenserfahrung für die Ausbildung der Weltansicht hat. Und zuletzt zeigt sich, wie in den großen Gebieten, die durch die Arten des seelischen Verhaltens bedingt sind, Probleme von selbständiger Bedeutung enthalten sind, welche ganz unabhängig von ihrer Stelle in der Weltanschauung behandelt werden können.

So ergibt sich aus den Beziehungen der Philosophie zu den verschiedenen Gebieten des menschlichen Lebens ihr Recht, nicht nur das Wissen über diese und die einzelnen Wissenschaften, in welchen das Wissen sich konsolidiert hat, zu begründen und zu verbinden, sondern auch in besonderen philosophischen Disziplinen, wie Rechtsphilosophie, Religionsphilosophie, Philosophie der Kunst dieselben Gebiete zu bearbeiten. Es unterliegt wohl keinem Streit, daß jede dieser Theorien aus den historischen und gesellschaftlichen Sachverhalten geschöpft werden muß, die das Gebiet von Kunst oder Religion, von Recht oder Staat ausmachen, und insofern fällt ihre Arbeit mit der Arbeit der Einzelwissenschaften zusammen. Es ist auch klar, daß jede philosophische Theorie solcher Art, welche, anstatt aus dem Material selbst zu schöpfen, an das in den Einzelwissenschaften Gebotene sich hält und dasselbe nur etwa hier und da nachprüft, kein Existenzrecht besitzt. Aber nach der Eingeschränktheit menschlicher Kraft wird der Einzelforscher nur in seltenen Ausnahmen Logik, Erkenntnistheorie und Psychologie so sicher beherrschen, daß nicht eben von diesen aus die philosophische Theorie Neues hinzubrächte. Berechtigt ist solche abgesonderte philosophische Theorie doch immer nur als ein Provisorisches, aus den Unzulänglichkeiten der gegenwärtigen Situation Entspringendes. Dagegen wird die Aufgabe, die inneren Beziehungen der Wissenschaften untereinander, von denen die logische Konstitution einer jeden derselben abhängt, zu erforschen, immer ein wichtiger Teil der Funktionen der Philosophie bleiben.

3. Der philosophische Geist in den Wissenschaften und in der Literatur

Der Einfluß der Metaphysik ist in beständiger Abnahme begriffen, dagegen nimmt die Funktion der Philosophie beständig an Gewicht zu, nach welcher diese das in den einzelnen Kulturgebieten entstandene Denken begründet und verknüpft. Auf diesem Verhältnis beruht die Bedeutung der positivistischen Philosophie von d'Alembert, Comte, Mill, Mach, daß sie eben aus der inneren Beschäftigung mit den Einzelwissenschaften stammt, ihr Verfahren fortsetzt und den Maßstab ihres allgemeingültigen Wissens überall anlegt. Und auf anderem Gebiete ist das philosophische Denken von Carlyle oder Nietzsche eben darin positiv, daß es die in der Lebenserfahrung enthaltene, von den Dichtern und den Schriftstellern über Lebensführung ausgebildete Verfahrungsweise zu verallgemeinern und zu begründen strebt. Es ist nun natürlich, daß eben in diesem freien Verfahren die Philosophie immer mehr das ganze geistige Leben der Neuzeit beeinflußt. Der methodische, generalisierende und die Wissenschaften verknüpfende Geist, der in der Naturforschung von Galilei, Kepler und Newton bestimmend war, hat dann auf der Grundlage der positivistischen Richtung von d'Alembert und Lagrange die französische Naturforschung durchdrungen, und er wirkte fort auf dem Boden der Naturphilosophie und des Kantischen Kritizismus in Ernst von Baer, Robert Mayer, Helmholtz und Hertz. Und eben dieser philosophische Geist hat sich insbesondere seit den großen sozialistischen Theoretikern in den Einzelwissenschaften der Gesellschaft und der Geschichte geltend gemacht. So ist für die heutige Lage der Philosophie charakteristisch, daß die stärksten Wirkungen derselben nicht von den Systemen ausgehen, sondern eben von diesem freien philosophischen Denken, das die Wissenschaften und die ganze Literatur durchdringt. Denn auch in dieser geht von Schriftstellern wie Tolstoj und Maeterlinck eine bedeutsame philosophische Wirkung aus. Drama, Roman und jetzt auch Lyrik sind zu Trägern stärkster philosophischer Impulse geworden.

Der philosophische Geist ist überall, wo frei von der Systemform der Philosophie ein Denker das, was im Menschen einzeln, dunkel als Instinkt, Autorität oder Glaube auftritt, der Prüfung unterwirft. Er ist überall, wo Forscher mit methodischem Bewußtsein ihre Wissenschaft auf deren letzte Rechtsgründe zurückführen oder zu Generalisationen vordringen, die mehrere Wissenschaften verknüpfen und begründen. Er ist überall, wo Lebenswerte und Ideale einer neuen Prüfung unterworfen werden. Was irgend ungeordnet oder feindlich ringend im Innern einer Zeit oder im Herzen eines Menschen auftritt, soll durch das Denken versöhnt, was dunkel ist, soll aufgeklärt, was unmittelbar dasteht, eines neben dem anderen, soll vermittelt und in Zusammenhang gesetzt werden. Dieser Geist läßt kein Wertgefühl und kein Streben in seiner Unmittelbarkeit, keine Vorschrift und kein Wissen in ihrer Vereinzelung, für jedes Geltende fragt er nach dem Grunde seiner Gültigkeit. In diesem Sinne bezeichnete sich das 18. Jahrhundert selbst mit Recht als das philosophische: kraft der in ihm sich durchsetzenden Herrschaft der Vernunft über das Dunkle, Instinktive, unbewußt Schaffende in uns und die Zurückführung jedes geschichtlichen Gebildes auf seinen Ursprung und sein Recht.

V. Der Wesensbegriff der Philosophie. Ausblick in ihre Geschichte und Systematik

Die Philosophie erwies sich als ein Inbegriff sehr verschiedener Funktionen, die durch die Einsicht in ihre gesetzmäßige Verbindung zum Wesen der Philosophie zusammengeschlossen werden. Eine Funktion bezieht sich immer auf einen teleologischen Zusammenhang und bezeichnet einen

Inbegriff zusammengehöriger Leistungen, die innerhalb dieses Ganzen vollzogen werden. Der Begriff ist weder aus der Analogie des organischen Lebens hergenommen, noch bezeichnet er eine Anlage oder ein ursprüngliches Vermögen. Die Funktionen der Philosophie beziehen sich auf die teleologische Struktur des philosophierenden Subjektes und auf die der Gesellschaft. Es sind Leistungen, in denen die Person sich in sich selbst wendet und zugleich nach außen wirkt; hierin sind sie denen der Religiosität und der Dichtung verwandt. So ist die Philosophie eine Leistung, die aus dem Bedürfnis des einzelnen Geistes nach Besinnung über sein Tun, nach innerer Gestaltung und Festigkeit des Handelns, nach fester Form seines Verhältnisses zum Ganzen der menschlichen Gesellschaft entspringt, und sie ist zugleich eine Funktion, welche in der Struktur der Gesellschaft gegründet und für die Vollkommenheit des Lebens derselben erforderlich ist: sonach eine Funktion, die gleichförmig in vielen Köpfen stattfindet und diese zu einem gesellschaftlichen und historischen Zusammenhang verbindet. In diesem letzteren Verstande ist sie ein Kultursystem. Denn die Merkmale eines solchen sind Gleichförmigkeit der Leistung in jedem Individuum, das dem Kultursystem angehört, und Zusammengehörigkeit der Individuen, in denen diese Leistung stattfindet. Nimmt diese Zusammengehörigkeit feste Formen an, so entstehen in einem Kultursystem Organisationen. Unter allen Zweckzusammenhängen binden die der Kunst und der Philosophie die Individuen am wenigsten aneinander; denn die Funktion, die der Künstler oder der Philosoph vollbringt, ist von keinem Gefüge des Lebens bedingt: ihre Region ist die der höchsten Freiheit des Geistes. Und wenn die Zugehörigkeit des Philosophen zu den Organisationen von Universität und Akademie seine Leistung für die Gesellschaft steigert: sein Lebenselement ist und bleibt die Freiheit seines Denkens, die niemals beeinträchtigt werden darf und von der nicht nur sein philosophischer Charakter, sondern auch das Zutrauen zu seiner unbedingten Wahrhaftigkeit und damit seine Wirkung abhängen.

Die allgemeinste Eigenschaft, welche nun allen Funktionen der Philosophie zukommt, ist in der Natur des gegenständlichen Auffassens und des begrifflichen Denkens gegründet. So angesehen erscheint Philosophie nur als das folgerichtigste, stärkste, umfassendste Denken; und sie ist vom empirischen Bewußtsein durch keine feste Grenze gesondert. Es ergibt sich aus der Form des begrifflichen Denkens, daß das Urteilen fortschreitet zu höchsten Generalisationen, die Bildung und Einteilung der Begriffe zu einer Architektonik derselben mit höchster Spitze, das Beziehen zu einem allumfassenden Zusammenhang und das Begründen zu einem letzten Prinzip. Das Denken bezieht sich in diesem Tun auf den gemeinsamen Gegenstand aller Denkakte der verschiedenen Personen, den Zusammenhang der sinnlichen Wahrnehmung, zu welchem die Vielheit der Dinge sich im Raume und die Mannigfaltigkeit ihrer Veränderungen und Bewegungen sich in der Zeit ordnet: die Welt. Dieser Welt sind alle Gefühle und Willenshandlungen eingeordnet durch die örtliche Bestimmung der ihnen zugehörigen Körper und die in sie verwobenen Anschauungsbestandteile. Alle in diesen Gefühlen oder Willenshandlungen gesetzten Werte, Zwecke, Güter sind ihr eingegliedert. Das menschliche Leben ist von ihr umfaßt. Und indem nun das Denken den ganzen Gehalt an Anschauungen, Erlebnissen, Werten, Zwecken, wie er im empirischen Bewußtsein, dem Erfahren und den Erfahrungswissenschaften erlebt und gegeben ist, auszudrücken und zu vereinigen strebt, schreitet es von der Verkettung der Dinge und der Veränderungen in der Welt dem Weltbegriff entgegen, es geht begründend zurück auf ein Weltprinzip, eine Welturschache, es sucht Wert, Sinn und Bedeutung der Welt zu bestimmen, und es fragt nach einem Weltzweck. Überall, wo nun dies Verfahren der Verallgemeinerung, der Anordnung zum Ganzen, der Begründung sich, vom Zug des Wissens getragen, von dem partikularen

Bedürfnis, von dem eingeschränkten Interesse loslöst, geht es über in Philosophie. Und überall, wo das Subjekt, das auf diese Welt sich in seinem Tun bezieht, in demselben Sinne zur Besinnung über dies sein Tun sich erhebt, ist diese Besinnung philosophisch. Die Grundeigenschaft in allen Funktionen der Philosophie ist sonach der Zug des Geistes, der über die Bindung an das bestimmte, endliche, eingeschränkte Interesse hinausschreitet und jede aus einem eingeschränkten Bedürfnis entstandene Theorie einer abschließenden Idee einzuordnen strebt. Dieser Zug des Denkens ist in der Gesetzmäßigkeit desselben gegründet, er entspricht Bedürfnissen der menschlichen Natur, die kaum eine sichere Zergliederung zulassen, der Freude am Wissen, dem Bedürfnis einer letzten Festigkeit der Stellung des Menschen zur Welt, dem Streben, die Bindung des Lebens an seine eingeschränkten Bedingungen zu überwinden. Jedes seelische Verhalten sucht nach einem der Relativität entnommenen festen Punkte.

Diese allgemeine Funktion der Philosophie äußert sich nun unter den verschiedenen Bedingungen des geschichtlichen Lebens in all den Leistungen derselben, die wir durchlaufen haben. Einzelne Funktionen von großer Energie entstehen aus den mannigfachen Bedingungen des Lebens: die Ausbildung der Weltanschauung zur Allgemeingültigkeit, die Besinnung des Wissens über sich selbst, die Beziehung der Theorien, die in den einzelnen Zweckzusammenhängen sich bilden, auf den Zusammenhang alles Wissens, ein die ganze Kultur durchdringender Geist der Kritik, der universalen Zusammenfassung und der Begründung. Sie erweisen sich alle als einzelne Leistungen, die in dem einheitlichen Wesen der Philosophie gegründet sind. Denn diese paßt sich jeder Stelle in der Entwicklung der Kultur und allen Bedingungen ihrer geschichtlichen Lagen an. Und so erklärt sich die beständige Differenzierung ihrer Leistungen, die Schmiegsamkeit und Beweglichkeit, in welcher sie bald in die Breite des Systems sich entfaltet, bald ihre ganze Kraft an einem

einzelnen Problem geltend macht und die Energie ihre
Arbeit immer in neue Aufgaben verlegt.

Die Grenze ist erreicht, an welcher aus der Darstellung des
Wesens der Philosophie rückwärts ihre Geschichte erleuchtet und vorwärts ihr systematischer Zusammenhang aufgeklärt wird. Ihre Geschichte wäre verstanden, wenn aus dem
Zusammenhang der Funktionen der Philosophie die Ordnung faßlich würde, in welcher, unter den Bedingungen der
Kultur, die Probleme nebeneinander und nacheinander auftreten und die Möglichkeiten ihrer Auflösung durchlaufen
werden. Wenn die fortschreitende Besinnung des Wissens
über sich selbst nach ihren Hauptstadien beschrieben würde.
Wenn die Geschichte verfolgte, wie die in den Zweckzusammenhängen der Kultur entstehenden Theorien durch den
zusammenfassenden philosophischen Geist auf den Zusammenhang der Erkenntnis bezogen und dadurch fortgebildet
werden, wie die Philosophie in den Geisteswissenschaften
neue Disziplinen schafft und dann an die Einzelwissenschaften abgibt. Und wenn sie zeigte, wie aus der Bewußtseins-
lage einer Epoche und dem Charakter der Nationen die
besondere Gestalt eingesehen werden kann, welche die philosophischen Weltanschauungen annehmen, und zugleich
doch das beständige Fortschreiten der großen Typen dieser
Weltanschauungen. So überliefert dann die Geschichte der
Philosophie der systematischen philosophischen Arbeit die
drei Probleme der Grundlegung, der Begründung und
Zusammenfassung der Einzelwissenschaften und die Aufgabe der Auseinandersetzung mit dem nie zur Ruhe zu
bringenden Bedürfnis letzter Besinnung über Sein, Grund,
Wert, Zweck und ihren Zusammenhang in der Weltanschauung, gleichviel in welcher Form und Richtung diese Auseinandersetzung stattfindet.

Schlußbetrachtung über die Unmöglichkeit der metaphysischen Stellung des Erkennens

Wir versuchen an diesem Schluß der Geschichte der metaphysischen Stellung des Geistes, der Geschichte einer noch nicht durch die erkenntnistheoretische Stellung desselben gebrochenen metaphysischen Wissenschaft die in ihr allmählich hervorgetretenen Tatsachen durch eine allgemeine Betrachtung zu vereinigen.

Der logische Weltzusammenhang als Ideal der Metaphysik

In der Einheit des menschlichen Bewußtseins ist es gegründet, daß die Erfahrungen, welche dieses enthält, durch den Zusammenhang bedingt sind, in dem sie auftreten. Hieraus ergibt sich das allgemeine Gesetz der Relativität, unter welchem unsere Erfahrungen über die äußere Wirklichkeit stehen. Eine Geschmacksempfindung ist augenscheinlich durch diejenige bedingt, welche ihr voraufging, das Bild eines räumlichen Objektes ist von der Stellung des Sehenden im Raum abhängig. Daher entspringt die Aufgabe, diese relativen Data durch einen Zusammenhang zu bestimmen, der in sich gegründet und fest ist. Für die anhebende Wissenschaft war diese Aufgabe gleichsam eingehüllt in die Orientierung in Raum und Zeit sowie von Aufsuchung einer ersten Ursache und verwoben mit den ethisch-religiösen Antrieben. So befaßte der Ausdruck Prinzip (ἀρχή) die erste Ursache und den Erklärungsgrund der Erscheinungen ungeschieden in sich. Geht man von dem Gegebenen zu seinen Ursachen, so kann ein solcher Rückgang seine Sicherheit nur aus der Denknotwendigkeit des

Schlußverfahrens empfangen, daher war mit der wissenschaftlichen Aufsuchung von Ursachen irgendein Grad von logischem Bewußtsein des Grundes immer verbunden. Erst der Zweifel der Sophisten hatte ein logisches Bewußtsein der Methode, Ursachen oder Substanzen zu finden, zur Folge, und diese Methode wurde nun als Rückgang von dem Gegebenen zu den denknotwendigen Bedingungen desselben bestimmt. Da sonach die Erkenntnis von Ursachen an den Schluß und die in ihm liegende Denknotwendigkeit gebunden ist, so setzt diese Erkenntnis voraus, daß im Naturzusammenhang eine logische Notwendigkeit obwalte, ohne welche das Erkennen keinen Angriffspunkt hätte. Demnach entspricht dem unbefangenen Glauben an die Erkenntnis der Ursachen, welcher aller Metaphysik zugrunde liegt, ein Theorem von dem logischen Zusammenhang in der Natur. Die Entwicklung dieses Theorems kann, solange die logische Form zwar in einzelne Formbestandteile als ihre Komponenten aufgelöst wird, aber nicht durch eine wahrhaft analytische Untersuchung hinter diese zurückverfolgt wird, nur in der Darstellung einer äußeren Beziehung zwischen der Form des logischen Denkens und der des Naturzusammenhangs bestehen.

So wurde in der monotheistischen Metaphysik der Alten und des Mittelalters der Logismus in der Natur als ein Gegebenes, und die menschliche Logik als ein zweites Gegebenes betrachtet, das dritte Datum bildete die Korrespondenz dieser beiden. Für diesen Gesamttatbestand war dann eine Bedingung in einem sie verknüpfenden Zusammenhang aufzufinden. Dies leistete die schon von Aristoteles in ihren Grundzügen entworfene Ansicht, nach welcher die göttliche Vernunft den Zusammenhang zwischen dem in ihr gegründeten Logismus der Natur und der ihr entsprungenen menschlichen Logik hervorbringt.

Als die Lage des Naturwissens die zwingende Kraft der theistischen Begründung immer mehr auflöste, entstand die einfachere Formel Spinozas, welche die göttliche Vernunft als Mittelglied eliminierte. Die Grundlage der Metaphysik Spinozas ist die reine Selbstgewißheit des logischen Geistes, welcher sich mit methodischem Bewußtsein die Wirklichkeit erkennend unterwirft, wie sie in Descartes das erste Stadium einer neuen Stellung des Subjektes zur Wirklichkeit bezeichnet. Inhaltlich angesehen, trat hier die Konzeption des Descartes vom mechanischen Zusammenhang des Naturganzen in eine pantheistische Weltansicht, und so wandelte sich eine allgemeine Beseelung der Natur in die Identität der räumlichen Bewegungen mit den psychischen Vorgängen. Erkenntnistheoretisch betrachtet, wurde hier das Wissen aus der Identität des mechanischen Naturzusammenhangs mit der logischen Gedankenverbindung erklärt. Daher enthält diese Identitätslehre weiter die Erklärung der p s y c h i s c h e n Vorgänge nach einem mechanischen, sonach logischen Zusammenhang in sich: die o b j e k t i v e und u n i v e r s e l l e metaphysische B e d e u t u n g d e s L o g i s m u s. In dieser Rücksicht drückt die Attributenlehre die u n m i t t e l b a r e Identität des Kausalzusammenhangs in der Natur mit der logischen Verknüpfung der Wahrheiten im menschlichen Geiste aus. Das M i t t e l g l i e d dieser Verbindung, welches vordem ein von der Welt unterschiedener Gott gebildet hatte, ist a u s g e s t o ß e n : »Ordo et connexio idearum idem est ac ordo et connexio rerum.«* In scharfer Anspannung dieser Identität wird sogar die Richtung der Abfolge in beiden Reihen als korrespondierend aufgefaßt: »Effectus cognitio a cognitione causae dependet et eandem involvit.«** Ein Zusammenhang von Axiomen und Definitionen wird entworfen, aus welchem der Weltzusammenhang konstruiert werden kann. Dies geschieht durch auffällige Trugschlüsse; denn eine Vielheit selbständiger Wesenheiten kann aus den Voraussetzungen Spinozas ebensogut gefolgert werden, als die Einheit in der göttlichen Substanz. Sind doch die Einheit des Weltzu-

* Spinoza, Eth. II, prop. 7.
** Ebda. I, axiom. 4.

sammenhangs und die Vielheit fester ihm zugrunde gelegter
Ding-Atome nur die beiden Seiten desselben mechanischen,
d. h. logischen Weltzusammenhangs. Spinoza mußte seinen
Pantheismus also mitbringen, um ihn folgern zu können.
Gleichviel, in diesem Zusammenhange tritt die Konsequenz
des metaphysischen Satzes vom Grunde in einer Vollstän-
digkeit heraus, die bei den Alten sich noch nicht fand.
Hatten diese den menschlichen Willen als ein Imperium in
imperio gelten lassen, so hebt die Formel des Panlogismus
nun diese Souveränität des geistigen Lebens auf. »In rerum
natura nullum datur contingens; sed omnia ex necessitate
divinae naturae determinata sunt ad certo modo existendum
et operandum.«[*]

Die Metaphysik hat durch L e i b n i z in dem S a t z v o m
G r u n d e eine Formel entworfen, welche den notwendigen
Zusammenhang in der Natur als Prinzip des Denkens ausspricht. In der Aufstellung dieses Prinzips hat die Metaphysik ihren formalen Abschluß erreicht. Denn der Satz ist
nicht ein logisches, sondern ein metaphysisches Prinzip,
d. h. er drückt nicht ein bloßes Gesetz des Denkens, sondern zugleich ein Gesetz des Zusammenhangs der Wirklichkeit und damit auch die Regel der Beziehung zwischen
Denken und Sein aus. Ist doch seine letzte und vollkommenste Formel diejenige, welche in dem Briefwechsel mit Clarke
vorkam, nicht lange vor dem Tode von Leibniz. »Ce prin-
cipe est celui du besoin d'une raison suffisante, pour qu'une
chose existe, qu'un événement arrive, qu'une vérité ait
lieu.«[**] Dies Prinzip tritt bei Leibniz stets neben dem des
Widerspruchs auf, und zwar begründet der Satz des Widerspruchs die notwendigen Wahrheiten, dagegen der des
Grundes die Tatsachen und tatsächlichen Wahrheiten. Eben
hier aber zeigt sich die metaphysische Bedeutung dieses
Satzes. Obwohl die tatsächlichen Wahrheiten auf den Willen

---

[*] Ebda. I, prop. 29.
[**] Im fünften Briefe von Leibniz an Clarke § 125. Unvollständigere Fassungen
finden sich Théodicée § 44 und Monadologie § 31 ff.

Gottes zurückgehen, so ist dieser Wille selber doch nach Leibniz schließlich von dem Intellekt geleitet. Und so tritt hinter dem Willen wiederum das Antlitz eines logischen Weltgrundes hervor. Dies drückt Leibniz ganz deutlich so aus: »Il est vrai, dit on, qu'il n'y a rien sans une raison suffisante pourquoi il est, et pourquoi il est ainsi plutôt qu'autrement. Mais on ajoute, que cette raison suffisante est souvent la simple volonté de Dieu; comme lorsqu'on demande pourquoi la matière n'a pas été placée autrement dans l'espace, les mêmes situations entre les corps demeurant gardées. Mais c'est justement soutenir que Dieu veut quelque chose, sans qu'il y ait aucune raison suffisante de sa volonté, contre l'axiome ou la règle générale de tout ce qui arrive.«* Hiernach bedeutet der Satz des zureichenden Grundes die Behauptung von einem lückenlosen, logischen Zusammenhang, der jede Tatsache und entsprechend jeden Satz in sich faßt: er ist die Formel für das von Aristoteles in engerem Umfang aufgestellte Prinzip der Metaphysik**, welches nunmehr nicht nur den Zusammenhang des Kosmos in Begriffen, d. h. ewigen Formen, sondern den Grund jeder

---

* Dritter Brief an Clarke § 7. Und zwar verwirft Leibniz ausdrücklich die Annahme, daß in dem bloßen Willen Gottes die Ursache eines Tatbestandes in der Welt gefunden werde. »On m'objecte qu'en n'admettant point cette simple volonté, ce seroit ôter à Dieu le pouvoir de choisir et tomber dans la f a t a l i t é. Mais c'est tout le contraire: on soutient en Dieu le pouvoir de choisir, puisqu'on le fonde sur la raison du choix conforme à sa sagesse. Et ce n'est pas cette fatalité (qui n'est autre chose que l'ordre le plus sage de la Providence), mais une fatalité ou nécessité brute, qu'il faut éviter, ou il n'y a ni sagesse, ni choix« (§ 8). Berief sich Clarke ihm gegenüber darauf, daß der Wille selber ja als zureichender Grund angesehen werden könne, so antwortet Leibniz peremptorisch: »une simple volonté sans aucun motif (a mere will), est une fiction non-seulement contraire à la perfection de Dieu, mais encore chimérique, contradictoire, incompatible avec la définition de la volonté et assez réfutée dans la Théodicée.« (Vierter Brief an Clarke § 2). Es ist klar, Leibniz kommt so zu einer Exekutivgewalt, welche den Gedanken ausführt, nicht zu einem wirklichen Willen.
** [Vgl. »Einleitung in die Geisteswissenschaften«, Bd. 2, Abschn. 2, Kap. 6, »Aristoteles und die Aufstellung einer abgesonderten metaphysischen Wissenschaft«, in: »Gesammelte Schriften«, Bd. 1,] S. 192 ff.

Veränderung, und zwar auch in der geistigen Welt in sich faßt.

Christian Wolff hat diesen Satz darauf zurückgeführt, daß nicht aus Nichts ein Etwas entstehen könne, sonach auf das Prinzip des Erkennens, aus dem wir seit Parmenides die Metaphysik ihre Sätze ableiten sahen. »Wenn ein Ding A etwas in sich enthält, daraus man verstehen kann, warum B ist, B mag entweder etwas in A oder außer A sein, so nennet man dasjenige, was in A anzutreffen ist, den Grund von B; A selbst heißet die Ursache, und von B saget man, es sei in A gegründet. Nemlich der Grund ist dasjenige, wodurch man verstehen kann, warum etwas ist, und die Ursache ist ein Ding, welches den Grund von einem anderen in sich enthält.« – »Wo etwas vorhanden ist, woraus man begreifen kann, warum es ist, das hat einen zureichenden Grund. Derowegen wo keiner vorhanden ist, da ist nichts, woraus man begreifen kann, warum etwas ist, nemlich warum es wirklich werden kann, und also muß es aus Nichts entstehen. Was demnach nicht aus Nichts entstehen kann, muß einen zureichenden Grund haben, warum es ist, als es muß an sich möglich sein und eine Ursache haben, die es zur Wirklichkeit bringen kann, wenn wir von Dingen reden, die nicht nothwendig sind. Da nun unmöglich ist, daß aus Nichts etwas werden kann, so muß auch Alles, was ist, seinen zureichenden Grund haben warum es ist.« So erkennen wir nun rückwärts im Satze vom Grunde den Ausdruck des Prinzips, welches das metaphysische Erkennen von seinem Beginn geleitet hat.*

Und blicken wir von Leibniz und Wolff vorwärts, so ist die im Satze vom Grunde enthaltene Voraussetzung über den logischen Weltzusammenhang schließlich in dem System von Hegel mit Verachtung jeder Furcht vor der Paradoxie als Realprinzip der ganzen Wirklichkeit entwickelt worden. Es hat nicht an Personen gefehlt, welche diese Vorausset-

---

* Wolff, Vernünftige Gedanken von Gott usw. § 29 u. 30.

zung in Frage stellen, dagegen eine Metaphysik beibehalten wollen; so tat dies Schopenhauer in seiner Lehre vom Willen als dem Weltgrunde. Aber jede Metaphysik dieser Art ist von vornherein durch einen inneren Widerspruch in ihrer Grundlage gerichtet. Das über unsere Erfahrung Hinausliegende kann nicht einmal durch Analogie einleuchtend gemacht, geschweige denn bewiesen werden, wenn dem Mittel der Begründung und des Beweises, dem logischen Zusammenhang, die ontologische Gültigkeit und Tragweite genommen wird.

Der Widerspruch der Wirklichkeit gegen dies Ideal und die Unhaltbarkeit der Metaphysik

Das » g r o ß e P r i n z i p « vom G r u n d e (so bezeichnet es wiederholt Leibniz), die letzte Formel der metaphysischen Erkenntnis, ist nun aber k e i n D e n k g e s e t z, unter welchem unser Intellekt als unter seinem Fatum stünde. Indem die M e t a p h y s i k ihre A n f o r d e r u n g einer E r - k e n n t n i s von dem Subjekt des Weltlaufs in diesem Satz b i s z u i h r e r e r s t e n V o r a u s s e t z u n g v e r f o l g t, e r w e i s t s i e i h r e e i g e n e U n m ö g l i c h k e i t.
Der Satz vom Grunde, in dem Sinne von Leibniz, ist nicht ein Denkgesetz, er kann n i c h t n e b e n d a s D e n k g e s e t z d e s W i d e r s p r u c h s gestellt werden. Denn das Denkgesetz des Widerspruchs ist an jedem Punkte unseres Wissens in Geltung; wo wir etwas behaupten, muß es mit ihm in Einklang sein, und finden wir eine Behauptung mit ihm in Widerstreit, so ist sie damit für uns aufgehoben. Sonach steht alles Wissen und alle Gewißheit unter der Kontrolle dieses Denkgesetzes. Es handelt sich für uns nie darum, ob wir es anwenden wollen oder nicht, sondern so sicher als wir etwas behaupten, unterwerfen wir ihm diese Behauptung. Es kann geschehen, daß wir an einem Punkte

nicht den Widerspruch einer Behauptung mit dem Denkgesetz des Widerspruchs bemerken; jedoch, sobald auch der ganz Ungebildete auf diesen Widerspruch aufmerksam gemacht wird, entzieht er sich nicht der Konsequenz, daß von Behauptungen, welche solchergestalt in Widerspruch miteinander treten, nur eine wahr sein kann, eine falsch sein muß. Der Satz vom Grunde dagegen, im Sinne von Leibniz und Wolff gefaßt, hat augenscheinlich nicht dieselbe Stellung in unsrem Denken, und es war daher nicht richtig, wenn Leibniz beide Sätze als gleichwertige Prinzipien nebeneinanderstellt. Dies hat sich uns aus der ganzen Geschichte des menschlichen Denkens ergeben. Der Mensch in der Epoche mythischen Vorstellens setzte sich Willensmächte gegenüber, welche mit unberechenbarer Freiheit schalteten. Es wäre unnütz gewesen, wenn ein Logiker zu diesem im mythischen Vorstellen befangenen Menschen getreten wäre und ihm deutlich gemacht hätte: der notwendige Zusammenhang des Weltlaufs ist da aufgehoben, wo deine Götter walten. Eine solche Einsicht hätte jenem niemals die Überzeugungen von seinen Göttern gestört, vielmehr würde sie nur das über den logischen Zusammenhang der Welt Hinausreichende ihm klarer gemacht haben, was in solchem Glauben als gewaltige Kraft mitenthalten war. Der Mensch in der Morgendämmerung der Wissenschaft suchte dann einen inneren Zusammenhang im Kosmos, aber der Glaube an die freie Macht der Götter inmitten desselben verharrte in ihm. Der griechische Mensch in der Blütezeit der Metaphysik betrachtete seinen Willen als frei. Was ihm hier in lebendigem und unmittelbarem Wissen gegeben war, wurde ihm nicht dadurch unsicher, daß das Bewußtsein der Denknotwendigkeit in ihm ebenfalls vorhanden war; vielmehr erschien ihm mit diesem logischen Bewußtsein das Festhalten dessen verträglich, was er in unmittelbarem Wissen als Freiheit besaß. Der mittelalterliche Mensch zeigt eine übertriebene Neigung zu logischen Betrachtungen, doch hat ihn diese nicht bestimmt, die religiös-geschichtliche Welt, in der er lebte und die überall denknotwendigen Zusammenhang vermissen ließ, aufzugeben. – Und die Erfahrungen des täglichen Lebens bestätigen, was die Geschichte zeigte. Der menschliche Geist findet es nicht unerträglich, den logischen Zusammenhang, vermittels dessen er über das unmittelbar Gegebene hinausgeht, da unterbrochen zu sehen, wo er in lebendigem und unmittelbarem Wissen freie Gestaltung und Willensmacht erfährt.

Wenn der Satz vom Grunde, in der Fassung von Leibniz, nicht die unbedingte Gültigkeit eines Denkgesetzes hat: wie vermögen wir seine Stelle im Zusammenhang des intellektuellen Lebens zu bestimmen? Indem wir seinen O r t aufsuchen, wird der R e c h t s b o d e n jeder wirklich f o l g e r i c h t i g e n M e t a p h y s i k geprüft.

Unterscheiden wir den logischen Grund vom Realgrunde, den logischen Zusammenhang vom realen, so kann die Tatsache des logischen Zusammenhangs in unserem Denken, welches im Schließen sich darstellt, durch den Satz ausgedrückt werden: mit dem Grund ist die Folge gesetzt und mit der Folge ist der Grund aufgehoben. Diese Notwendigkeit der Verknüpfung findet sich tatsächlich in jedem Syllogismus. Nun kann gezeigt werden, daß wir die N a t u r nur a u f f a s s e n und v o r s t e l l e n können, indem wir diesen Z u s a m m e n h a n g der D e n k n o t w e n d i g k e i t i n i h r a u f s u c h e n. Wir können die Außenwelt nicht einmal vorstellen, es sei denn erkennen, ohne einen denknotwendigen Zusammenhang schließend in ihr aufzusuchen. Denn wir können die einzelnen Eindrücke, die einzelnen Bilder, die das Gegebene bilden, nicht für sich als objektive Wirklichkeit anerkennen. Sie sind in dem tatsächlichen Zusammenhang, in dem sie im Bewußtsein kraft seiner Einheit stehen, relativ, und können sonach nur in diesem Zusammenhang benutzt werden, um einen äußeren Tatbestand oder eine Naturursache festzustellen. Jedes Raumbild ist auf die Stellung des Auges wie der fassenden Hand bezogen, für welche es da ist. Jeder zeitliche Eindruck ist auf das Maß der Eindrücke in dem Auffassenden und den Zusammenhang derselben bezogen. Die Qualitäten der Empfindung sind durch die Beziehung bedingt, in welcher die Reize der Außenwelt zu unseren Sinnen stehen. Die Intensitäten der Empfindung vermögen wir nicht direkt zu beurteilen und in Zahlenwerten auszudrücken, sondern wir bezeichnen nur die Beziehung einer Empfindungsstärke zu einer anderen. So ist die Herstellung eines Zusammenhangs nicht ein Vorgang, welcher auf die Erfassung der Wirklichkeit folgt, sondern niemand faßt ein Augenblicksbild isoliert als Wirklichkeit, wir besitzen es in einem Zusammenhang, vermittels dessen wir, noch vor aller wissenschaftlichen Beschäftigung, Wirklichkeit festzustellen suchen.

Die wissenschaftliche Beschäftigung bringt Methode in dieses Verfahren. Aus dem beweglichen veränderlichen Ich versetzt sie den Mittelpunkt für das System von Bestimmungen, dem die Eindrücke eingeordnet werden, in dies System selber. Sie entwickelt einen objektiven Raum, innerhalb dessen die einzelne Intelligenz sich an einer bestimmten Stelle findet, eine objektive Zeit, in deren Linie die Gegenwart des Individuums einen Punkt einnimmt, sowie einen objektiven Kausalzusammenhang und feste Elementeinheiten, zwischen denen er stattfindet. Die ganze Richtung der Wissenschaft geht dahin, an die Stelle der Augenblicksbilder, in welchen Mannigfaches aneinandergeraten ist, vermittels der vom Denken verfolgten Relationen, in denen diese Bilder im Bewußtsein sich befanden, objektive Realität und objektiven Zusammenhang zu setzen. Und jedes Urteil über Existenz und Beschaffenheit eines äußeren Gegenstandes ist schließlich durch den Denkzusammenhang bedingt, in welchem diese Existenz oder Beschaffenheit als notwendig gesetzt ist. Das zufällige Zusammen von Eindrücken in einem veränderlichen Subjekt bildet nur den Ausgangspunkt für die Konstruktion einer allgemeingültigen Wirklichkeit.

Sonach beherrscht der Satz, jedes Gegebene stehe in einem

denknotwendigen Zusammenhang, in welchem es bedingt sei und selber bedinge, zunächst die Lösung der Aufgabe, allgemeingültige und feste Urteile über die Außenwelt festzustellen. Die R e l a t i v i t ä t , in welcher das Gegebene in der Außenwelt auftritt, wird von der wissenschaftlichen Analysis in dem B e w u ß t s e i n d e r R e l a t i o n e n , welche das Gegebene in der Wahrnehmung bedingen, zur Darstellung gebracht. So steht schon jede Auffassung der Objekte der Außenwelt unter dem Satze des Grundes.

Dies ist die eine Seite der Sache. Andererseits aber muß die kritische A n w e n d u n g d e s S a t z e s v o m G r u n d e auf eine m e t a p h y s i s c h e E r k e n n t n i s verzichten und sich mit der Auffassung äußerer Verhältnisse von Abhängigkeit innerhalb der Außenwelt genügen lassen. Denn die B e s t a n d t e i l e d e s G e g e b e n e n sind vermöge ihrer v e r s c h i e d e n e n H e r k u n f t u n g l e i c h a r t i g , d. h. unvergleichbar. Sonach können sie nicht aufeinander zurückgeführt werden. Eine Farbe kann mit einem Tone oder mit dem Eindruck von Dichtigkeit nicht in einen direkten inneren Zusammenhang gebracht werden. Daher muß das Studium der Außenwelt das innere Verhältnis des in der Natur Gegebenen unaufgelöst lassen und sich mit der Aufstellung eines auf Raum, Zeit und Bewegung gegründeten Zusammenhangs begnügen, welcher die Erfahrungen zu einem System verbindet. So steht zwar die Auffassung und Erkenntnis der Außenwelt unter dem Gesetz: jedes in sinnlicher Wahrnehmung Gegebene findet sich in einem denknotwendigen Zusammenhang, in welchem es bedingt ist und selber bedingt, und nur in diesem dient es der Auffassung des Existierenden. Aber die Verwertung dieses Gesetzes ist durch die Bedingungen des Bewußtseins auf die bloße Herstellung eines äußeren Zusammenhangs von Beziehungen eingeschränkt worden, durch welche den Tatsachen ihr Platz im System der Erfahrungen bestimmt wird. Eben das Bedürfnis der Wissenschaft, einen solchen denknotwendigen Zusammenhang herzustellen, hat dahin geführt, von

dem inneren wesenhaften Zusammenhang der Welt abzuse-
hen. Diesem ist ein Zusammenhang mathematisch-mechani-
scher Natur substituiert worden, und hierdurch erst wurden
die Wissenschaften der Außenwelt positiv. So wurde aus
dem inneren Bedürfnis dieser Wissenschaften heraus die
Metaphysik als unfruchtbar zurückgeschoben, noch bevor
die erkenntnistheoretische Bewegung in Locke, Hume und
Kant sich gegen sie wandte.

Und nun ist die Stellung des Erkenntnisgesetzes
vom Grunde zu den Geisteswissenschaften eine
andere, als die zu den Wissenschaften der Außenwelt:
auch dies macht eine Unterordnung der ganzen Wirklichkeit
unter einen metaphysischen Zusammenhang unmöglich.
Das, dessen ich innewerde, ist als Zustand meiner selbst
nicht relativ, wie ein äußerer Gegenstand. Eine Wahrheit des
äußeren Gegenstandes als Übereinstimmung des Bildes mit
einer Realität besteht nicht, denn diese Realität ist in keinem
Bewußtsein gegeben und entzieht sich also der Vergleichung. Wie das Objekt aussieht, wenn niemand es in sein
Bewußtsein aufnimmt, kann man nicht wissen wollen.
Dagegen ist das, was ich in mir erlebe, als Tatsache des
Bewußtseins darum für mich da, weil ich desselben inne-
werde: Tatsache des Bewußtseins ist nichts anderes als das,
dessen ich innewerde. Unser Hoffen und Trachten, unser
Wünschen und Wollen, diese innere Welt ist als solche die
Sache selber. Gleichviel welche Ansicht jemand hegen mag
über die Bestandteile dieser psychischen Tatsachen – und
Kants ganze Theorie des inneren Sinnes kann nur als solche
Ansicht logisch gerechtfertigt erscheinen –: daß solche Be-
wußtseinstatsachen bestehen, wird dadurch nicht berührt.*
Daher ist uns das, dessen wir innewerden, als Zustand un-

---

* Kant, K. d. r. V. I, 1 § 7: »Die Zeit ist allerdings etwas Wirkliches, nämlich
die wirkliche Form der inneren Anschauung. Sie hat also subjektive Realität in
Ansehung der inneren Erfahrung, d. i. ich habe wirklich die Vorstellung von
der Zeit und meinen Bestimmungen in ihr.« In diesen Sätzen wird das, was ich
oben zunächst behaupte, anerkannt, nur in Verbindung mit einer Theorie über
die Komponenten der inneren Wahrnehmung.

serer selbst nicht relativ gegeben, wie der äußere Gegenstand. Erst wenn wir dies unmittelbare Wissen uns zu deutlicher Erkenntnis bringen oder anderen mitteilen wollen, entsteht die Frage, wiefern wir hierdurch über das in der inneren Wahrnehmung Enthaltene hinausgehen. Die Urteile, welche wir aussagen, sind nur gültig unter der Bedingung, daß die Denkakte die innere Wahrnehmung nicht abändern, daß dies Zerlegen und Verknüpfen, Urteilen und Schließen die Tatsachen unter den neuen Bedingungen des Bewußtseins als dieselben erhält. Daher hat der Satz vom Grunde, nach welchem jedes Gegebene in einem denknotwendigen Zusammenhang steht, in dem es bedingt ist und bedingt, zu dem Umkreis der geistigen Tatsachen nie dieselbe Stellung gehabt, welche er der Außenwelt gegenüber in Anspruch nehmen darf. Er ist hier nicht das Gesetz, unter welchem jede Vorstellung von Wirklichkeit steht. Nur sofern die Individuen einen Raum in der Außenwelt einnehmen, an einem Zeitpunkt auftreten und sinnfällige Wirkungen in der Außenwelt hervorbringen, werden sie in das Netz dieses Zusammenhangs mit eingefügt. So setzt zwar die vollständige Vorstellung der geistigen Tatsachen ihre äußere Einordnung in den von der Naturwissenschaft geschaffenen Zusammenhang voraus, aber unabhängig von diesem Zusammenhang sind die geistigen Tatsachen als Wirklichkeit da und haben die volle Realität derselben.

So haben wir in dem Satze vom Grunde die logische Wurzel aller folgerichtigen Metaphysik, d. h. der Vernunftwissenschaft und in dem Verhältnis des so entstehenden logischen Ideals zur Wirklichkeit den Ursprung der Schwierigkeiten dieser Vernunftwissenschaft erkannt. Dieses Verhältnis macht uns nunmehr einen großen Teil der bisher dargelegten Phänomene der Metaphysik unter einem allgemeinsten Gesichtspunkt begreiflich. Folgerichtig ist nur die Metaphysik, welche ihrer Form nach Vernunftwissenschaft ist, d. h. einen logischen Weltzusammenhang aufzuzeigen sucht. Vernunftwissenschaft war daher gleichsam das Rückgrat der europäischen Metaphysik. Aber das Gefühl des Lebens in dem wahrhaftigen, natürlich starken Menschen und der ihm gegebene Gehalt der Welt ließen sich nicht in dem logischen Zusammenhang einer allgemeingültigen Wissenschaft erschöpfen. Die einzelnen Inhalte der Erfahrung, die in ihrer Herkunft voneinander getrennt sind, ließen sich nicht durch Denken einer in den anderen überführen. Jeder Versuch aber, einen anderen als einen logischen Zusammenhang in der Wirklichkeit aufzuzeigen, hob die Form der Wissenschaft zugunsten des Gehaltes auf.

Die ganze Phänomenologie der Metaphysik hat gezeigt, daß die metaphysischen Begriffe und Sätze nicht aus der reinen Stellung des Erkennens zur Wahrnehmung entsprangen, sondern aus der Arbeit desselben an einem durch die Totalität des Gemütes geschaffenen Zusammenhang. In dieser Totalität ist zugleich mit dem Ich ein Anderes, ein von ihm Unabhängiges gegeben: dem Willen, welchem es widersteht und der die Eindrücke nicht ändern kann, dem Gefühl, das von ihm leidet: unmittelbar also, nicht durch einen Schluß, sondern als Leben. Dieses Subjekt uns gegenüber, diese wirkende Ursache möchte der Wille der Erkenntnis auf dem natürlichen Standpunkte durchdringen und bewältigen. Er ist sich zunächst des Zusammenhangs des Subjektes des Naturlaufs mit dem Selbstbewußtsein nicht bewußt. Selbständig steht ihm dieses in der äußeren Wahrnehmung gegenüber, und erstrebt, es nun mit den ihm gegebenen Mitteln von Begriff, Urteil, Schluß, sonach als denknotwendigen Zusammenhang, zu begreifen. Aber was in der Totalität unseres Wesens gegeben ist, kann nie ganz in Gedanken aufgelöst werden. Entweder wurde der Gehalt der Metaphysik unzureichend für die Anforderungen der lebensvollen Menschennatur, oder die Beweise erwiesen sich als unzureichend, indem sie das, was der Verstand an der Erfahrung festzustellen vermag, zu überschreiten strebten. So wurde die Metaphysik ein Tummelplatz von Trugschlüssen.

Was in dem Gegebenen von selbständiger Provenienz ist,

hat einen für die Erkenntnis unauflöslichen Kern, und
Inhalte der Erfahrung, die durch die Herkunft voneinander
getrennt sind, lassen sich nicht einer in den anderen überführen. Daher ist die Metaphysik von falschen Ableitungen und
von Antinomien erfüllt gewesen. So entsprangen zunächst
die Antinomien zwischen dem mit endlichen Größen rechnenden Intellekt und der Anschauung, welche der Erkenntnis der äußeren Natur angehören. Ihr Kampfplatz war schon
die Metaphysik des Altertums. Das Stetige in Raum, Zeit
und Bewegung kann durch die Konstruktion in Begriffen
nicht erreicht werden. Die Einheit der Welt und ihr Ausdruck in dem gedankenmäßigen Zusammenhang allgemeiner
Formen und Gesetze kann durch eine Analysis, welche in
Elemente zerlegt, und eine Synthesis, die aus diesen Elementen zusammensetzt, nicht erklärlich gemacht werden. Das
Abgeschlossene des Anschauungsbildes wird durch die
Unbegrenztheit des über dasselbe hinausschreitenden Willens der Erkenntnis überall wieder aufgehoben. Dazu treten
andere Antinomien, indem das Vorstellen die in den Weltlauf verflochtenen psychischen Lebenseinheiten in seinen
Zusammenhang aufnehmen und das Erkennen sie seinem
System unterwerfen will. So entstanden zunächst die theologischen und metaphysischen Antinomien des Mittelalters,
und als die neuere Zeit das psychische Geschehen selber in
seinem Kausalzusammenhang zu erkennen unternahm, traten die Widersprüche zwischen dem rechnenden Denken
und der inneren Erfahrung innerhalb der metaphysischen
Behandlung der Psychologie hinzu. Diese Antinomien können nicht aufgelöst werden. Für die positive Wissenschaft
sind sie nicht da, und für die Erkenntnistheorie ist ihr
subjektiver Ursprung durchsichtig. Daher stören sie die
Harmonie unseres geistigen Lebens nicht. Aber sie haben
die Metaphysik zerrieben.

Will das metaphysische Denken, solchen Widersprüchen
trotzend, das Subjekt der Welt wirklich erkennen: so kann
dies nichts anderes für es sein als – Logismus. Jede Metaphy-

sik, welche das Subjekt des Weltlaufs erkennen zu wollen
beansprucht, in ihm aber etwas anderes als Denknotwendigkeit sucht, gerät in einen augenscheinlichen Widerspruch
zwischen ihrem Ziel und ihren Hilfsmitteln. Das Denken
kann einen anderen als logischen Zusammenhang in der Wirklichkeit nicht finden. Denn da
uns nur der Befund unseres Selbstbewußtseins unmittelbar
gegeben ist und wir sonach in das Innere der Natur nicht
direkt hineinblicken, so sind wir, wenn wir unabhängig vom
Logismus über dieses eine Vorstellung bilden wollen, auf
eine Übertragung unseres eigenen Inneren auf die Natur
angewiesen. Diese kann aber nur ein poetisches Spiel analo-
gischen Vorstellens sein, welches bald die Abgründe und
dunkelen Gewalten unseres Seelenlebens, bald die ruhige
Harmonie desselben, den hellen freien Willen, die bildende
Phantasie in das Subjekt des Naturlaufs hineinträgt. Die
metaphysischen Systeme dieser Richtung haben sonach,
ernstlich wissenschaftlich genommen, nur den Wert eines
Protestes gegen den denknotwendigen Zusammenhang. So
bereiten sie die Einsicht vor, daß in der Welt mehr und
anderes als dieser enthalten ist. Darin allein lag die vorübergehende Bedeutung der Metaphysik Schopenhauers und ihm
verwandter Schriftsteller. Sie ist im Grunde eine Mystik des
neunzehnten Jahrhunderts und ein lebens-, willenskräftiger
Protest gegen alle Metaphysik als folgerichtige Wissenschaft.
Wenn dagegen das Erkennen nach dem Satze vom Grunde
sich des Subjektes des Weltlaufs zu bemächtigen entschlos-
sen ist, entdeckt es nur Denknotwendigkeit als den Kern der
Welt, daher besteht für dasselbe weder der Gott der Religion
noch die Erfahrung der Freiheit.

Die Bänder des metaphysischen Weltzusammenhangs können von dem Verstande nicht eindeutig bestimmt werden

Wir gehen weiter. Die Metaphysik vermag die Verkettung der inneren und äußeren Erfahrungen nur durch Vorstellungen über einen inneren inhaltlichen Zusammenhang herzustellen. Und wenn wir diese Vorstellungen ins Auge fassen, ergibt sich die Unmöglichkeit der Metaphysik. Denn diese Vorstellungen sind einer klaren eindeutigen Bestimmung unzugänglich.

Der Differenzierungsprozeß, in welchem die Wissenschaft sich von den anderen Systemen der Kultur sondert, zeigte sich uns als beständig fortschreitend. Nicht mit einem Male löste sich aus der Gebundenheit aller Gemütskräfte der Zweckzusammenhang der Erkenntnis. Wieviel Ähnlichkeit hatte doch noch die Natur, welche aus einem inneren Zustand in den anderen nach einer inneren Lebendigkeit übergeht, oder das begrenzende Prinzip im Mittelpunkt der Welt, das die Materie an sich zieht und gestaltet, mit den göttlichen Kräften der Hesiodeischen Theogonie! Und wie lange blieb dann die Ansicht herrschend, welche die gedankenmäßige Ordnung des Weltalls auf ein System psychischer Wesenheiten zurückführte! Mühsam löste sich der Intellekt von diesem inneren Zusammen los. Allmählich gewöhnte er sich, mit immer weniger Leben und Seele in der Natur hauszuhalten und auf immer einfachere Formen der inneren Verbindung den Zusammenhang des Weltlaufs zurückzuführen. Zuletzt wurde auch die Zweckmäßigkeit als Form eines inneren inhaltlichen Zusammenhangs in Frage gestellt. Als die beiden i n n e r e n B ä n d e r, welche den Weltlauf in all seinen Teilen zusammenhalten, blieben S u b s t a n z und K a u s a l i t ä t zurück.

Indem wir uns das Schicksal der Begriffe Substanz und

Kausalität zurückrufen, ergibt sich: Metaphysik als Wissenschaft ist unmöglich.

Der denknotwendige Zusammenhang setzt Substanz und Kausalität als feste Größen in die Verkettung aufeinander folgender und nebeneinander bestehender Eindrücke ein. Nun erfährt die Metaphysik ein Wunderbares. Sie ist in dieser Zeit ihrer von Erkenntnistheorie noch nicht gebrochenen Zuversicht überzeugt, zu wissen, was unter Substanz und unter Kausalität zu denken sei. In Wirklichkeit zeigt ihre Geschichte beständigen Wechsel in der Bestimmung dieser Begriffe und vergebliche Versuche, sie zu widerspruchsloser Klarheit zu entwickeln.

Schon unsere Vorstellung des D i n g e s kann nicht zur Klarheit gebracht werden. Wie kann die Einheit, welcher mannigfache Eigenschaften, Zustände, Wirken und Leiden inhärieren, von diesen letzteren abgegrenzt werden? Das Beharrliche von den Veränderungen? Oder wie vermag ich festzustellen, wann eine Verwandlung desselben Dinges noch stattfindet und wann es vielmehr aufhört zu sein? Wie vermag ich das in ihm, was bleibt, von dem abzusondern, was wechselt? Wie kann endlich diese beharrliche Einheit als in einem räumlichen Außereinander irgendwo sitzend gedacht werden? Alles Räumliche ist teilbar, enthält also nirgend eine zusammenhaltende unteilbare Einheit, und andererseits schwinden mit dem Raume, wenn ich ihn hinwegdenke, alle sinnlichen Qualitäten des Dinges. Dennoch kann diese Einheit nicht aus dem bloßen Zusammengeraten verschiedener Eindrücke (in Wahrnehmung und Assoziation) erklärt werden; denn eben im Gegensatz hierzu drückt sie ein inneres Zusammengehören aus.

Von diesen Schwierigkeiten hervorgetrieben, tritt der S u b s t a n z b e g r i f f auf. Wie wir geschichtlich nachwiesen, ist er aus dem Bedürfnis entstanden, das Feste, welches wir in jedem Dinge als beharrliche Einheit annahmen, gedankenmäßig zu erfassen und zur Lösung der Aufgabe zu verwerten, die wechselnden Eindrücke auf ein Bleibendes, in dem sie verbunden sind, zu beziehen. Aber da er nichts als die wissenschaftliche Bearbeitung der Dingvorstellung ist, so entfaltet er die in dieser gelegenen Schwierigkeiten nur deutlicher. Selbst das metaphysische Genie des Aristoteles sahen wir vergebens ringen, diese aufzulösen. Auch ist es umsonst, wenn nun die Substanz in das A t o m verlegt wird. Denn mit ihr werden auch ihre Widersprüche in dieses unteilbare Räumliche, dieses Ding im Kleinen verlegt, und die Naturwissenschaft muß sich begnügen, sofern sie den Begriff von etwas bildet, das in unserem Naturlauf nicht weiter zerlegt werden kann, diese Schwierigkeiten nur von sich auszuschließen: auf ihre Lösung verzichtet sie. So wandelt sich der metaphysische Begriff des Atoms in einen bloßen Hilfsbegriff zur Beherrschung der Erfahrungen. Ebensowenig werden die Schwierigkeiten gelöst, wenn die Substanz der Dinge in i h r e F o r m verlegt wird. Vergeblich sahen wir die ganze Metaphysik der substantialen Formen mit den Schwierigkeiten dieses Begriffes ringen, und die Wissenschaft muß sich auch hier schließlich, ihre Grenzen gegen das Unerforschliche wahrend, damit begnügen, diesen Begriff als ein bloßes Symbol für einen Tatbestand zu behandeln, welcher sich dem Erkennen, wenn es den Zusammenhang der Tatsachen aufsucht, als objektive Einheit in denselben darbietet, jedoch in seinem realen Gehalt unauflöslich ist.

Und im Kern des Substanzbegriffs selber, mag man ihn auf Atome oder auf Naturformen beziehen, bleibt eine nicht zu bewältigende Schwierigkeit. Die Wissenschaft von einem denknotwendigen Zusammenhang der Außenwelt drängt dahin, die Substanz als eine feste Größe zu behandeln und sonach Wechsel, Werden und Veränderung in die Relationen dieser Elemente zu verlegen. Aber sobald dies Verfahren mehr als Hilfskonstruktion der Bedingungen für die Denkbarkeit des Naturzusammenhangs sein, sobald eine Bestimmung über das metaphysische Wesen des Substantialen daraus entnommen werden soll, tritt eine Art von Vexierspiel ein. Die innere Veränderung ist nun in das psychische Geschehen hinübergeschoben, hier blitzt jetzt die Farbe auf, erklingt der Ton. Dann haben wir nur die Wahl, einem starren Mechanismus der Natur die innerliche Lebendigkeit psychischen Geschehens gegenüberzusetzen und so die metaphysische Einheit des Weltzusammenhangs, die wir suchten, aufzugeben oder die unveränderlichen Elemente in ihrem wahren Werte als bloße Hilfsbegriffe aufzufassen.

Es würde ermüden, wollten wir nun zeigen, wie der Begriff der Kausalität ähnlichen Schwierigkeiten unterliegt. Auch hier kann bloße Assoziation die Vorstellung des inneren Bandes nicht erklären, und doch kann der Verstand nicht eine Formel entwerfen, in welcher aus sinnlich oder verstandesmäßig klaren Elementen ein Begriff zusammengesetzt würde, der den Inhalt der Kausalvorstellung darstellte. Und so wird die Kausalität ebenfalls aus einem metaphysischen Begriff zu einem bloßen Hilfsmittel für die Beherrschung der äußeren Erfahrungen. Denn die Naturwissenschaft kann nur dasjenige, was durch Elemente der äußeren Wahrnehmung und Operationen des Denkens mit denselben belegt werden kann, als Bestandteile ihres Erkenntniszusammenhangs anerkennen.

Können so Substanz und Kausalität nicht als objektive Formen des Naturlaufs aufgefaßt werden, so läge der mit abstrakten verstandesmäßig präparierten Elementen arbeitenden Wissenschaft am nächsten, in ihnen wenigstens apriorische Formen der Intelligenz festzuhalten. Die Erkenntnistheorie Kants, welche die Abstraktionen der Metaphysik in erkenntnistheoretischer Absicht benutzte, glaubte hierbei stehenbleiben zu können. Alsdann würden diese Begriffe wenigstens einen festen obzwar subjektiven Zusammenhang der Erscheinungen ermöglichen.

Wären sie solche Formen der Intelligenz selber, dann müßten sie als solche dieser gänzlich durchsichtig sein. Fälle solcher Durchsichtigkeit sind das Verhältnis des Ganzen zu den Teilen, der Begriff von Gleichheit und Unterschied; in ihnen besteht über die Interpretation der Begriffe kein Streit: B kann unter dem Begriffe von Gleichheit nur dasselbe als A denken. Die Begriffe von Kausalität und Substanz sind augenscheinlich nicht von solcher Art. Sie haben einen dunklen Kern einer nicht in sinnliche oder Verstandeselemente auflösbaren Tatsächlichkeit. Sie können nicht wie Zahlbegriffe in ihre Elemente eindeutig zerlegt werden; hat ihre Analysis doch zu endlosem Streit geführt. Oder wie kann etwa eine bleibende Unterlage, an welcher Eigenschaften und Tätigkeiten wechseln, ohne daß dieses Tätige selber in sich Veränderungen erführe, vorgestellt, wie für den Verstand faßbar gemacht werden?

Wären Substanz und Kausalität solche Formen der Intelligenz a priori, sonach mit der Intelligenz selber gegeben, alsdann könnten keine Bestandteile dieser Denkformen aufgegeben und mit anderen vertauscht werden. In Wirklichkeit nahm das mythische Vorstellen, wie wir sahen, in den Ursachen eine freie Lebendigkeit und seelische Kraft an, welche in unserem Begriff einer Ursache im Naturlauf nicht mehr anzutreffen ist. Die Elemente, welche ursprünglich in der Ursache vorgestellt wurden, haben eine beständige Minderung erfahren, und andere sind in einem Vorgang von Anpassung der ursprünglichen Vorstellung an die Außenwelt in ihre Stelle eingetreten. Diese Begriffe haben eine Entwicklungsgeschichte.

Der Grund selber, aus welchem die Vorstellungen von Substanz und Kausalität sich einer eindeutigen klaren Bestimmung nicht fähig erweisen, kann innerhalb dieser phänomenologischen Betrachtung der Metaphysik nur als eine Möglichkeit vorgelegt werden, die dann die Erkenntnistheorie zu erweisen hat. In der Totalität unserer Gemütskräfte, in dem erfüllten lebendigen Selbstbewußtsein, welches das Wirken eines anderen erfährt, liegt der lebendige Ursprung dieser beiden Begriffe. Nicht eine nachkommende Übertragung aus dem Selbstbewußtsein auf die an sich leblose Außenwelt, durch welche diese letztere in mythischem

Vorstellen Leben empfinge, braucht hierbei angenommen zu werden. Das Andere kann im Selbstbewußtsein so ursprünglich wie das Selbst als lebendige wirksame Realität gegeben sein. Was aber in der Totalität der Gemütskräfte gegeben ist, das kann nie von der Intelligenz ganz aufgeklärt werden. Der Differenzierungsprozeß der Erkenntnis in der fortschreitenden Wissenschaft kann daher als Vorgang der Abstraktion von immer mehr Elementen dieses Lebendigen absehen: jedoch der unlösliche Kern bleibt. So erklären sich alle Eigenschaften, welche diese beiden Begriffe von Substanz und Kausalität im Verlauf der Metaphysik gezeigt haben, und es kann eingesehen werden, daß auch künftig jeder Kunstgriff des Verstandes diesen Eigenschaften gegenüber machtlos sein wird. Daher wird echte Naturwissenschaft diese Begriffe als bloße Zeichen für ein x, welches ihre Rechnung bedarf, behandeln. Die Ergänzung dieses Verfahrens liegt dann in der Analysis des Bewußtseins, welche den ursprünglichen Wert dieser Zeichen und die Gründe, aus welchen sie in der naturwissenschaftlichen Rechnung erforderlich sind, aufzeigt.

Ganz anders stehen zu diesen Begriffen die Geisteswissenschaften. Sie behalten von den Begriffen Substanz und Kausalität nur das rechtmäßigerweise, was im Selbstbewußtsein und der inneren Erfahrung gegeben war, und sie geben alles auf, was in ihnen aus der Anpassung an die Außenwelt stammte. Sie dürfen daher von diesen Begriffen keinen direkten Gebrauch zur Bezeichnung ihrer Gegenstände machen. Ein solcher hat ihnen oft geschadet und nie an irgendeinem Punkte genützt. Denn nie haben diese abstrakten Begriffe dem Erforscher der menschlichen Natur über diese mehr sagen können, als in dem Selbstbewußtsein gegeben war, aus welchem sie hervorgegangen sind. Selbst wenn der Begriff von Substanz auf die Seele anwendbar wäre, vermöchte er nicht einmal die Unsterblichkeit in einer religiösen Ordnung der Vorstellungen zu begründen. Führt man die Entstehung der Seele auf Gott zurück, so kann was

entstanden ist auch untergehen, oder was sich in einem
Vorgang von Emanation ausgesondert hat in die Einheit
zurücktreten. Schließt man aber die Annahme einer Schöpfung oder Ausstrahlung von Seelensubstanzen aus Gott aus,
so fordert die seelische Substanz eine atheistische Weltord-
nung: die Seelen sind dann, gleichviel ob allein ohne Gott
oder unabhängig neben Gott, ungewordene Götter.

Eine inhaltliche Vorstellung des Weltzusammenhangs kann nicht erwiesen werden

Indem die Metaphysik ihre Aufgabe weiter verfolgt, entspringen aus den Bedingungen derselben neue Schwierigkeiten, welche eine Lösung der Aufgabe unmöglich machen.
Ein bestimmter innerer objektiver Zusammenhang der Wirklichkeit, unter Ausschluß der möglichen
übrigen, ist nicht erweisbar. An einem weiteren
Punkte stellen wir daher fest: Metaphysik als Wissenschaft
ist unmöglich.
Denn entweder wird dieser Zusammenhang aus apriorischen
Wahrheiten abgeleitet, oder er wird an dem Gegebenen
aufgezeigt. – Eine Ableitung a priori ist unmöglich.
Kant hat die letzte Konsequenz der Metaphysik in der
Richtung fortschreitender Abstraktionen gezogen, indem er
ein System apriorischer Begriffe und Wahrheiten, wie es
schon dem Geiste des Aristoteles und dem von Descartes
vorschwebte, wirklich entwickelte. Er hat aber unwiderleg-
lich bewiesen, daß auch unter dieser Bedingung »der Gebrauch unserer Vernunft nur auf Gegenstände möglicher
Erfahrung reicht«. Doch steht vielleicht die Sache der Metaphysik nicht einmal so günstig als Kant annahm. Sind Kausalität und Substanz gar nicht eindeutig bestimmbare
Begriffe, sondern der Ausdruck unauflöslicher Tatsachen
des Bewußtseins, dann entziehen dieselben sich gänzlich der

Benutzung für die denknotwendige Ableitung eines Weltzusammenhangs. – Oder die Metaphysik geht von dem Gegebenen zu seinen Bedingungen rückwärts, dann besteht, wenn man von den willkürlichen Einfällen der deutschen Naturphilosophie absieht, in bezug auf den Naturlauf darüber Einstimmigkeit, daß die Analysis desselben auf Massenteilchen, welche nach Gesetzen aufeinander wirken, als auf letzte der Naturwissenschaft notwendige Bedingungen zurückführt. Nun erkannten wir, daß zwischen dem Bestand dieser Atome und den Tatsachen ihrer Wechselwirkung, des Naturgesetzes und der Naturformen für uns keine Art von Verbindung vorhanden ist. Wir sahen, daß keine Ähnlichkeit zwischen solchen Atomen und den psychischen Einheiten, welche als unvergleichbare Individuen in den Weltlauf eintreten, in ihm lebendig innere Veränderungen erfahren und wieder aus ihm verschwinden, stattfindet. Sonach enthalten die letzten Begriffe, zu denen die Wissenschaften des Wirklichen gelangen, nicht die Einheit des Weltlaufs. – Sind doch auch weder Atome noch Gesetze reale Subjekte des Naturvorgangs. Denn die Subjekte, welche die Gesellschaft bilden, sind uns gegeben, dagegen das Subjekt der Natur oder die Mehrheit von Subjekten derselben nicht, sondern wir besitzen nur das Bild des Naturlaufs und die Erkenntnis seines äußeren Zusammenhangs. Nun ist aber dieser Naturlauf selber samt seinem Zusammenhang nur Phänomen für unser Bewußtsein. Die Subjekte, die wir ihm als Massenteilchen unterlegen, gehören also ebenfalls der Phänomenalität an. Sie sind nur Hilfsbegriffe für die Vorstellung des Zusammenhangs in einem System der prädikativen Bestimmungen, welche die Natur ausmachen: der Eigenschaften, Beziehungen, Veränderungen, Bewegungen. Sie sind daher nur ein Teil des Systems prädikativer Bestimmungen, deren reales Subjekt unbekannt bleibt.

Eine Metaphysik, welche zu verzichten weiß und nur die letzten Begriffe, zu welchen die Erfahrungswissenschaften gelangen, zu einem vorstellbaren Ganzen verknüpfen will, kann weder die Relativität des Erfahrungskreises, den diese Begriffe darstellen, noch die des Standorts und der Verfassung der Intelligenz, welche die Erfahrungen zu einem Ganzen vereinigt, jemals überwinden. Indem wir dies erweisen, zeigt sich von zwei neuen Seiten: Metaphysik als Wissenschaft ist unmöglich.

Die Metaphysik überwindet nicht die Relativität des Erfahrungskreises, aus dem ihre Begriffe gewonnen sind. In den letzten Begriffen der Wissenschaften werden für die bestimmte Zahl gegebener phänomenaler Tatbestände, welche das System unserer Erfahrung bilden, Bedingungen ihrer Denkbarkeit aufgestellt. Nun hat die Vorstellung von diesen Bedingungen sich mit der Zunahme unserer Erfahrungen geändert. So war ein Zusammenhang der Veränderungen nach Gesetzen, der heute die Erfahrungen zu einem System verbindet, dem Altertum nicht bekannt. Daher hat eine solche Vorstellung von Bedingungen immer nur eine relative Wahrheit, d. h. sie bezeichnet nicht eine Realität, sondern »entia rationis«, Gedankendinge, welche die Herrschaft des Gedankens und des Eingreifens über einen gegebenen eingeschränkten Zusammenhang von Phänomenen ermöglichen. Stellt man sich eine plötzliche Erweiterung menschlicher Erfahrung vor, dann würden die Entia rationis, welche die Bedingungen dieser Erfahrungen ausdrücken sollen, sich ihrer Erweiterung anpassen müssen; wer kann sagen, wie weit dann die Veränderung greifen würde? Und sucht man nun für diese letzten Begriffe einen vereinigenden Zusammenhang, so kann der Erkenntniswert der so entstehenden Hypothese nicht ein größerer sein, als der ihrer Grundlage ist. Die metaphysische Welt, die hinter den Hilfsbegriffen der Naturwissenschaft sich auftut, ist also gleichsam in der zweiten Potenz – ein Ens rationis. Wird das nicht durch die ganze Geschichte der neueren Metaphysik bestätigt? Die Substanz Spinozas, die Atome der Monisten, die Monaden von Leibniz, die Realen von Herbart verwirren die Naturwissenschaften, indem sie aus dem inneren psychischen Leben Elemente in den Naturlauf tragen, und sie mindern das geistige Leben herab, indem sie einen Naturzusammenhang in dem Willen suchen. Sie vermögen nicht, die durch die Geschichte der Metaphysik hindurchgehende Dualität der mechanisch-atomistischen und der von dem Ganzen ausgehenden Weltansicht aufzuheben.

Die Metaphysik überwindet ebensowenig die eingeschränkte Subjektivität des Seelenlebens, welches jeder metaphysischen Verknüpfung der letzten wissenschaftlichen Begriffe zugrunde liegt. Diese Behauptung enthält zwei Sätze in sich. Eine einheitliche Vorstellung vom Subjekte des Weltlaufs kommt nur durch die Vermittlung dessen, was das Seelenleben hineingibt, zustande. Dieses Seelenleben ist aber in beständiger Entwicklung, unberechenbar in seinen weiteren Entfaltungen, an jedem Punkte geschichtlich relativ und eingeschränkt und daher unfähig, die letzten Begriffe der Einzelwissenschaften in einer objektiven und endgültigen Weise zu verknüpfen.

Denn was bedeutet die Vorstellbarkeit oder Denkbarkeit jener letzten Tatbestände, zu welchen die Einzelwissenschaften vordringen, wie die Metaphysik sie herzustellen strebt? Wenn die Metaphysik diese Tatbestände in einer faßbaren Vorstellung vereinigen will, so steht ihr zu diesem Zweck zunächst nur der Satz des Widerspruchs zur Verfügung. Wo aber zwischen zwei Bedingungen des Systems der Erfahrungen ein Widerspruch besteht, da bedarf es eines positiven Prinzips, um zwischen den widersprechenden Sätzen zu entscheiden. Wenn ein Metaphysiker behauptet, nur auf Grund dieses Satzes des Widerspruchs die letzten Tatsachen, zu denen Wissenschaft gelangt, zur Denkbarkeit zu verknüpfen, dann lassen sich stets positive Gedanken nachweisen, welche insgeheim seine Entscheidungen leiten. Denkbarkeit muß also hier mehr bedeuten als Widerspruchslosigkeit. Auch stellen in der Tat die metaphysischen Systeme ihren Zusammenhang durch Mittel von

einer ganz andern inhaltlichen Mächtigkeit her. Denkbarkeit
ist hier nur ein abstrakter Ausdruck für Vorstellbarkeit,
diese aber enthält nichts anderes, als daß das Denken,
wenn es den festen Boden der Wirklichkeit und der
Analysis verläßt, trotzdem von Residuen des in ihr
Enthaltenen geleitet wird. Innerhalb dieses Um-
kreises der Vorstellbarkeit erscheint dann vielfach das Ent-
gegengesetzte als gleich möglich, ja zwingend. Ein bekanntes Wort von Leibniz lautet: Die Monaden seien ohne
Fenster; Lotze bemerkt hierzu mit Recht: »Ich würde mich
nicht wundern, wenn Leibniz mit dem gleichen bildlichen
Ausdruck im Gegenteil gelehrt hätte, die Monaden hätten
Fenster, durch die ihre inneren Zustände miteinander in Gemeinschaft träten, und diese Behauptung würde ungefähr
gleichviel Grund und vielleicht besseren Grund gehabt haben, als die, welche er vorzog.«* Die einen Metaphysiker
halten ihre Massenteilchen, jedes für sich, für fähig, einzu-
wirken oder Einwirkung zu erleiden, die anderen glauben,
daß Wechselwirkung unter gemeinsamen Gesetzen nur in
einem alle Einzelwesen verbindenden Bewußtsein denkbar
sei. Überall hat hier die Metaphysik, als die Königin über ein
Schattenreich, nur mit Schatten ehemaliger Wahrheiten zu
tun, von denen die einen ihr verwehren etwas zu denken, die
anderen es ihr aber gebieten. Diese Schatten von Wesenheiten, welche insgeheim die Vorstellung leiten und die Vorstellbarkeit ermöglichen, sind entweder Bilder aus der in den
Sinnen gegebenen Materie oder Vorstellungen aus dem in
der inneren Erfahrung gegebenen psychischen Leben. Die
ersteren sind in ihrem phänomenalen Charakter von der
modernen Wissenschaft anerkannt, und daher ist die mate-
rialistische Metaphysik, als solche, in Abnahme geraten. Wo
es sich wirklich um das Subjekt der Natur handelt und nicht
bloß um prädikative Bestimmungen, wie Bewegung und
sinnliche Qualitäten sie darbieten, da entscheiden zumeist

---

* Lotze, System der Philosophie II, 125.

insgeheim oder bewußt die Vorstellungen des psychischen Lebens über das, was als metaphysischer Zusammenhang denkbar sei oder nicht. Gleichviel, mag Hegel die Weltvernunft zu dem Subjekt der Natur machen oder Schopenhauer einen blinden Willen oder Leibniz vorstellende Monaden oder Lotze ein alle Wechselwirkung vermittelndes umfassendes Bewußtsein, oder mögen die neuesten Monisten psychisches Leben in jedem Atom aufblitzen lassen: Bilder des eigenen Selbst, Bilder des psychischen Lebens sind es, welche den Metaphysiker geleitet haben, als er über Denkbarkeit entschied und deren insgeheim wirkende Gewalt ihm die Welt umwandelte in eine ungeheure phantastische Spiegelung seines eigenen Selbst. Denn das ist das Ende: der metaphysische Geist gewahrt sich selber in phantastischer Vergrößerung, gleichsam in einem zweiten Gesicht.

So trifft die Metaphysik am Endpunkte ihrer Bahn mit der Erkenntnistheorie zusammen, welche das auffassende Subjekt selber zu ihrem Gegenstand hat. Die Verwandlung der Welt in das auffassende Subjekt durch diese modernen Systeme ist gleichsam die Euthanasie der Metaphysik. Novalis erzählt ein Märchen von einem Jüngling, den die Sehnsucht nach den Geheimnissen der Natur ergreift; er verläßt die Geliebte, durchwandert viele Länder, um die große Göttin Isis zu finden und ihr wunderbares Antlitz zu schauen. Endlich steht er vor der Göttin der Natur, er hebt den leichten glänzenden Schleier und – die Geliebte sinkt in seine Arme. Wenn der Seele zu gelingen scheint, das Subjekt des Naturlaufs selber ledig der Hüllen und des Schleiers zu gewahren, dann findet sie in diesem – sich selbst. Dies ist in der Tat das letzte Wort aller Metaphysik, und man kann sagen, nachdem dasselbe in den letzten Jahrhunderten in allen Sprachen bald des Verstandes, bald der Leidenschaft, bald des tiefsten Gemütes ausgesprochen ist, scheint es, daß die Metaphysik auch in dieser Rücksicht nichts Erhebliches mehr zu sagen habe.

Wir folgern weiter mit Hilfe des zweiten Satzes. Dieser

persönliche Gehalt des Seelenlebens ist nun in einer beständigen geschichtlichen Wandlung, unberechenbar, relativ, eingeschränkt, und kann daher nicht eine allgemeingültige Einheit der Erfahrungen ermöglichen. Das ist die tiefste Einsicht, zu welcher unsere Phänomenologie der Metaphysik gelangte, im Gegensatz gegen die Konstruktionen der Epochen der Menschheit. Jedes metaphysische System ist nur für die Lage repräsentativ, in welcher eine Seele das Welträtsel erblickt hat. Es hat die Gewalt, diese Lage und Zeit, den Zustand der Seele, die Art, wie die Menschen die Natur und sich erblicken, uns wieder zu vergegenwärtigen. Es tut das gründlicher und allseitiger als dichterische Werke, in welchen das Gemütsleben nach seinem Gesetz mit Personen und Dingen schaltet. Jedoch mit der geschichtlichen Lage des Seelenlebens ändert sich der geistige Gehalt, welcher einem metaphysischen System Einheit und Leben gibt. Wir können diese Änderung weder nach ihren Grenzen bestimmen noch in ihrer Richtung vorausberechnen.

Der Grieche in der Zeit des Plato oder Aristoteles war an eine bestimmte Vorstellungsweise der ersten Ursachen gebunden; die christliche Weltansicht entwickelte sich, und es war nun gleichsam eine Wand weggezogen, hinter welcher man eine neue Art, die erste Ursache der Welt vorzustellen erblickte. Für einen mittelalterlichen Kopf war die Erkenntnis der göttlichen und menschlichen Dinge in ihren Grundzügen abgeschlossen, und eine Vorstellung davon, daß die auf Erfahrung gegründete Wissenschaft bestimmt sei, die Welt umzugestalten, besaß kein Mensch während des elften Jahrhunderts in Europa; dann aber geschah, was niemand hatte ahnen können, und die moderne Erfahrungswissenschaft entstand. So müssen auch wir uns sagen, daß wir nicht wissen, was hinter den Wänden sich befindet, die uns heute umgeben. Das Seelenleben selber verändert sich in der Geschichte der Menschheit, nicht nur diese oder jene Vorstellung. Und dieses Bewußtsein der Schranken unserer Erkenntnis, wie es aus dem geschichtlichen Blick in die

Entwicklung des Seelenlebens folgt, ist ein anderes und tieferes, als das, welches Kant hatte, für den im Geiste des achtzehnten Jahrhunderts das metaphysische Bewußtsein ohne Geschichte war.

Der Skeptizismus, welcher die Metaphysik als ihr Schatten begleitete, hatte den Nachweis erbracht, daß wir in unsere Eindrücke gleichsam eingeschlossen sind, sonach die Ursache derselben nicht erkennen und über die reale Beschaffenheit der Außenwelt nichts aussagen können. Alle Sinnesempfindungen sind relativ und gestatten keinen Schluß auf das, was sie hervorbringt. Selbst der Begriff der Ursache ist eine von uns in die Dinge getragene Relation, für deren Anwendung auf die Außenwelt ein Rechtsgrund nicht vorliegt. Dazu hat die Geschichte der Metaphysik gezeigt, daß unter einer Beziehung zwischen dem Denken und den Objekten nichts Klares gedacht werden kann, mag dieselbe als Identität oder Parallelismus, als Entsprechen oder Korrespondenz bezeichnet werden. Denn eine Vorstellung kann einem Ding, sofern dieses als von ihr unabhängige Realität aufgefaßt wird, nie gleich sein. Sie ist nicht das in die Seele geschobene Ding und kann nicht mit einem Gegenstand zur Deckung gebracht werden. Schwächt man den Begriff der Gleichheit zu dem der Ähnlichkeit ab, so kann auch dieser Begriff in seinem genauen Verstande hier nicht angewandt werden: die Vorstellung von Übereinstimmung entweicht so in das Unbestimmte. Der Rechtsnachfolger des Skeptikers ist der Erkenntnistheoretiker. Hier sind wir an der Grenze angelangt, an welcher das nächste Buch anheben wird: vor dem erkenntnistheoretischen Standpunkte der Menschheit. Denn das moderne wissenschaftliche Bewußtsein ist einerseits bedingt durch die Tatsache der relativ selbständigen Einzelwissenschaften, andererseits durch die erkenntnistheoretische Stellung des Menschen zu seinen Objekten. Der Positivismus hat vorwiegend auf die erstere Seite desselben seine philosophische Grundlegung aufgebaut, die Transzendentalphilosophie auf die andere. An dem Punkte der intellektuellen Geschichte, an welchem die metaphysische Stellung des Menschen endigt, wird das folgende Buch ansetzen und die Geschichte des modernen wissenschaftlichen Bewußtseins in seiner Beziehung zu den Geisteswissenschaften darlegen, wie es durch die erkenntnistheoretische Stellung zu den Objekten bedingt ist. Diese historische Darstellung wird noch zu zeigen haben, wie die Rückstände der metaphysischen Epoche nur langsam überwunden und so die Konsequenzen der erkenntnistheoretischen Stellung nur sehr allmählich gezogen wurden. Sie wird sichtbar machen, wie innerhalb der erkenntnistheoretischen Grundlegung selber die Abstraktionen, welche die dargelegte Geschichte der Metaphysik hinterlassen hat, nur spät und bis heute noch sehr unvollständig weggeräumt worden sind. So soll sie zu dem psychologischen Standpunkte hinführen, welcher nicht von der Abstraktion einer isolierten Intelligenz, sondern von dem Ganzen der Tatsachen des Bewußtseins aus das Problem der Erkenntnis aufzulösen unternimmt. Denn in Kant vollzog sich nur die Selbstzersetzung der Abstraktionen, welche die von uns geschilderte Geschichte der Metaphysik geschaffen hat; nun gilt es, die Wirklichkeit des inneren Lebens unbefangen gewahr zu werden und, von ihr ausgehend, festzustellen, was Natur und Geschichte diesem inneren Leben sind.

Grundgedanke meiner Philosophie

Der Grundgedanke meiner Philosophie ist, daß bisher noch niemals die ganze, volle, unverstümmelte Erfahrung dem Philosophieren zugrunde gelegt worden ist, mithin noch niemals die ganze und volle Wirklichkeit. Sicher ist die Spekulation abstrakt; ich begreife im Gegensatz gegen den heute herrschenden Kant-Kultus auch diesen großen Denker in sie ein; er kam von der Schulmetaphysik zu Hume, und seinen Gegenstand bilden nicht die psychischen Tatsachen in ihrer Reinheit, sondern die leeren von der schulmäßigen Abstraktion ausgehöhlten Formen von Raum, Zeit usw., und das Selbstbewußtsein bildet nur den Schluß – nicht den Ausgangspunkt seiner Analysis. Ja, in Kant löste sich die abstrakte Verstandesphilosophie selber auf, er hat sie nicht von außen zertrümmert, sondern sein Schicksal war, daß sich in ihm diese Auflösung vollzog. Indem aber der tiefste Punkt, zu welchem Kant gelangte, ein abstraktes Vermögen der Produktion, eine inhaltlose Form war (seinem Ausgangspunkt entsprechend): konnte Form von neuem Form gebären; und indem in den drei Kritiken die psychischen Funktionen isoliert nach der Form entwickelt wurden, konnte der Intellektualismus neu erstehen, Form des bloßen Denkens als Ursprungsort des Absoluten in uns. Was für ein Schauspiel, das so in Kants Kritiken aufgeführt würde! Das Denken vernichtet den eigenen Anspruch auf eine unendliche und ewige Gestaltung, um ihn im Willen wiederzufinden: eine Gaukelei, da im Denken gesucht wird, was nicht in ihm ist, und zum Willen geflüchtet wird, was von Anfang nur unter seiner Mitwirkung, aus der Totalität unseres Lebens, als höhere Weltansicht entsprang.

Aber der Empirismus ist nicht minder abstrakt. Derselbe hat eine verstümmelte, von vornherein durch atomistische theoretische Auffassung des psychischen Lebens entstellte Erfahrung zugrunde gelegt. Er nehme, was er Erfahrung nennt: kein voller und ganzer Mensch läßt sich in diese Erfahrung einschränken. Ein Mensch, der auf sie eingeschränkt wäre, hätte nicht für Einen Tag Lebenskraft!

Die Sätze, durch welche ich der Philosophie der Erfahrung die ihr notwendige vollständige Grundlage zu geben versuche, sind:

1. Die Intelligenz ist nicht eine Entwicklung in dem einzelnen Individuum und aus ihm begreiflich, sondern sie ist ein Vorgang in der Entwicklung des Menschengeschlechtes, und dieses selber ist das Subjekt, in welchem der Wille der Erkenntnis ist.

2. Und zwar existiert sie als Wirklichkeit in den Lebensakten der Menschen, welche alle auch die Seiten des Willens und der Gefühle haben, und demgemäß existiert sie als Wirklichkeit nur in dieser Totalität der Menschennatur.

3. Der korrelate Satz zu diesem ist: nur durch einen geschichtlichen Vorgang der Abstraktion bildet sich das abstrakte Denken, Erkennen, Wissen.

4. Diese volle wirkliche Intelligenz hat aber auch in sich die Religion oder Metaphysik oder das Unbedingte als eine Seite ihrer Wirklichkeit, und ohne diese ist sie nie wirklich und nie wirksam.

Die Philosophie, so verstanden, ist die Wissenschaft des Wirklichen.

Jede positive Einzelwissenschaft hat es mit einem Teilinhalte dieser Wirklichkeit zu tun. Ist der Gegenstand der Jurisprudenz, der Ethik, der Ökonomie nicht dasselbe menschliche Handeln unter verschiedenen Gesichtspunkten? Jede dieser Theorien hat es mit einem Teil, einer bestimmten Seite, Beziehung des Handelns der Menschen und der Gesellschaft zu tun.

Und hier ergibt sich die reformatorische Bedeutung der Philosophie der Wirklichkeit in bezug auf die positiven Wissenschaften. Indem sie die Beziehungen der abstrakten

Tatsachen zueinander in der ganzen Wirklichkeit entwik-
kelt, enthält sie die Grundlagen, auf welchen diese Wissenschaften sich von der Isolierung der Abstraktion befreit,
entwickeln müssen.

Grenzen der Philosophie gegenüber der Kunst und Religion

Philosophie analysiert, aber produziert nicht. Schillers Auffassung. Die Philosophie bringt sonach nichts hervor. Indem sie zerlegt, analysiert, kann sie nur einzeln zeigen und
zusammenfassen, was da ist, was sie unter den Tatsachen des
Bewußtseins vorfindet.

Die Beziehungspunkte, durch welche das unmittelbare
Bewußtsein konstruiert, das Selbst, die Welt, die Gottheit
findet sie bereits vor. Die so konstruierten Vorstellungsmas-
sen haben bereits eine Ordnung, wenn sie auftritt. Nicht sie
konstruiert, sondern sie findet die in der Totalität unseres
Selbst erzeugte Artikulation vor.[1]

Aus der Darlegung des Hervortretens von Religion und
Kunst, insbesondere Poesie, ergibt sich der Zusammenhang,
in welchem diese verschiedenen Gebiete des geistigen
Lebens miteinander stehen. Zusammenhang bezeichnet aber
zugleich ein Verhältnis dieser großen Tatsachen als von
Teilen zu einem Ganzen, welches in dem vorliegenden Falle
die Erkenntnis ist.

Dies läßt sich zugleich historisch aufzeigen. Die intellektuelle Kultur eines jeden Zeitalters wird durch ein Zusammenwirken der verschiedenen Äußerungen des geistigen Lebens
gebildet. Diese Äußerungen stimmen in einem gewissen
Grade zu einem Ganzen zusammen. Gleichviel wie verschieden die Stellungen sind, welche die Intelligenz in einem

1 Am Rande von Diltheys Hand: »Kampf dem Intellektualismus«.

gegebenen Zeitalter zu ihrem Gegenstande einnimmt: der Nathan Lessings ist nicht gänzlich gesondert von den religiösen Schriften eines Spalding und den philosophischen eines Mendelssohn: erst indem man sie zusammennimmt, sieht man die Art, wie jene Zeit Gott, Welt und sich selber besaß.

Dies wird noch deutlicher, wenn man das einzelne Problem ins Auge faßt. Es hat in unserer Literatur Lessing usw. ein Lebensideal in Poesie gebildet, dann szientifisch expliziert.

Hiervon muß der Grund darin liegen, daß die Philosophie, überhaupt die Wissenschaft als Erkennen, Wichtiges nicht auszusprechen vermag, was als Religion oder Poesie ausgesprochen werden kann. Wäre es der Wissenschaft möglich, den Zusammenhang der Tatsachen zu erklären, d. h. einen zureichenden einheitlichen Grund aufzustellen: alsdann würde kein Platz sein für irgendeine andere Tätigkeit des Geistes im Gebiet des Vorstellens.

Hegel hat eine solche Ansicht aufgestellt.

In Wirklichkeit ist das uns Gebotene irrational, die Elemente, durch welche wir vorstellen, sind nicht aufeinander zurückführbar.

Selbst Kant sieht keine Grenzen für ein absolutes Vermögen des Erkennens.

Die Kunst, besonders Poesie, bringt das Typische hervor. Dieses nimmt eine bedeutende Stelle in unserem Vorstellen ein. Das Typische tritt neben das Gesetzliche. Gesetzlich ist, was ein Ausdruck eines allgemeinen Verhaltens in der Natur ist. Typisch ist, was in einem singulären Falle ein Allgemeines darstellt. Das Typische, wenn man es auf einen abstrakten Gedankenausdruck bringen wollte, setzt einen teleologischen Zusammenhang voraus. In seinem eigenen Gebiet ist es das für unser Gefühl des Lebens Bedeutungsvolle und Verbindende. Das Typische in der bildenden Kunst.

Der Fortgang über Kant

1. Die Kritik Kants hat nicht tief genug in den Körper der menschlichen Erkenntnis eingeschnitten. Der Gegensatz von Transzendenz und Immanenz bezeichnet nicht die Grenzlinie der möglichen Erkenntnis. Die Wirklichkeit selbst kann in letzter Instanz nicht logisch aufgeklärt, sondern nur verstanden werden. In jeder Realität, die uns als solche gegeben ist, ist ihrer Natur nach etwas Unaussprechliches, Unerkennbares.

2. Dieser Standpunkt einer Kritik der Erkenntnis der Wirklichkeit selber macht erst mit der Metaphysik ein Ende. Diese beruht in unserem Jahrhundert auf der psychologischen Hypothese, der physikalischen Hypothese, dem erkenntnistheoretischen Machtwort unter Anwendung des Verfahrens der Analogie. Erst indem man erkennt, daß diese Hypothesen Probleme auflösen wollen, für deren Lösung die Voraussetzungen fehlen, indem man erkennt, daß das Verhältnis von Körper und Seele gar nicht theoretisch behandelt werden kann, wird diese Metaphysik des 19. Jahrhunderts in ihrem Keim zerstört.

3. Es handelt sich hierbei um das Verhältnis des logischen Denkens zum Leben, Verstehen und innerlich Erfahren. Die Frage entsteht, in welchem Umfang das Erlebte logisch begriffen werden kann. Und dieselbe Frage wiederholt sich, indem das Verständnis fremden Seelenlebens, das Verstehen in der Hermeneutik zum Gegenstande der Untersuchung gemacht wird. Dann erst entsteht die zweite Frage, wie die Teilstücke des Erlebten das Erkennen der Natur ermöglichen.

4. Sonach handelt es sich positiv um den Fortgang von der Selbstbesinnung zur Hermeneutik, von dieser zum Naturerkennen. Alle diese Verhältnisse aber haben das des Lebens zum Erkennen, des inneren Erfahrens zum Denken zur allgemeinsten Grundlage. Leicht können der Gefahr der

Mystik solche Untersuchungen verfallen. Das ist auch bisher geschehen. Hier tritt nun eine sehr wichtige Aufgabe hervor. Es handelt sich darum, dem Ausdruck der Beschreibung der inneren Zustände einerseits den ganzen Umfang der inneren Wirklichkeit anheimzugeben. Andererseits muß dieser Beschreibung der höchste Grad von Genauigkeit verliehen werden. Man kann sagen, daß der bisherige Gegensatz zwischen Lebensphilosophie und psychologischer Wissenschaft aufgehoben werden muß, soll die zweite Wahrheit und volle Wirklichkeit, die erste aber Genauigkeit erhalten. Eine ungeheure Aufgabe. Nur schrittweise kann sie aufgelöst werden. Aber erst dann wird die Philosophie wieder Macht und Leben gewinnen, wenn das geschieht.

5. Im ganzen Umfang der Selbstbesinnung und der hermeneutischen Operationen ist also die e r k e n n t n i s t h e o r e t i s c h e   F r a g e primär zu stellen. Denn dieses ist das uns ursprünglich und primär Gegebene. Wogegen unsere Begriffe v o n d e r N a t u r a b g e l e i t e t s i n d. Damit ist über den W e r t der letzteren nichts entschieden. An diesem Punkte aber kann der Beweis, daß sie abgeleitet sind, noch nicht geführt werden. Erst muß man das kennen, wovon abgeleitet wird. Dann erst kann man den Nachweis der Ableitung führen. Daher muß unser Anfang zunächst nur sein Recht daraus nehmen, daß wir uns selbst zunächst gegeben sind, ganz allein unmittelbar, dann aber, das, was wir durch uns verstehen, andere Menschen sind.

Leben und Erkennen

Die Kategorien des Lebens als der Zusammenhang des Gegebenen, welchen alles Erkennen voraussetzt

1.

Das Analogische des Zusammenhangs in dem Subjekt und Objekt, der Lebenseinheit und dem Ding

Wir müssen von der Einsicht ausgehen, daß die Lebenseinheit oder das Subjekt und das Ding oder Objekt nicht nur korrelat sind, einer vom anderen untrennbar und ohne es nicht bestehend, sondern auch analog. Obwohl Lebenseinheit und Objekt uns auf ganz verschiedene Weise aufgehen, ist doch gewissermaßen ihre Struktur ähnlich, ja nächstverwandt.

Ich erläuterte dies durch eine Darlegung über das Objekt oder Ding. Denn die Struktur der Lebenseinheit ist in den vorigen Erörterungen von mir genau dargestellt worden. Der Zusammenhang in dem Selbst wird nach dem Verhältnis der Dinge zu ihm auch in diesem modifiziert auftreten. Er wird modifiziert auftreten, weil die Umstände der Bildung der Dingvorstellung andere sind. Eine Reizmannigfaltigkeit und deren Veränderungen sind das Außen, welches von dem Widerstandsgefühl aus als ein Ganzes von Volition oder Kraft angeeignet wird. Und dieser Vorgang vollzieht sich von einem Interessenpunkte aus, von welchem her die Selbstheit des Dinges mit ihren Eigenschaften sich bildet. Eine äußerliche und oberflächliche Auffassung würde diesen ganzen Vorgang unter den Begriff der Übertragung des Zusammenhangs im Selbst auf den Zusammenhang im Ding bringen. Der Vorgang ist vielmehr dem analog, durch welchen wir eine Person verstehen. Dieses Verständnis von Personen ist ebenso ursprünglich, als der Aufbau der Dingvorstellung. Ja vielleicht empfängt die Dingvorstellung in ihrer allmählichen Ausbildung während der ersten Kindheit einige Züge von der lächelnden Mutter, von dem lebendigen, alle Befriedigung enthaltenden warmen Körper der Amme. Das Bettchen des Kindes und dieser Körper sind ihm wohl zunächst die verwandtesten Tatsachen in der ganzen Welt. Ihm tritt all das, wodurch wir einen Unterschied machen, ganz zurück. Es ist nur ein auf die Lebenseinheit wirkendes Leben, das gefühlt wird. Wird nun die veränderliche Reizmannigfaltigkeit, die Wärme des Betts, das Weiche, das Weiße, über welches das Sonnenlicht spielt, in dem wachen Traum der ersten Kindheit in dieses Leben aufgenommen, so sind es nicht Eigenschaften einer toten Sacheinheit, was das Kind gewahrt. Aber was ist es denn? Wer vermöchte diese erste chaotische Phantasievorstellung zurückzurufen? Das nur wissen wir, fühlen wir: auch hier ist eine Lebenseinheit da, der des Kindes selber analog, beweglich, veränderlich, erzitternd in dem Spiel ihrer Eigenschaften, und doch ein wirkungskräftiger Zusammenhang.

So sind also Subjekt und Objekt, Lebenseinheit und Ding höchst verwandt, ähnlich, voll von überraschenden Analogien. Wofern man natürlich dem Ding in seiner primären Konzeption sich zu nähern versteht. Diese Ähnlichkeit beruht schließlich darauf, daß die Konzeption beider gleichzeitig in der Sphäre des Willens stattfindet. Sonach liegt nicht eine bloße Übertragung vom Selbst auf das Andere vor. Vielmehr ist auch unsere Auffassung des Objektes, wie die einer fremden Straße, ursprünglich eine Art von Verstehen fremden Lebens. Aus diesem Verhältnis ergibt sich, daß auch die Kategorien, in denen wir den gegebenen Zusammenhang des Lebens uns zum Bewußtsein bringen, durch das Ich und das Andere, das Subjekt und das Objekt, die Lebenseinheit und die Welt sich erstrecken. Sonach sind sie echte und volle Kategorien im Sinne von Aristoteles und Kant. Von ihnen ist nun zu sprechen.

2.

Der Lebenszusammenhang, welcher im Subjekt und Objekt enthalten ist, wird in einer Mehrheit realer Kategorien ausgedrückt, welche die Organe alles Verständnisses von Wirklichem für uns sind

Mit dem Ausdruck Kategorie bezeichnet jedes moderne System seit Kants näherer Bestimmung und Einschränkung dieses Ausdrucks einen Begriff, der einen Zusammenhang ausdrückt oder herstellt. Niemand bezeichnet Blau oder Farbe als eine Kategorie. Selbst Eigenschaft wäre für sich genommen nicht eine Kategorie, sondern erst die Beziehung zwischen der Eigenschaft und der Einheit oder Substanz in dem Ding macht eine Kategorie aus.

Die herrschende Ansicht ist nun, daß der Zusammenhang, den die Kategorie enthält, in der Vernunft, in dem einheitlichen Wesen der Intelligenz gegründet sei. Nach Kant ist sonach Kategorie die Formel für eine Einheitsfunktion des Denkens. Diese Ansicht kann sehr wohl mit der des Aristoteles in Einverständnis gesetzt werden. Ein Zusammenhang in der Wirklichkeit wird dann als korrelat und entsprechend dem Zusammenhang in der Intelligenz aufgefaßt. Ja, mit beiden Auffassungen kann auch schließlich die vereinigt werden, welche diese Verbindungsformen als Produkte intellektueller Prozesse und seiner Gesetzlichkeiten auffaßt. Denn da diese Prozesse die Intelligenz ausmachen, sind die aus ihnen hervorgehenden Verknüpfungsweisen Formen der Verknüpfung der Intelligenz.

Gegenüber dieser Auffassung ergeben die bisherigen Darlegungen eine gänzlich andere Grundansicht. Auch wir leugnen nicht, daß es Kategorien gibt, welche in der Vernunft als solcher begründet sind. Die Begriffe der Identität, der Gleichheit, des Unterschiedes sind solche Kategorien. Sie bezeichnen Beziehungen, welche durch die ganze Wirklichkeit hindurchgehen. Aber diese Kategorien sind nach der

Natur ihres Ursprungs immer und ewig nur formale. Sie bezeichnen nur Verhältnisse, durch welche das Denken sich das Wirkliche erleuchtet. Diese Verhältnisse finden im Denken statt. Es gibt ja nicht außer uns eine Gleichheit, sondern es gibt nur zwei Tatsachen, in bezug auf welche das Denken eine Operation vornimmt, die deren Natur erhellt. Es gibt draußen keine Allgemeinheit, sondern es gibt nur Tatsachen, die das Denken in sie einordnet und so sich verdeutlicht. Kategorien dieser Art nenne ich formal. Von diesen sind aber die realen Kategorien gänzlich verschieden. Dieselben sind gar nicht in der Vernunft gegründet, sondern in dem Lebenszusammenhang selber. Das Merkmal jener formalen Kategorien ist ihre gänzliche Durchsichtigkeit und Eindeutigkeit. Diese weist auf ihren Ursprung im Denken. Das Merkmal der realen Kategorie ist die Unergründlichkeit ihres Gehaltes durch das Denken. Sie sind Zusammenhang des Lebens. Dieser ist für das Innewerden sicher und bewußt. Aber für den Verstand ist es unergründlich.

Es gibt keinen Kunstgriff, diese Kategorien definitiv und reinlich auszusondern, ihre Zahl festzustellen und ihre Ordnung zu bestimmen. Der Lebenszusammenhang und seine Struktur ist einer, er ist lebendig, ja das Leben selber. Er ist nicht durch Begriffe zu ergründen. Daher ist auch nie ein Versuch gelungen, die Natur, Zahl und Ordnung dieser Kategorien festzustellen. Die Artikulation des Lebens wird in gewissen Zügen oder Linien, welche durch sie hindurchgehen, aufgefaßt, unter Absehen von den anderen. Und nichts zeigt besser die Natur von Leben in diesem Zusammenhang, als wie diese Kategorien ineinander übergehen, in vielen Abschattungen uns bewußt werden, ohne daß irgendeine Abgrenzung ein absolutes Recht hätte. Die Zahl der realen Kategorien ist daher unbestimmbar. Eine Formel, die eine reale Kategorie eindeutig bestimmte, ist nicht möglich, da die Unergründlichkeit des Lebenszusammenhangs für das begriffliche Denken in jeder Kategorie wiederkehrt. Und die

Ordnung derselben ist nicht zu bestimmen, da man gleichsam an ganz verschiedenen Zipfeln diesen Zusammenhang erfassen kann.

3.

Die Kategorie der Selbigkeit (des Ganzen, der Einheit, der Substanz)

Die Kategorie der Selbigkeit, vermöge deren in einer Lebenseinheit eine nur erlebbare, durch keinen Begriff ausdrückbare Einheit alles Unterschiedene und alle Veränderungen zusammenhält, ist für alles menschliche Verstehen und Denken von einer unermeßlichen Bedeutung.

Um sie zu erfassen, grenzen wir sie zunächst von der Kategorie der Identität ab. Diese ist eine formale Kategorie. Sie bezeichnet die völlig durchsichtige Tatsache, daß das Denken zwischen zwei Tatsachen oder zwei zeitlichen Phasen derselben Tatsache keinen Unterschied finden kann. Alsdann machen wir uns deutlich, daß die Kategorie des Dings oder die aus ihr abstrahierte der Substanz von dieser Kategorie aus sich erst bildet. Selbigkeit ist das ursprüngliche, sinnhafte Erlebnis, von welchem dann die Transformationen zu abstrakteren Begriffen ausgehen.

Wunderlich genug, aber von dem abstrakteren Begriffe der Substanz aus dringen wir am leichtesten nun in die Kategorie der Selbigkeit ein. Der Verstand hat sich an diesem Begriff ein Jahrtausend hindurch zerarbeitet. Er hat doch nie finden können, wie die Einheit der Substanz es anfange, das Mannigfache der Eigenschaften und die Veränderungen der Zustände zusammenzuhalten. Natürlich, ist doch selbst diese Trennung in Eigenschaften, Veränderungen, zusammenhaltende Einheit eine Aufhebung der wahren inneren Erfahrung von Selbigkeit durch den zerlegenden und vereinigenden Verstand.

Selbigkeit ist die intimste Erfahrung des Menschen über

sich. Auf dieser Selbigkeit beruht, daß wir uns als Person
fühlen, daß wir Charakter haben können, daß wir folgerichtig denken und handeln. Darin ist aber nun gar nicht enthalten, daß in allen Veränderungen irgendein sich selbst Glei-
ches verharrte.

Wenn wir denken, fordert die Allgemeingültigkeit des Denkens nicht, daß die Denkakte als sich selbst gleich verharren,
nicht einmal, daß ein Begriff als psychisches Produkt konstant verbleibe. Es ist eine im Subjekt gegründete reale
Forderung von dessen Übereinstimmung mit sich selbst in
bezug auf jede Aussage von Wirklichkeit, was im Denken
vorliegt.

Und gehen wir weiter, so ist diese Selbigkeit eben auch das,
was im »Ist« seinen Ausdruck findet. Die Prädizierung,
deren Ausdrucksform das »Ist« ist, besagt schlechterdings
nicht Identität, ja sie hängt mit dieser formalen Kategorie
überhaupt nicht zusammen; sie besagt auch nicht eine Her-
abminderung dieser Identität zu einer teilweisen oder zu
einer Übereinstimmung; die Aussage besagt vielmehr eben
diese Selbigkeit, welche mit dem, was sie hat, in der Lebendigkeit gegeben ist. Hiervon ist das »Ist« der Ausdruck,
nicht aber von irgendeiner ganzen oder teilweisen Identität.

Ebenso ist in unserem Handeln und unserem Charakter
nicht starre Sichselbstgleichheit der Grund der Selbigkeit.
Sie spricht sich vielmehr in dem Bewußtsein von Verant-
wortlichkeit für Vergangenes aus. In diesem ist gerade der,
welcher jetzt über sich urteilt, ein anderer, als der, welcher
handelte, und weiß sich doch als der Selbige. Auch hier ist
die Selbigkeit nur der Ausdruck dafür, daß das fortlaufende
Leben in der Mannigfaltigkeit seiner Äußerungen und der
Abfolge seiner Veränderungen sich in einer bestimmten
Weise fühlt, für die es eben keine Beschreibung und keine
Formel als die Berufung auf das Selbstbewußtsein gibt. Die
Selbigkeit ist die Kategorie, welche aus dem Selbstbewußt-

sein einen Lebenszusammenhang heraushebt, welcher auch im Objekt wiedergefunden werden kann.

Aber diese Kategorie enthält in sich unauflösbare Schwierigkeiten. Sie kann nicht ohne ein Ichbewußtsein von uns erlebt werden. Als im Erlebnis gegeben, ist sie an das Ichbewußtsein gebunden. So wird sie ganz angemessen auf die anderen Personen übertragen. Aber indem sie auf das Objekt übertragen wird, enthält auch dieses ein Innen, einen inneren Mittelpunkt, einen Kern von Realität, der doch für das Leben nur als Leben da ist, für den Willen nur als Willenswiderstand.

So ist jede Dingvorstellung bis auf diesen Tag für das natürliche Auffassen mit einem solchen Innen ausgestattet, das schließlich nur als Leben uns verständlich ist. Diese Lebendigkeit der äußeren Natur kann als primäre Auffassungsform derselben am Kinde und an den Naturvölkern, an der ältesten Poesie und dem Mythos aufgezeigt werden.

Ein zweiter Widerspruch entsteht, indem in der Dingvorstellung dieser Kern des Innen, des Selbigen, durch die[1] Reflexion von der veränderlichen Empfindungsmannigfaltigkeit als seinen Attributen und Akzidenzien getrennt wird. Diese Spaltung des Dings und seiner inneren Einheit und deren Eigenschaften erhält ihren abstrakten Ausdruck in der aristotelischen Kategorien von Substanz und deren Akzidenzien. Hier wird nun abermals die gänzliche Undurchsichtigkeit dieser Kategorie für den Verstand klar. Wie eine Substanz es anfangen mag, als Einheit ein Mannigfaches in sich zusammenzuhalten, ohne dabei ihre Einheit an dieses zu verlieren, kann kein Verstand von Verständigen erfassen. Und wie diese Einheit als Konstanz oder Identität mit sich selbst es anfange, die Veränderungen zu besitzen und ihre Einheit mitten in ihnen zu behaupten, ist ebenso unerfindlich. Es ist eben ein Kunststück. Nachdem man die lebendige Selbigkeit reduziert und zerschlagen hat, welche das

1 Im Ms. »von der«.

alles leistete, soll nun eine nachgemachte Verstandesmaschine diese Leistungen vollbringen.

In allem diesem bewährt sich uns von neuem der Ursprung dieser Kategorien aus dem Leben selber. Wäre sie ein bloßes Verstandesprodukt, so wäre sie dem Verstande gänzlich durchsichtig. So aber ist sie unergründlich.

Ich erweise nunmehr an dieser Kategorie noch ausdrücklich, daß sie einen gegebenen Lebenszusammenhang, der in der inneren Erfahrung vorliegt, zur Voraussetzung hat. Die Kategorie der Substanz mit ihren Akzidenzien kann weder aus der äußeren Erfahrung noch aus einer Form der Denkhandlung abgeleitet werden.

In der rein äußeren Erfahrung würde nur eine veränderliche, diskrete Sinnesmannigfaltigkeit in räumlicher Anordnung, in zeitlicher Koexistenz und Abfolge gegeben sein. Das innere Band, welches für uns dies alles zusammenhält, kann nur aus diesen Leistungen einer in abstracto ausschließlich wirkend gedachten äußeren Erfahrung schlechterdings nicht abgeleitet werden. Bester Beweis: das dem Tastsinn an einer bestimmten Stelle Gegebene wird mit dem an derselben Stelle dem Gesichtssinn Gegebenen zu einer Einheit verbunden. Nun setzen wir aber voraus, daß an derselben Stelle des Raumes nicht zweierlei gesetzt sein und vorgestellt werden kann. Diese Verflechtung der beiden Mannigfaltigkeiten ist uns durch die Erfahrung aufgedrungen. Wir finden nun ferner dieses räumlich Abgegrenzte durch den Raum beweglich, aber als ein nie gesondertes Ganzes. Sonach erwarten wir regelmäßig bei Anwesenheit einer Mannigfaltigkeit, welche zur Bestimmung des Dinges ausreichend ist, das Auftreten der anderen Sinneseindrücke, welche mit ihr ganz regelmäßig verbunden waren. Aber man häufe nun Erfahrung, Assoziation, Gewöhnung, Erwartung wie man will. Man häufe, was die ganze Reihe der Empiristen seit Hume in dieser Richtung zusammengebracht hat. Nie folgt daraus, daß wir ein objektives, ideelles Band als Kern in dieses Ding verlegen und von ihm seine Mannigfaltigkeit und seine

Veränderungen zusammengehalten wissen. So energisch ist
diese Kernhaftigkeit des Dings, daß, wenn der Physiker das
Ding in Atome zerschlägt, diese Kernhaftigkeit in jedem
Atom fortbesteht und nicht aus ihm fortgedacht werden
kann.

Dieser Schluß, welchen die Transzendentalisten machen,
scheint mir richtig. Aber von dem Standpunkte aus, den wir
jetzt erreicht haben, kann demselben demnach ein viel höherer Grad von Sicherheit gegeben werden.

Man denke sich die Regelmäßigkeit in der Wiederkehr einer
Melodie: wir erwarten mit großer Sicherheit das Auftreten
der letzten Töne. Dazu besteht hier wirklich ein inneres
Band von Tonart, Klangverwandtschaften, welches diese
Töne bindet. So entsteht auch wirklich eine Einheit, ein
Ganzes. Man steigere in der Phantasie dieses Verhältnis.
Man denke sich, daß durch irgendeine Einrichtung schlechterdings die Aufeinanderfolge der letzten Töne an die früheren gebunden sei. Sie sind dann wirklich ein unauflösliches
Ganzes. Zwischen ihnen besteht ein innerer Verband. Auch
ist derselbe nicht durch bloße Gewöhnung herbeigeführt,
sondern durch einen auf Tonart und Klangverwandtschaften
gegründeten inneren Bezug. Warum wird uns diese Melodie
nun niemals zu einem Ding? Warum hat sie im Gegensatz
dazu den Charakter der Undinglichkeit? Man mag Unterschiede mancher Art anführen, die sie von Dingen unterscheiden. Diese alle erklären es nicht. Was als Tonfolge
allein auftritt, ist immer nur ein vorbeiziehender Schatten,
der verfliegt, ihm fehlt eben der Kern, der Realität ausmacht.

Die Wärme ist eine als wirkliche Gefühlsmannigfaltigkeit
auftretende Tatsache. Und zwar zeigt sie Gleichförmigkeiten, welche Erwartungen über sie in viel höherem Grade
nahe legen, als dies etwa bei einem Tisch oder Baum der Fall
ist. Daß wir sie durch die ganze Natur verbreitet denken,
hindert nicht, daß wir sie als ein Ding im weitesten, größten
Verstande denken. Denn der Kosmos, in dessen Grenzen sie

besteht, ist für uns ja auch schließlich das größte Ding. Aber warum ist sie nun für uns niemals ein solches Ding? Der Naturforscher hat gelernt, sie von den Stoffen, an denen sie auftritt, ⟨zu trennen⟩.

Die Sterne sind, obwohl wir wissen, daß sie große Körper im Weltraum sind, doch nicht für unser unkontrolliertes Denken im selben Sinne Dinge als die Steine auf der Erde um uns. Reflektieren wir auf ihre Natur, sagen wir uns, daß auch sie unserem Fuß und unserer Hand widerstehen würden, dann werden sie uns zeitweilig zu Dingen.

Das ist es. Wo wir nie Erfahrung von Widerstand machen, sie nie gemacht haben, da ist für uns nicht entgegenstehender Wille, selbige kernhafte Realität, Ding, Substanz.

Es ist so: die Art, wie Sinnesinhalte zusammen als Nebeneinander im Raum und Nacheinander in der Zeit regelmäßig koexistieren und folgen, veranlaßt uns wirklich, sie im Bewußtsein zusammenzufassen. Wir erwarten von dem gegebenen Teil aus das Ganze. Zur Dingvorstellung bedarf es dann der räumlichen Abgrenzung. Wir fassen ein Geräusch, einen Duft, eine Melodie nicht als ein Ding auf. Diese Abgrenzung wird dadurch unterstützt, daß dies Zusammen sich von einem Ort im Raume, an dem es sich befand, loslöst und zu einem anderen fortbewegt. Wir beziehen dann Gesichtseindrücke auf diese Stelle im Raum, welche schon durch Tasteindrücke ausgefüllt ist, wodurch aus dem Neben- ein Ineinander wird. Hinzu kommt dann, daß sich dieses Zusammen in der Zeit erhält. Aber in diesem allen liegt kein Erklärungsgrund für den Einheitspunkt, den Realitätskern, welcher dies Zusammen von Sinnesinhalten, diesen Haufen derselben belebt und zu einem Ganzen verknüpft. Er ist wie ein Beseelendes, was die Bestandteile verbindet und das Ganze entstehen läßt. Er ist die Selbigkeit, die dem Leben allein eigen ist.

Diese empiristische[2] Erklärungsart, die wir mit den angege-

---

2 Im Ms. »empirische«.

benen Gründen hier bekämpft haben, ist von Kant und jedem seiner Anhänger bestritten worden. Im Gegensatz zu dieser empiristischen[3] Erklärungsart hat nun aber Kant eine andere Lehre vom Ursprung dieser Kategorie von Substanz und Akzidenz gegeben. Er nahm an, diese Kategorie sei der abstrakte Ausdruck einer Verstandesfunktion, sonach einer im Denken selbst gelegenen, schließlich in der Apperzeption gegründeten Verbindungsweise.

Aber auch diese Erklärung entspricht nicht den genauer erfaßten psychologischen Tatsachen. Und so muß auch sie ausgeschlossen werden. Denn bestünde eine solche einfache Verstandesfunktion, dann wäre der in ihr gegebene Substanzbegriff dem Verstande so durchsichtig, wie der Begriff der Identität oder des Unterschieds dies ist. In Wirklichkeit enthält er aber einen dunklen Kern, und es bleibt uns unbegreiflich, wie eine Mannigfaltigkeit von Inhalten einer Einheit inhärieren könne. Herbart hat sich das große Verdienst erworben, diese Widersprüche in diesem Substanzbegriff richtig gesehen und selbst scharfsinnig entwickelt zu haben. Aber so glücklich er im Nachweis dieser Widersprüche ist, so ganz unbefriedigend ist er in der Auflösung derselben. Natürlich. Sie sind ja überhaupt nicht ontologisch auflösbar. Man kann ihre Notwendigkeit nur erkenntnistheoretisch erklären. Sie entspringen aus dem Streben des Verstandes, hinter den gegebenen und nur für die lebendige Erfahrung verständlichen Lebenszusammenhang, welcher sich in der Selbigkeit ausspricht, mit dem Verstande zu kommen. Dieser kann nur diesen lebendigen Kern zerlegen und ihn dann wieder zusammensetzen. Denn ihm stehen nur die Operationen des Identifizierens und Unterscheidens, des Verbindens und Trennens, des Beziehens zur Verfügung. Durch diese Operationen wird aber die lebendige Tatsache selber zerstört. Das, was einmal getrennt ist, ist nunmehr auseinander, und es ist unfaßbar, wie das atomistisch Außer-

3 Im Ms. »empirischen«.

einanderliegende wieder zur Einheit des Mannigfachen werden soll, indem man es wieder zusammentut. So kann ein Aggregat oder eine chemische Verbindung entstehen, nie aber die Dingeinheit, wie sie schließlich in jedem Atom sitzt, als etwas, das von den äußeren Gruppierungen der Atome gänzlich unterschieden ist.

Ferner müßte, wenn Kants Theorie des Substanzbegriffes zureichend sein sollte, dieser Substanzbegriff ohne Streit widerspruchslos allgemeingültig entwickelt werden können. In Wirklichkeit aber streiten über ihn die Schulen. Aristoteles gibt eine Deskription, welche einer nominalen Definition ähnlich ist. Das, was nie Akzidenz an einem anderen sein kann, an welchem aber anderes Akzidenz ist: diese Bestimmung besagt eben nur, daß Substanz Substanz bleibt, gibt aber gar nicht an, worin nun der Grundzug liegt, der sie für das Denken charakterisiert. Das »in se esse« des Spinoza ist ein Ausdruck, der in uns eben die Erfahrung von Innen und Innerlichkeit wachruft: nähme man den Ausdruck nur wörtlich, so würde er gar nichts besagen, was für die Substanz charakteristisch ist.

Ferner entstehen unauflösbare Schwierigkeiten, wenn dieser Begriff nach den Denkgesetzen zu den Kausalverhältnissen in Beziehung gebracht wird. Das »ex nihilo nihil fit« der nach dem Kausalgesetz die Welt konstruierenden Grundansicht beschenkt uns mit einem ursprünglich zusammenhangslosen Haufen diskreter Atome. Fügen wir zu ihnen ein göttliches Vinculum substantiale, so bleibt das Problem dasselbe, wie dieses Band von außen das Diskrete verbinden möge. Flüchtet man sich in die Schöpfungsvorstellung, so kann diese doch niemals einen Bestandteil einer rationalen Verknüpfung von wissenschaftlichen Einsichten zu einer Einheit bilden. Sie ist vielmehr im Grunde eben die Behauptung der Irrationalität des Weltzusammenhanges. Sie besagt, daß die Geltung des Satzes vom Grund und des Kausalgesetzes nicht hinabreicht in die ursprüngliche Tiefe des Weltzusammenhangs.

Ebenso entspringen aus der Beziehung des Substanzbegriffes auf die elementaren Begriffe von den Formen des Erkennens unauflösliche Schwierigkeiten.

Aus dieser Darlegung kann nun schließlich nochmals eine Bestätigung unserer Grundansicht vermittelst eines indirekten Beweises abgeleitet werden.

Den Obersatz bildet folgendes disjunktive Urteil: Jede Kategorie muß entweder a priori sein oder sie entsteht in der äußeren Erfahrung oder in der inneren oder in dem Zusammenhang dieser Faktoren.

Den Untersatz bildet: Nun haben wir sowohl den Ursprung a priori als den[4] aus der äußeren Erfahrung ausschließen können. So wird der Schlußsatz begründet: Es muß also der Zusammenhang, den die Kategorie ausdrückt, aus der inneren Erfahrung oder ihrer Verbindung mit der äußeren in unser Bewußtsein treten.

Ziehen wir aus diesem nun einen Schluß, durch welchen unsere Darlegung über die Grenzen der menschlichen Erkenntnis und die Unmöglichkeit der Metaphysik eine neue Bestätigung empfängt. Alle Metaphysik ist auf die Begriffe von Substanz und Kausalität angewiesen, um einen Zusammenhang der gegebenen Erscheinungen herzustellen. Und zwar nützt ihr weder der Begriff der Substanz irgend etwas ohne den der Kausalität, noch kann sie aus dem der Kausalität Nutzen ziehen, wenn ihr der Begriff der Substanz versagt. Nun können die Vorstellung des Dings und der Begriff der Substanz nicht angewandt werden, eine Erkenntnis des objektiven Zusammenhangs in Begriffen herbeizuführen. Dieser Vorstellung und dem aus ihr abstrahierten Begriff liegt primär die Selbigkeit, die Erfahrung im Selbstbewußtsein, zugrunde. Von dieser aus ist im Objekt ein lebendiger Zusammenhang geschaffen worden. In dieser Erfahrung der lebendigen Selbigkeit des Objektes ist aber nur der Ansatzpunkt der widerständlichen Realität primär

4 Im Ms. »ihn«.

und objektiv gegeben. Die ganze Gestaltung des Objektes
aber beruht auf einem Lebensvorgang, welcher durch Denk-
vermittlungen an der Hand der Analogie dieses Widerständlichen mit dem eigenen kernhaften Selbstbewußtsein vorwärts geht. Sonach hat der Begriff des Selbst oder der Person
zwar für die Geisteswissenschaften volle Gültigkeit. Er bildet ihre Grundlage. Er enthält die sicherste Erfahrung. Aber
seine Ausdehnung auf das Widerständliche ist nur im Ansatz
gültig, aber in der Gestaltung das Werk der Analogie. Am
lächerlichsten aber ist der Versuch der Metaphysik, die
lebendige Erfahrung des Selbstbewußtseins zu interpretieren
durch eine Kategorie, welche nur eine Verdünnung und
Mechanisierung dieser lebendigen Erfahrung enthält. Von
der Außenwelt und ihrem räumlichen Schema haftet dem
Begriff der Substanz eine starre Härte an, wogegen der Fluß
unseres inneren Lebens uns überall Vorgang, Tätigkeit zeigt;
die Konstanz, Einheit und der Zusammenhang, welche in
der inneren Erfahrung gegeben sind, finden nur zwischen
Vorgängen statt.

So kann ein Welterkennen durch den Ding- oder Substanzbegriff nicht herbeigeführt werden. Ein Beispiel, wie das
Antlitz der Welt erstarrt im Spiegel des Substanzbegriffes,
liefert uns Spinozas System. Dagegen ist die phänomenale
Naturerkenntnis an diese Ding- oder Substanzkategorie
unabweislich gebunden. Sie hat dahin geführt und muß
dahin führen, unveränderliche, unlösbare, kleinste Dinge,
Atome den Veränderungen zugrunde zu legen. Aber eine
Lächerlichkeit ist darin, diese phänomenale Atomistik mit
den inneren Erfahrungen in einen Erkenntniszusammen-
hang bringen zu wollen.

4.

Die Kategorie des Wirkens und Leidens (der Kausalität)

Im Lebenszusammenhang ist alsdann eine zweite reale Kategorie gegeben, Wirken und Leiden, und als hieraus abstrahierte Formel die Kausalität.

Und zwar ist im Lebenszusammenhang selber die Rückwirkung, in welcher ein Eindruck eine Reaktion hervorruft, der eigentliche Kern der Sache. Ein Protozoon zeigt schon dieses ursprüngliche Verhältnis. Man sehe eine Meduse an, die in bewegter See treibt und nun an etc. Da nun diese Reaktion eben auf das sich richtet als Abwehr- oder Angriffsbewegung, was verletzt hat oder was durch seinen Eindruck anzieht, so entsteht hieraus das Verhältnis, nach welchem das, was eine Einwirkung geübt hat, eine Rückwirkung erfährt nach der Wechselwirkung. Die Kategorie der Rückwirkung oder Wechselwirkung entsteht also keineswegs aus einer Zusammensetzung von Tun und Leiden, sondern ist vielmehr ursprünglicher als sie beide im Lebenszusammenhang selber. Wohl können auch im distinkten Bewußtsein ihre Teile, Tun und Leiden, gleichzeitig oder früher auftreten; vorerst liegt eine Entscheidung hierüber außerhalb des geschichtlichen Horizontes. Entscheidend für die ganze Lebendigkeit dieses Zusammenhangs bleibt in jedem Falle, daß der Lebenszusammenhang der Rück- oder Wechselwirkung als die ursprüngliche Kategorie anzusehen ist. Eine von Kants Sonderbarkeiten ist, daß er die Wechselwirkung mit richtigem Blick als unableitbar aus Wirken und Leiden erkennt; dann aber stellt er neben sie Tun und Leiden. Und doch können diese beiden, nachdem einmal die Wechselwirkung als primär anerkannt ist, nur als Teilverbindungen innerhalb jenes größeren Lebenszusammenhangs angesehen werden.

Auch hier kann wieder keinem Zweifel unterliegen, daß die Lebendigkeit des Wirkens und Leidens, welche in der

Lebenseinheit uns entgegenquillt, ebenso von uns dem Widerständlichen primär zugeschrieben wird. Die Lebenseinheit selber lebt in dem Bewußtsein ihrer freien Lebendigkeit; aber auch das ihr Widerständliche, das sonach außerhalb ihrer Wirklichkeit liegt, wird von ihr, da es die Willensmacht bestimmt, selber als willensförmige Lebendigkeit aufgefaßt.

Dieser Tatbestand, welcher aus der Natur des Lebenszusammenhangs selber folgt, kann aus den psychologischen und geschichtlichen Tatsachen erwiesen werden.

Auch diese Seite der ursprünglichen Lebendigkeit des Dinges, nach welcher willensmäßiges Wirken von ihm ausgeht, kann an der Erfahrung aufgezeigt werden. Dem Kinde sind die Objekte der Außenwelt nicht tote Ursachen, sondern willensmäßige, lebendige Kräfte. Das sinnliche Gefühl, mit dem es sich in sein Bettchen schmiegt und Weiche, Wärme und Frische desselben gleichsam einsaugt, gilt einem lebendig Wirkenden, das es liebt. Nicht ist mit Spinoza die Liebe aus der Freude hinzugedacht, die Ursache abzuleiten, sondern gerade umgekehrt bildet sich der abstrakte Begriff der Ursache aus dem liebevollen Erfahren eines wirkenden Lebendigen. Der Stuhl, auf den das Kind sich stützt, wird von ihm geschlagen. Kurz, alle Wirkungen werden vom Kinde auf willensartige Lebendigkeit bezogen, welche ihre Gegenstände in Affekten findet. Und für den Menschen der Naturvölker ist ebenfalls in der Umgebung der Natur ringsum Wirken guter und böser Wesen. Der Mythos einer früheren Stufe der Kulturvölker zeigt uns ebenfalls willensförmige Kräfte. Gehört die Abrundung der Menschengestalt in dem dämonischen oder göttlichen Wesen einer späteren, von Poesie und Kunst erfüllten Stufe an, haben an ihr Dichter und Künstler geschaffen. Die willensförmige Lebendigkeit selbst ist eben das Material, aus welchem Dichter wie bildende Künstler schaffen, und diese ist nicht die Erfindung einzelner Köpfe, sondern die primäre Form der Gestaltung des Objektes überhaupt.

Es ist nun unsere Aufgabe, die Transformation, welche diese reale und ganz lebendige Kategorie in der Menschheit erfährt, darzulegen. Sie ist zumindest die Erfahrung eines Lebenszusammenhangs. ⟨Und ist auch⟩ für den Urmenschen ein freies Spiel willenförmiger Kräfte zu seinem Schaden oder Nutzen um ihn her, so ist doch auch er schon darauf angewiesen, regelmäßige Verhältnisse, in welchen dem Auftreten von bestimmten Wirkungen immer dieselben Veränderungen vorangingen, festzustellen und bald für sein Handeln zu benutzen, bald im Auge zu behalten, um ein Handeln aufzuschieben oder aufzugeben. Alles zweckmäßige Handeln ist immer und überall auf die Einsicht in die regelmäßige Abfolge von Ursachen und Wirkungen und auf die Benutzung für Gleichförmigkeiten gegründet. Es ist hier nicht der Ort, über den Ursprung des Kausalgesetzes Erörterungen anzustellen. Genug, im Laufe der Erfahrungen tritt die Laune des Zufalls zurück hinter den Gleichförmigkeiten des Geschehens. Der Kreis erkannter fester Gleichförmigkeiten zwischen Ursachen und Wirkungen breitet sich immer mehr aus; das rechnende Denken erweist sich überall siegreich gegenüber der elenden Spekulation auf die Launen des Zufalls und die Macht der Dämonen. Und nun tritt[5] die erfahrene Gleichförmigkeit in der Verbindung zwischen den wirkenden Ursachen und den Veränderungen in dem, worauf Wirkungen stattfinden, in den wissenschaftlichen Zusammenhang des rechnenden, Gründe und Folgen verkettenden Denkens ein. Hinzu tritt der abstrakte Begriff der Substanz, des Atoms. Die Bedingtheit des Effektes durch die Natur dessen, was wirkt und zugleich dessen, worauf gewirkt wird, gelangt zur Erkenntnis.[6] Ein Typus dieser tiefdringenden Denkvorgänge liegt in der Erklärung der Sinneswahrnehmungen aus der Natur der Sinnesorgane zusammen mit dem der Reize. Das rechnende Denken geht am Faden von Grund und Folge. Sein Ansatz liegt notwen-

5 Im Ms. »tritt nun«.
6 Am Rand Hinweis auf: »Sigwart ⟨Logik,⟩ Bd. II ⟨, S.⟩ 147«.

dig in Elementen, die konstant und eindeutig wie Zahlen dastehen, und tot auch wie Zahlen sind, unfähig, von sich aus eine Veränderung oder Entwicklung zu erfahren. Aus den lebendigen Kräften des Wirkens und Leidens sind nun die gesetzmäßigen und mechanischen Beziehungen von Ursache und Wirkung geworden, deren letzte ideale Formel der Satz »causa aequat effectum« ausspricht.

Was für ein Weg, den wir vermittelst dieser einen Kategorie durch die geistige Geschichte der Menschheit durchmessen! Aber nun sind alle Momente beisammen, den heute geltenden Begriff von Ursache und Wirkung, Kausalität und Kausalgesetz als notwendiges Produkt der wissenschaftlichen Entwicklung zu begreifen.

Wir bestimmen nun das Ergebnis dieses Vorgangs für unser heutiges Denken. Wo wir eine Veränderung in der Natur gewahren, setzen wir eine Ursache außerhalb des Dinges voraus, an welchem die Veränderung stattfindet. Denn in der Gleichförmigkeit, mit welcher gewisse Veränderungen ihre Antezedenzien haben, ist uns das Merkzeichen der Anwesenheit eines Kausalverhältnisses gegeben. Wir bezeichnen die Veränderung als Wirkung. Wir nennen das, was außerhalb des Dinges ihr regelmäßig vorausgeht, Ursache. Da nun alle Personen und Dinge entweder für den einfachen Betrachter oder für die künstliche Untersuchung Veränderungen zeigen, so steht für uns jedes Ding und jede Person in den Beziehungen von Tun und Leiden, Ursache und Wirkung. Wir bilden Reihen von Ursachen und Wirkungen, Kausalreihen. Wir fassen schließlich die ganze Wirklichkeit unter das Kausalverhältnis. Dies heißt aber, daß wir diese ganze Wirklichkeit als Geschehnis in lauter Gleichförmigkeiten von Sequenzen zerlegen. Denn dies ist ja das Geheimnis der großen Umwandlung der Stufe der Erklärung aus willensförmigen Kräften in die aus einem kausalen Mechanismus: das Gewirr der Geschehnisse in der Natur hat sich dem Genius der Analyse als ein Produkt aus lauter Gleichförmigkeiten der Sequenz enthüllt. Damit ist die Umwandlung des Universums in einen kausalen Mechanismus ermöglicht. Die Formel des Kausalgesetzes ist: jede Veränderung hat ihre Ursache. Indem dieses Gesetz negativ ausgedrückt wird, entsteht die Formel »ex nihilo nihil fit«. Indem die Denkbeziehung von Grund und Folge in dies Kausalverhältnis tritt, vermittelt durch den Substanzbegriff, entsteht die Idealformel der Welterkenntnis »causa aequat effectum«, von welcher Robert Mayer bei der Aufstellung des Satzes von der Erhaltung der Energie ausging.

Die dargelegte Lehre vom Ursprung der Kategorie der Kausalität bildet einen Teil der von uns hier zuerst aufgestellten Lehre vom Lebenszusammenhang, nach welcher die realen Zusammenhänge, durch welche wir die Wirklichkeit denken, nicht aus dem Denken, nicht aus der Intellektualität, auch nicht aus dem Denken äquivalenten, assoziativen Vorgängen entspringen und so die gegebene diskrete Mannigfaltigkeit verknüpfen, sondern in dem Lebenszusammenhang selber enthalten sind, der in der Lebenseinheit und um sie besteht. Diese Lehre empfängt ihre nähere Begründung durch die Darlegung des Ursprungs der Kategorien in diesem Lebenszusammenhang. So dient jede solche Darstellung nicht nur der Erklärung der Kategorie, sondern dem Erweis der ganzen Lehre, daß die Zusammenhänge, durch welche wir die Welt begreifen, weder aus dem Intellekte stammen, noch ausschließlich aus der Natur des äußeren Geschehens vermittelst der psychischen Vorgänge sich bilden, sondern vielmehr Teile des Einen Lebenszusammenhangs sind, den die Lebenseinheit in sich erfährt und um sich wiederfindet, der sonach für das menschliche Erkennen ein Gegebenes ausmacht. In diesem Zusammenhange müssen auch die Beweise für den Ursprung der Kategorie der Kausalität im inneren Erlebnis eine erhebliche Wichtigkeit haben.

Der erste dieser Beweise lag in den anthropologischen, ethnologischen und historischen Tatsachen, welche uns noch von der willensförmigen Auffassung der den Menschen umgebenden Kräfte Kunde geben. Der zweite Beweis liegt nun aber auch hier wieder darin, daß dieser Begriff die Unergründlichkeit des Lebens zeigt. Wäre er der Ausdruck der äußeren Erfahrung von Regelmäßigkeiten oder einer Handlungsweise des Intellekts, so würde er in beiden Fällen sich klar, deutlich und widerspruchslos darstellen. Hiervon ist nun das Gegenteil der Fall. Die Zergliederung der in dieser Kategorie enthaltenen lebendigen Erfahrung durch den Verstand führt auf Widersprüche und Dunkelheiten. Ich bin außerstande, mir vorzustellen, wie das, was außereinander, diskret, getrennt ist, das, was wirkt, und das, worin es die Veränderung hervorbringt, zugleich Eines eindringt in das Andere. Diese Schwierigkeit des Kausalverhältnisses für den Verstand hat im 17. Jahrhundert, als die Rationalität zum Maßstab der Wahrheit wurde, dahin geführt, das Kausalverhältnis überhaupt zu leugnen. Nicht nur wo Ursache und das, worin sie wirken soll, einander heterogen sind, wurde die Unmöglichkeit dieses Verhältnisses für den Verstand anerkannt. Wo überhaupt zwei Elemente diskret und gesondert und jedes etwas für sich nebeneinanderstehen, wiederholt sich für den Verstand dieselbe Schwierigkeit. Wie es der größte Denker des Jahrhunderts, Leibniz, aussprach: Die Monaden haben keine Fenster. Weitere Widersprüche ergeben sich, wenn die Zeitverhältnisse erwogen werden. Diese sind für das Kausalverhältnis von so entscheidender Bedeutung, daß, wo Transzendentalisten in der Zeit das Schema der Kausalität sahen, die Empiristen aus der Sukzession die ganze Kausalvorstellung ableiten zu können glaubten. Faßt man nun diese Zeitbeziehung genau ins Auge, so zeigt auch sie einen Widerspruch. Das Auftreten der Ursache und das Eintreten der Wirkung folgen einander. Und andererseits besteht und dauert die Wirkung doch nur, solange das Wirken der Ursache fortdauert. Beide sind also gleichzeitig. Der Schein der zeitlichen Trennung von Ursache und Wirkung entsteht nur dadurch, daß die Wirkung sich ansammelt zu einer Summe, bei welcher die Veränderung merklich wird. Dies geschieht im einen Falle langsamer, im anderen

schneller. Andererseits liegt die Aufeinanderfolge im Begriff
der Kausalität selber. Es ist auch hier wieder das Ineinander
von Ursache und Wirkung, der Lebenszusammenhang, welcher auch zwischen verschiedenen Substanzen, Dingen,
Dingen und Personen oder Personen untereinander obwal-
tet, welchen der Verstand nicht aufklären kann und welcher
daher bei verstandesmäßiger Durchbildung dieser Begriffe
der Sitz unlösbarer Widersprüche in denselben wird.

Denn sowohl der erste als der zweite Widerspruch hat in
diesem Ineinander des Verschiedenen seinen Sitz. Dieses
Ineinander des Verschiedenen ist uns in dem Erleben von
Subjekt und Objekt, von Lebenseinheit und den ihr Milieu
bildenden Dingen als Leben selber gegeben. Ein Ich und
Du, ein Eins und Anderes besagen eben überhaupt nichts
anderes, als was in diesem Erleben von Affiziertwerden und
Rückwirkung innerhalb einer bewußten Lebenseinheit für
uns da ist. Auch die Analyse des Kausalbegriffes bestätigt
uns nur die Unmöglichkeit, hinter diesen erfahrenen Lebenszusammenhang zurückzugehen und das in ihm gegebene Außereinander des Eins und Anderen, die in ihm
gegebene kausale Verbindung zwischen ihnen nur im abstrakten Denken begreiflich zu machen.

Ein dritter Beweis für die Erklärung der Kausalität, welcher
aus unserer Grundanschauung hervorgeht, kann indirekt
geführt werden. Dieser Beweis entspricht dem indirekten
Beweis des Ursprungs der Substanzvorstellung.

Der Obersatz besteht in folgender Disjunktion. Obersatz:
Entweder stammt die Kausalbeziehung aus der Funktion des
Intellekts oder aus der bloßen äußeren Erfahrung, oder es
muß die innere Erfahrung, für sich allein oder zusammen
mit der äußeren, die Kausalverbindung hervorbringen.

Die beiden ersten Möglichkeiten werden nun durch die
folgenden zwei Untersätze ausgeschlossen.

E r s t e r   U n t e r s a t z : Das Kausalverhältnis und das in ihm
enthaltene Kausalgesetz ist nicht, wie Kant, Schopenhauer
und Helmholtz annahmen, eine angeborene Funktion des

Intellekts. Denn diese Annahme führt einen unbekannten Erklärungsgrund ein, während die bekannten Erklärungsgründe ausreichen. Sonach ist sie methodisch angesehen zu verwerfen. Besonders aber würde das Kausalverhältnis, wenn es eine Verstandesfunktion wäre, für den Verstand durchsichtig sein. Beispiele solcher Durchsichtigkeit haben wir an den formalen Kategorien. Identität, Unterschied, Grad sind solche ganz durchsichtige und eindeutige Kategorien. Andererseits braucht bei dem Denken an diese Kategorien kein Anteil unserer inneren Lebendigkeit erweckt zu werden. Dagegen die Kategorie der Kausalität enthält ein uns Bekanntes; diese Kategorie wird in jedem Falle, in welchem wir es voll vorstellen, in einer Art von innerer Lebendigkeit von uns wach gerufen; dagegen kann sie dem Verstande schlechterdings nicht durchsichtig und klar gemacht werden. Vielmehr ist die Bekanntheit, Intimität und Unergründlichkeit des Lebens selber auch diesem in ihm enthaltenen Zusammenhang ein für allemal mitgegeben. Ja wenn der Verstand nun die begriffliche Durchsichtigkeit des Kausalverhältnisses erzwingen will, so führt dies zu jenen Widersprüchen, welche wir oben dargelegt haben.

Zweiter Untersatz: Das Kausalverhältnis kann auch nicht aus äußeren Wahrnehmungen für sich allein geklärt werden. Die Grundlage des Kausalverhältnisses in der äußeren Wahrnehmung ist die Sukzession. Der Westwind weht über den Vierwaldstättersee, Regenwolken sammeln sich. Es entlädt sich Regen. Doch muß nun hinzutreten, daß diese Abfolge oftmals hintereinander stattfindet. Eine Gleichförmigkeit in der Natur in bezug auf diese Abfolge muß vorliegen. Solange der Westwind über dem See andauert, sammeln ⟨sich die⟩ Wolken, innerhalb weniger Tage kommt es bei Fortdauer dieses Windes zum Regen. Dies geschieht jedesmal, und keine Ausnahme von diesem Verhältnis findet statt. Daher entspringt aus dieser Gleichförmigkeit nun die Erwartung des Eintritts des zweiten Gliedes von Veränderung, wenn das erste eingetreten ist. Und hiernach wird dann das Eintreten des dritten erwartet. Ich erwarte, wenn tagelang der Westwind während der späten Jahreszeit weht, daß Wolken über dem See sich sammeln. Sind sie vorhanden, verharren sie über dem See bei fortdauerndem westlichem Winde, so erwarte ich das Eintreten von Regen. Aus diesem Verhältnis von Eingewöhnung dieser Verhältnisse, von daraus entstehender sicherer Erwartung, entspringt dann endlich eine Art von innerem Verbande dieser drei Bilder in meinem Bewußtsein. Ich bezeichne diesen Verband als Assoziation, als eine Art von Haften dieser Bilder aneinander. Wunderliche Sophistik! So oft die Sonne untergegangen, folgt bei hellem Himmel diesem Untergehen das Aufgehen des Abendsternes. Und niemals setze ich doch darum diese beiden so aneinanderhaftenden Veränderungen in ein inneres Verhältnis. Also so einfach und direkt kann unmöglich dieser Zusammenhang sein. Und wie sollte auch das spezifische lebendige Gefühl, das in mir die Verbindung von Ursache und Wirkung verbindet, entstehen können aus diesem indifferenten und wirklichen Dauern und toten Haften dieser Bilder aneinander?

5.

Die Kategorien Essentialität oder Wesen, Zweck, Wert, Sinn, Bedeutung

Aller Glanz und alle Freudigkeit des Lebens, aller Jubel und aller Schmerz, die Fülle unseres ganzen Daseins bewegen sich innerhalb der Struktur der Lebenseinheit und fließen aus ihr. Triebe, die nach Befriedigung streben und deren Befriedigung Freude und Stille hervorruft, Gefühle, die jubeln oder klagen, bilden die Mitte der Lebenseinheit. Reizmannigfaltigkeit wird an ihnen gemessen und von ihnen aus gewertet. Dann blitzt von einer solchen Reizmannigfaltigkeit Seligkeit aus, erfüllt uns ganz – wie ein breiter, stiller

Spiegel des Sees, auf welchem die Sonne ruhig glänzt, liegt diese Lebenseinheit da. Oder diese Reizmannigfaltigkeit läßt in uns einen tiefen, furchtbaren Schmerz aufzucken, der alle Fibern unseres Herzens erzittern macht. Es ist, als ob über die weite Fläche unserer Seele, die ja weit wie die Welt selber ist, die in ihr besteht, Nordstürme blasen, aus allen Tälern blasen sie, die Wellen branden. Nun erhebt sich in der Seele eine starke Gegenbewegung. Die Reizmannigfaltigkeit wird innerlich gleichsam zurückgestoßen. Sturm des Hasses, des Zorns, harter Wille zu vernichten, was das innere Leben bedroht. Das ist inmitten aller Veranstaltungen von Denken, von Disziplin, von Langeweile und ruhiger Bemühung schließlich der elementarische Zusammenhang, der von den untersten Lebewesen aufwärts sich entwickelt und überall über das Glück und den Wert des Lebens entscheidet. Wir denken, wir erkennen die Gründe, aus denen wir leiden. Was ist es für das Leben? Törichter Spinoza, der meinte, das persönliche Leid im Weltzusammenhang zu begreifen, wandle ⟨man⟩ es in die Freude über diesen Zusammenhang um. Wir haben uns diszipliniert. Was hülfe es uns, wenn der Sturm des Hasses hereinbricht? Armselige Disziplin, und armselig der Disziplinierte, der des Hasses nicht fähig ist. Wir haben uns kleine Vorteile und Genüsse zurechtgemacht.

So also ist der Zusammenhang des Lebens in dieser Lebenseinheit. Da gibt es immer Ereignisse, welche über uns entscheiden. Es ist die tiefstgreifende Erfahrung, welche der Mensch überhaupt machen kann. Es handelt sich in ihr um das, was das Leben lebenswert macht.

Nun aber strebt der in diesem allen enthaltene Zusammenhang, einen Ausdruck zu finden. Man kann sagen, daß so der tiefste Bezug des Lebens nach seinem Worte in einer Kategorie ringt. Je nachdem dieser Bezug an einer bestimmten Stelle erfaßt wird, kommt es zu ganz verschiedenen Abschattungen dieser Lebenskategorie. Das Zentrum der Lebensstruktur selbst, wie es so erlebt wird, im Gegensatz zu allem, was nicht Zentrum ist, spricht sich aus in den Kategorien von Wesen, Essentialität, Bedeutung, Sinn. Die Reizmannigfaltigkeit in diesem ihrem Verhältnis wird von uns gewertet, wir bezeichnen diese ihre Beziehung zu uns als Wert. Und die Rückwirkung, welche von dem Triebhaften und der Mitte des Lebens ausgeht und nun wieder die Anpassung herbeizuführen sucht, äußert sich in den Lebenskategorien von Zweck und Mittel. Man kann sagen, daß diese verschiedenen Kategorien Nachbarn sind, Nächstverwandte.

Versuchen wir diese Kategorien und ihre Verwandtschaften uns völlig aufzuklären. Aus dem Leben selbst erhebt sich die Unterscheidung dessen, um was es sich handelt, was entscheidet, des Elementarisch-Machtvollen in ihm, von allem, was fehlen kann ohne Verlust an unserer gegenwärtigen Lebensfülle, abwesend sein kann, ohne daß wir dadurch von der Last befreit würden, die auf uns drückt. Wir tragen in uns eine Weise unserer Lebenseinheit, deren Erfüllung uns nichts mehr wünschen läßt. Wir nennen das am Leben, was so für uns dessen Mittelpunkt ist, das Wesentliche, das Essentielle. Wir sagen, daß Bedeutung und Sinn des Lebens hierin beruhen. Wir finden so die Bedeutung des Daseins in gewissen Zügen desselben. Sein Wesen liegt in ihnen. Davon sondern wir das Unwesentliche, das Bedeutungslose, ja Gleichgültige. Unsere Lebenseinheit empfängt so einen Mittelpunkt. Dem einen liegt er in der Befriedigung der naturmächtigen Sinnestriebe, die als Hunger und Liebe das Räderwerk des Lebens unterhalten. Dem anderen liegt dieser Mittelpunkt in der stetigen Steigerung des ganzen Seelenlebens, welche durch Ehre, Stolz, große seelische Leistungen hervorgerufen wird. Wieder andere finden ihn in jener stillen, ruhigen, aber ganz anhaltenden und durch nichts ganz zu erschütternden seelenruhigen Befriedigung, welche die erfüllte Pflicht mit sich bringt. Gleichviel worin er liegt, ein solcher Mittelpunkt ist in jedem Individuum, auch wenn es kein Bewußtsein davon hat; irgend etwas macht ihm

Wesen und Bedeutung seines Daseins aus; und dadurch ist in jedem der Unterschied dieses Elementar-Entscheidenden von dem Unwesentlichen, ja Gleichgültigen gegeben. So schließt sich in sich die Lebenseinheit ab, mit einer Abstufung der Interessen vom Mittelpunkt zu der Peripherie der Interessen ringsum. Zwischen diesen verschiedenen Werten ist nicht nur Abstufung, sondern auch Beziehung, Zusammenhang.

Es ist nun natürlich, daß auch in den Personen außer uns ein Mittelpunkt, der ihr Wesen bildet, von uns erfaßt und die Abstufungen der Werte von ihm aus erfahren werden. Dies beruht auf dem Bewußtsein unserer Verwandtschaft mit ihnen. Wir verstehen sie daher. Dann wird aber auch in den Objekten Wesen, Bedeutung, Sinn ihres Daseins von uns aufgefaßt. Auch hier macht sich die ursprüngliche Lebendigkeit unserer Auffassung derselben geltend.

Indem nun das Verhältnis, das Milieu von Objekten zu diesem Mittelpunkt unserer Lebenseinheit erfahren und ausgedrückt wird, entstehen Kategorien, welche zum Lebenszusammenhang selber eine gleichsam seitliche Lage haben. Sie bezeichnen eine seitliche Ansicht dieses Zusammenhangs. Sie haben daher nicht dieselbe Bedeutung, als die eben herausgehobene. Zunächst kann man als Wert diese Beziehung ausdrücken, jedoch es konnte ja derselbe Begriff auch für Bedeutung oder Wesen eintreten. Spezifisch dagegen ist der Ausdruck Nutzen. Ihm entspricht die Betrachtungsweise der äußerlichen, in den Relationen zur Mitte der Lebenseinheit sich bewegenden Teleologie. Diese äußerliche Teleologie oder der Nutzen ist ebenfalls eine Kategorie, unter welcher das Wirken verbunden werden kann. Jedoch enthält sie gleichsam eine zufällige Ansicht des Lebens, welche von der Beziehung aller Objekte und Personen auf Ein Subjekt oder ein System derselben abhängt. Dieses Subjekt kann Gott sein, zu dessen Ehre die Verdammten gebraten werden. Es kann das Menschengeschlecht sein, ja, der Egoismus kann entsprechend dem Einzigen und seinem Eigentum sich selbst zu diesem Mittelpunkte machen.

Und indem die reagierende Kraft, welche auf das Milieu der Dinge und Personen zurückwirkt, innerhalb dieses Zusammenhangs herausgehoben und von ihm aus der ganze Zusammenhang aufgefaßt wird, entsteht die in der Geschichte des menschlichen Denkens so einflußreiche Kategorie des Zweckes nebst der korrelaten des Mittels. Diese Kategorie ist höchst lebendig und sinnlich klar, denn sie drückt die Lebensäußerung des seiner ⟨selbst⟩ bewußten und zielgerichteten Willens in einem Begriff aus. Dieser zweckbewußte Wille ist aber in der ganzen Gesellschaft und Geschichte das Siegreichste und Machtvollste. Ihm muß sich alles unterwerfen, auch die last- und leidvollsten Lebensverhältnisse, selbst wo diese Lebensverhältnisse den Willen und das Leben, welches ihn trägt, vernichten. Die Souveränität der Menschennatur ist in ihm. Daher wird diese Kategorie zur Formel für das Wirken, sofern es im Zusammenhang mit Leben, Bewußtsein und Sinn steht. Wir bezeichnen nun mit Zweck die Bedeutung oder den Sinn einer Lebenseinheit, einer anderen Person, schließlich eines Dinges. In diesem allem vollzieht sich eine anthropomorphe Verschiebung der verwandten Begriffe von Wesen, Bedeutung oder Wert. Dieselbe besteht darin, daß nunmehr das Wirken als Ausdruck bewußten Willens aufgefaßt wird, sonach das Lebendige und Sinnvolle, welches doch nur so ist, a l s o b ein Wille es hervorgebracht hätte, auf einen solchen bewußten Willen zurückgeführt wird.

In der weiteren Durchbildung dieses Begriffes innerhalb der menschlichen Weltanschauung entsteht nun ebenfalls wie bei den früheren Kategorien ein für den Verstand Widersprechendes. Eigentlich ist nur die immanente Teleologie, welche in den Kategorien Wesen, Bedeutung, Sinn sich angemessen ausdrückt, der Ausdruck der Lebendigkeit, welche die gegebenen Lebenseinheiten überschreitet und auch die Dinge sich interpretiert. Sobald ⟨man⟩ nun aber die Beziehungen dessen, was nicht wesenhaft ist, zu diesem Wesenhaften aufzufassen sucht, den Wert der Reize, der Denkvorgänge, der Bewegungen: so entsteht ein Verhältnis, das wir nur angemessen durch den Tropus von Zweck und Mittel ausdrücken. In unserer eigenen Struktur ist dieses Verhältnis angelegt. Wir erweitern es auch auf die Beziehungen zwischen Personen und Sachen. Dem Zweck sehen wir das System, ja den toten Mechanismus der Mittel untertan. Und so entsteht ein Widerspruch, der den Ausdrücken dieser Kategorie untilgbar anhaftet, der Widerspruch zwischen immanenter und äußerer oder relativer Teleologie. Wir betrachten die Jugend als Mittel für den Zweck männlicher Leistung, und wir wissen doch, daß jedes Lebensalter in sich selber Bedeutung und Wert hat. Wir betrachten unser Denken und Arbeiten als Mittel für die Erhaltung und den Grund des Lebens, und wir wissen doch zugleich, daß der realen Arbeit ihr Wert innewohnt.

Wir sehen die Tiere als Mittel für uns an und wir wissen doch, daß sie für sich leben und auch ihnen in der Sattheit oder Lebensfülle eigener Wert ihres Daseins gegeben ist. Selbst auf die Berge und Flüsse um ihn breitet der Mensch seine äußerliche Zweckbetrachtung aus und ordnet sie sich unter als ihr Herr. Und doch ist in ihm das Gefühl unvertilgbar, und in jeder neuen Dichtung sprießt es wieder auf mit neuer Gewalt, daß dieser mächtige Gotthard in sich selber ruht, für sich besteht und irgendwie diese standhafte, granitene Macht seines Daseins eben für ihn, in mir für ihn ist. Was sind wir kleinen Persönchen, daß wir uns einbilden, er sei da, damit wir ihn durchstechen oder überschreiten?

Ursprung und Gehalt dieser eben entwickelten Begriffe von Bedeutung, Sinn, Wert und Zweck in der Lebendigkeit unseres Wesens kann kaum einem Zweifel unterworfen werden. Auch diejenigen, welche den Lebenszusammenhang erst aus Elementen und durch die intellektuellen, überhaupt die psychischen Prozesse entstehen lassen, fassen ihn dann doch als die Grundlage dieser Kategorien. Hieraus ist dann die berühmte Lehre von dem bloß subjektiven Charakter des Zweckbegriffs entstanden, welche in der Übertragung des Willens in die Natur gegründet sei. Es ist kein Zufall, daß diese Lehre die Intellektualisierung aller Wirklichkeit als ihr Schatten, ihre negative Seite begleitet. Wie dieser Standpunkt das Abstrakte zum Ersten macht, das Leben zum Sekundären: so wird auch diese lebendigste Kategorie als Invasion des Willens in die Wirklichkeit aufgefaßt. Wir werden erst später über ihren Wert zu sprechen haben. Aber ihr Ursprung liegt nicht in der Beziehung des bewußten Willens zu den in ihm auftretenden Zweckvorstellungen. Ihr Kern ist nicht die Übertragung dieser Bewußtseinsform auf die Natur. Wie wir sahen, sind die Begriffe Bedeutung, Sinn und Wert der nächste und allgemeinste Ausdruck des Lebenszusammenhangs, nach der in diesen Kategorien ausgedrückten Seite hin. Und mit diesen Kategorien ist es nicht anders als mit denen von Substanz oder Ursache. Der Naturforscher operiere mit seinem Mechanismus, wie er will, diese Kategorie von Bedeutung, Sinn und Wert ist so elementar, so unaufhebbar, so universell und so wirkungskräftig, als die von Ursache oder von Ding es ist.

Nur darin liegt der Vorzug der zwei ersten Kategorien. Sie sind schlechterdings erforderlich für die naturwissenschaftliche Konstruktion der Außenwelt, während die Kategorie der Bedeutung erst da sich als mir unentbehrlich erweist, wo die Struktur der organischen Lebenseinheit verstanden werden soll. Aber geht man von der wissenschaftlichen Konstruktion auf das Leben, auf die primären Ideen zurück, so ist diese dritte Kategoriengruppe untilgbar, überall geltend. Auch der Naturforscher kann keine Tragödie sehen, er kann keine Landschaft ästhetisch genießen, ohne die innere Lebendigkeit in ihm, welche in dem Leben und der Natur Bedeutung findet. Er kann keine religiöse Stimmung, er kann kein ernstliches, moralisches Verhältnis haben ohne dies. Kurz, er müßte sein volles, ganzes, wirklich menschliches Leben verstümmeln und müßte bloßer Verstand werden, um wirklich diese Kategorie aus sich mit den Wurzeln auszureißen. Das Leben in ihm, an welchem sein Verstand auftritt, müßte er verneinen, um dem Verstand in der Negation dieser Kategorien freie Bahn zu lassen.

Das ist das furchtbare Ende dieser intellektualistischen Richtung in unserem Zeitalter: Sie hat in den gebildeten Klassen, welche die Gesellschaft regieren sollen, die Willenskraft, die reale machtvolle Lebendigkeit der Menschenseele, aus welcher die heroischen Handlungen entspringen, theoretisch verneint, in ihrem naiven heroischen wie bewußten idealistischen Glauben zerstört, und so allmählich ist die Verkümmerung der vollen, ganzen, menschlichen Wirklichkeit eingetreten, die den Niedergang der großen europäischen Kulturvölker zur Folge haben muß, wofern nicht aus den Tiefen der vollen menschlichen Wirklichkeit eine Rückwirkung kommt. Unser Glaube verfällt dann nicht den Naturforschern, sondern dem Papst zu Rom und der[7] Herrschaft der slawischen Barbaren. Denn der Mensch muß an etwas glauben, das Sinn, Bedeutung oder Wert dem Leben gibt. Und zerstören wir den lebendigen Zusammenhang in unserem Volke, dann erlangt das elementar-gewaltige slawische Gefühl, das den Russen an den Bruder fesselt und an seine Erde kettet, über uns alle das Übergewicht. Wenn die Gebildeten keinen Glauben mehr haben, so hat die Sozialdemokratie recht. Und wenn sie das Recht erhalten, dann erhalten die slawischen Barbaren die Macht. Das ist der furchtbare Widerspruch auch in der sozialdemokratischen Theorie. Sie geht aus von der Überlieferung der paar Kulturnationen. Aber in den Nihilisten der Slawenwelt glüht ein anderes Feuer als in ihnen. Und sie haben die zusammengefaßte Macht: einer geballten Faust vergleichbar. Gogol sagt: Alle anderen Nationen sind Flüssen vergleichbar. Diese Slawenwelt ist aber wie das Meer.

Diese Begriffe von Bedeutung, Wert, Sinn und Zweck haben

7 Im Ms. »die«.

sonach dieselbe elementare und primäre Kraft, dieselbe Unvertilgbarkeit, dieselbe Universalität als die eben entwikkelten Begriffe. Wie nun aus lebendigen Wurzeln Substanz und Kausalität entspringen, dann aber eine abstrakte Form im Zusammenhang des Erkennens annehmen, so findet dieselbe Entwicklung auch von diesen Begriffen aus statt.

Und auf diesem Wege entspringen dann die Kategorien des Wesens oder der Essentialität.

Diese Begriffe verhüllen in besonders hohem Grade ihren Ursprung. Sie treten in Verbindungen logischer Art ein. Durch die ganze Metaphysik und Logik geht die Unterscheidung von »substantia«, »attributum« und »modus« oder »accidens« hindurch. Die ganze Metaphysik arbeitet mit dem Begriff Wesen oder Essenz im Unterschied von dem der Substanz. Wir verstehen unter Wesen die Eigenschaften, welche für den Bestand einer Substanz unentbehrlich sind. Wesen kann man mit Überweg definieren als den Inbegriff der wesenhaften Merkmale. »Wesentlich ⟨essentialia⟩ sind diejenigen Merkmale, welche a. den gemeinsamen und bleibenden Grund einer Mannigfaltigkeit anderer enthalten, und von welchen b. das Bestehen des Objektes und der Wert und die Bedeutung abhängt, die demselben teils als einem Mittel für Anderes, teils und vornehmlich an sich oder als einem Selbstzweck in der Stufenreihe der Objekte zukommt.«[8] So ist also die Wesenheit des einzelnen Menschen etwas, das von seinen zufälligen akzidentellen Eigenschaften unterschieden ist.

Und nun geht dieser Begriff Wesenheit eine Verbindung mit der realistischen Grundeinsicht ein, nach welcher die begrifflichen Formen immanent in den einzelnen Dingen sind. Machen wir uns sogleich deutlich, daß diese Verbindung nicht notwendig ist. Das Wesenhafte eines gegebenen Menschen kann auch die Haecceitas einschließen. Aber indem diese Verbindung vollzogen wird, kann nun Wesen

8 F. Ueberweg, System der Logik und Geschichte der logischen Lehren, 5. Aufl., hrsg. v. J. Bona Meyer, Bonn 1882, S. 147 f.

definiert werden durch die einwohnende Form der Gattung in dem Individuum. Hierdurch entsteht ein systematischer Zusammenhang des Universums, welchem die Bedeutung des einzelnen Daseins eingeordnet ist. Eingeordnet nach den einfachen und durchsichtigen Verhältnissen des Allgemeinen und Besonderen in der Begriffsordnung. Hierdurch wird die Rationalisierung des Universums innerhalb der Epoche des Denkens, welche einer wahrhaften Analysis des Universums in seine Faktoren voraufging, vollendet. Die Welt ist nun ein planes Vernunftsystem. Sie wäre ein Glattes und Totes, steckte wirklich in diesem Zusammenhang nichts als das Verhältnis des Umfangs unter Begriffen. Aber wir werden sehen, daß trotz dieser Verbindung der Kategorie von Wesen mit der Anordnung der Begriffe nach ihrem Umfang ein Kern da ist, den nichts zerstören kann.

Dennoch lag in dieser Systematik eine Voraussetzung, welche mit dem lebendigen Gefühl des Wirklichen, das in der Kategorie des Wesens kernhaft steckt, nicht völlig übereinstimmt. Ist denn wirklich das Wesen des Individuums nur diese allgemeinere Form, die in ihm als einem Exemplar verwirklicht wird? Ist denn wirklich das Individuum ein solches gleichgültiges Exemplar, gleichsam eines von unzähligen Exemplaren vieler Auflagen einer Schrift, die immer dieselbe bleibt, auf was für Papier und mit was für Lettern sie auch gedruckt werden mag? In den Schriften von Duns Scotus und Occam erhebt sich hiergegen die Opposition. Und es ist bezeichnend für den wahren Ursprung dieses Begriffes von Wesen, daß dieselbe Schule die Lehre von der individuellen Form als der wahren Essenz eines Dinges aufstellte, welche zugleich Lebendigkeit und Bedeutung des Wollens dem Intellektualismus gegenüber hervorhob.

Aus diesem wahren Zusammenhang wird dann weiter begreiflich, warum alles, was auf der Seite der Lebendigkeit und der vollen Realität im 15. und 16. Jahrhundert war, dem Realismus Absage tat und in irgendeiner Weise von den so sonderbar verschnörkelten scholastischen Begriffen des

Nominalismus und Terminismus Gebrauch ⟨machte⟩. In diesem Streit scholastisch spintisierender Schulen lag enthalten der Streit zwischen dem Leben und den abstrakten Schatten der Vergangenheit.

So weist schon der Tumult dieser Kämpfe um die großen zentralen Kategorien von Wesenheit und deren Verhältnis zu der Denkform des Begriffs uns hin auf die widersprechenden Elemente, welche in dieser Kategorie arbeiten. Im kleinen konnten wir diesen Kampf der Elemente in der Kategorie Wesenheit anschaulich gewahren in der Definition, welche Überweg von derselben entwirft. Es ist das Leben, das nach seinem Ursprung diesem Begriff mitgegeben ist, und der Logismus der Anordnung der Begriffe, was miteinander in der Geschichte dieser Kategorie ringt und ebenso in jedem Versuch, sie zu erkennen und ihre Funktionen zu bestimmen, zum Ausdruck kommt.

Ich mache den inneren Widerspruch in dieser Kategorie für den Verstand dadurch deutlich, daß ich den Zirkel zeige, in welchen jede Definition desselben verfällt. Der Begriff wird nach der Logik definiert durch die wesentlichen Merkmale. Und wesentlich oder Wesen kann nur definiert werden als das, was im Begriff sich ausdrückt.

Dieser Zirkel kann nur vermieden werden, wenn man aus den formallogischen Beziehungen heraustritt und irgendwie auf die Bedeutung dessen, was nach seinem Wesen erfaßt werden soll, in diesem Zusammenhang des Wirklichen zurückgreift. Diese Bedeutung ist aber zwar in der Lebendigkeit des Erfahrens klar, aber dem Verstande bleibt sie mehrdeutig, unbeweisbar, unergründlich. So weist auch hier die Logik auf etwas, das jenseits des Verstandes wie des Geklappers von Formen und Gesetzen liegt.

Ferner aber entsteht aus dieser verstandesmäßigen Trennung und äußeren Verbindung zwischen dem Wesenhaften und Akzidentellen folgender Widerspruch: Was wir am Ding auffassen, muß entweder eine vorübergehende und von anderen Dingen bedingte Veränderung sein, oder es ist in der Natur des Dinges gegründet und unveränderlich gegeben. Das erstere nennen wir akzidentell, das andere essential. Durch diese Sonderung entsteht zunächst nur eine Zweiteilung, und über diese kommen wir nicht hinaus. Dagegen ist in der logischen Anordnung von Substanz, Attributa essentialia und Modi oder Akzidenzien eine Dreiteilung gegeben, welche die Substanz selber eigenschaftslos macht, sonach sie verflüchtigt. Vor allem aber wird durch diese Sonderung ganz unverständlich, wie doch auch die vorübergehenden Veränderungen durch die Natur des Dinges bedingt sind. Alles, was am Dinge stattfindet, muß in letzter Instanz durch dessen Natur mitbedingt sein. Unmöglich, dies Ineinander zu trennen. Nichts geschieht, was nicht auch der Ausdruck des Dinges wäre, sonach an dessen Essentialität teil hätte. Und so ist auch hier wieder das Ineinander, das zwischen der Bedeutung und dem, was ihr dient, besteht, auseinandergerissen und die Teile sind wieder nur mechanisch verbunden. In jedem Zuge unseres Lebens, dem dümmsten Denken und der armseligsten Regelmäßigkeitshandlung ist ein Zusammenhang mit dem, was als Bedeutung des Lebens alle Momente desselben zu einem Ganzen verbindet. Einzeln genommen dürfen wir jedes dieser Momente vernachlässigen als etwas Gleichgültiges. Für Shakespeare oder Carlyle ist nichts gleichgültig.

Wir fahren fort in unserer Argumentation. Der Begriff von Wesenheit enthält, wie wir nun sahen, einen dunklen und für den Verstand unergründlichen Kern, welchen wir durch keine Art von logischer Behandlung disziplinieren und so unter den zahmen Geschöpfen des formalen Denkens als ihresgleichen unterbringen können. Geschichtlich erweist er diese seine unbändige Natur durch die Art, wie er in der Metaphysik rumort.

Endlich kann auch hier ein indirekter Beweis entworfen werden.

Der Obersatz: Die Kategorie Wesen stammt entweder aus dem Verstande als eine Handlungsart desselben, sei diese ein Produkt intellektueller Prozesse oder eine einfache Funktion. Oder sie stammt aus der äußeren Erfahrung oder ⟨...⟩[9] oder zusammenwirkend mit der äußeren.

Untersätze: Wäre die Kategorie Wesen eine Funktion des Verstandes, dann müßte sie für diesen durchsichtig sein usw. Wäre sie aus der äußeren Erfahrung entnommen, so müßte dieser eigentümliche Lebenszusammenhang nachzuweisen sein, welchen wir durch den Ausdruck: Bedeutung oder Wesen, bezeichnen. Nun besteht dieser aber etc.

Diese verschiedenen Beweise machen augenscheinlich, daß auch die Kategorie Bedeutung, Wert, Zweck, Wesen in dem Lebenszusammenhang selber gegeben ist.

Hiernach ist die nächste Aufgabe, die Entwicklung darzulegen, in welcher auf der angegebenen Grundlage die abstrakte Kategorie Wesen sich herausgebildet hat. Dies geschah, indem die fortschreitende Wissenschaft das Bewußtsein von Bedeutung, Wert oder Sinn des Lebens, der Lebenseinheit, der Dinge in ihrem Zusammenhang aufzunehmen strebte. Insbesondere suchte sie in der Dingvorstellung dieses Verhältnis zwischen dem, in welchem die Bedeutung des Dinges hing und dem, was als gleichgültig wegbleiben konnte, auf. Sie minderte die bewußte Innerlichkeit in der Kategorie. Insbesondere aber trennte sie begrifflich das Wert und Bedeutung in dem Ding Ausmachende von dem Zufälligen, Vorübergehenden, an dem eine solche Bedeutung nicht haftete. Diese äußerliche und mechanische Sonderung schuf einen klaren, logischen Unterschied. Und nun handelte es sich darum, dieses Bewußtsein von Bedeutung metaphysisch zu regulieren. Die Metaphysik strebt, die freien Geschöpfe des Sinnens und Einbildens zu regularisieren, zu disziplinieren. Mehr noch, es handelte sich darum, einen festen, eindeutigen Maßstab für dieses Dauernde, Wertvolle im Gegensatz vom Veränderlichen und Zufälligen zu gewinnen.

Die griechische Philosophie hatte tastend in der Regel und

9 Im Ms. zwei unleserliche Wörter.

Form der Veränderungen deren Gesetz und Vernunft erfaßt und das Universum als von einer höchsten Regel und Formel, in welcher die einzelnen Regeln und Formen enthalten gedacht werden mußten, bedingt und geleitet aufgefaßt. Aber diese Lehre des Heraklit enthielt zwar einen tiefen und wahren Schematismus des Weltzusammenhangs, aber ihr fehlten die Mittel, ihn durchzuführen. Die pythagoreische Zahlenlehre hatte das große Hauptmittel hierzu in der Hand; hierdurch war sie jedem anderen der ältesten Systeme überlegen; jedoch mangelte ihr noch die Möglichkeit, von diesem Mittel der Mathematik Gebrauch zu machen und auf Zahlenverhältnisse mehreres an der Wirklichkeit als die musikalischen Verhältnisse und die astronomischen Beziehungen zurückzuführen. In dieser desperaten Lage verfiel sie auf Spielereien und Künsteleien, die sie um ihren Kredit brachten. Die Atomistik versuchte vergebens, den Kausalzusammenhang zu einem Logos emporzusteigern und die allgemeine Forderung dieses Kausalzusammenhangs zwischen den Atomen ins Werk zu setzen, aus Grundverhältnissen der Atome die Formen der Welt abzuleiten. Da bemächtigte sich eine große und in ihrem Ursprung lebendige Anschauung der leitenden Geister und aus ihr entsprang eine dauerhafte, weil der Lage der Denker ganz konforme Metaphysik. Das menschliche Denken sucht das Dauernde und Wertvolle. Dieses ist in den Gattungen, Arten und Formen der Wirklichkeit gegeben, die gleichsam die Paradigmata enthalten, nach welchen die vergänglichen Dinge gebildet sind. Die Geschlechter der Tiere entstehen und gehen unter, aber die großen Typen derselben dauern in diesem vergänglichen Gewimmel, als die Regeln derselben, beständig, unveränderlich und in sich vollkommen fort. Diese beständigen Arten und Formen des Wirklichen enthalten auch, als in den vorübergehenden Exemplaren sich verwirklichend, den Wert derselben. Das Universum ist da, diese ewigen Formen und Arten des Geschehens und der Geschöpfe eben in dem vergänglichen Gewimmel zu realisieren. Zu diesem Ewigen blicken wir wie zu den Sternen auf: ihm schreiben wir eine lebendige Kraft, sich in der Natur zu verwirklichen, einen Bildungstrieb, Entwicklungen aus sich zu entlassen, eine seelische Kraft, in harmonisch Vernünftigem ohne Zahl sich auszuleben, zu: und wir bringen diese Formen, Typen, Arten in einen letzten Zusammenhang zu dem Allvernünftigen. Als eine grandiose Weltphantasie hatte diese Metaphysik begonnen, bald bemächtigte sich die Pedanterie der formalen Betrachtung von Umfangs- oder Inhaltsverhältnissen der Begriffe nach Beziehungen des Allgemeinen und Besonderen dieser Metaphysik. Dies geschah so gut in der platonischen als in der aristotelischen Schule. Es fand in noch höherem Grade in den realistischen Systemen des Mittelalters im Morgen- und Abendland statt. Diese Metaphysik alterte.

Sie[10] alterte mit dem Glauben und der Ordnung der Welt, mit welchen sie im Einverständnis gelebt hatte. Der Gott, der Mensch wird und in Einem Typus der Menschheit Fleisch ist, dieser Typus der Menschheit, dessen Handeln das der ganzen Menschheit selber ist, da es für sie durch eine geheime Repräsentation geschieht; der mystische Körper der Kirche, der als Ganzes Repräsentation des Heiligen ist; das sind Begriffe, welche im Einklang mit diesem Realismus herangewachsen waren, regierten und deren Schicksal mit ihm verbunden bleiben mußte. Diese tatsächliche Gliederung der Kirche, in welcher von oben ein Quell von göttlichen Kräften durch alle Glieder sich ergoß, in jedem Priester als die Repräsentation dieser heiligen Ordnung war: dies waren Institutionen, welche ebenfalls mit dieser Philosophie eng verbunden blieben. Und mit diesem geschichtlichen und intellektuellen Instinkt hat die katholische Kirche, so oft sie von innen sich auf ihren gegebenen Grundlagen zu erneuern strebte, an diesem System festgehalten.

Ich habe hier nicht zu erzählen, wie dieser große Begriff

---

10 Im Ms. »es«.

einer universalen Teleologie, in welcher alles, was entsteht, nach dem umfassenden Gesetz derselben an seiner Stelle sich auszuleben und gleichsam die ihm vorgeschriebene Formel zu verwirklichen hat, in dem Grade an Einfluß und Sympathie verlor, in welchem die veränderte Welt für eine freiere Auffassung der Bedeutung, der Lebenszwecke, der Werte, die in dem Universum verteilt sind, nach einem Ausdruck rang. Nur das ist für das Verständnis dieser großen Kategorie von Bedeutung, daß jeder Versuch, deren ungeheure Lebendigkeit dem Begriffsschematismus der Welt in tieferer Fassung einzuordnen, keine Dauer hatte. Bis dann alle Fesseln dieses Begriffsschematismus gebrochen wurden und die uralte Lebendigkeit und Freiheit dieser Kategorie sich wieder durchsetzte. Bis jenseits der begrifflichen Strenge der Wissenschaften diese Kategorien Formen der mannigfachsten Art annahmen, Verwandlungen ohne Zahl durchliefen, aber gegen jede wissenschaftliche Polemik in ihrer elementaren Macht sich behaupteten.

Stellen wir schließlich auch an diese Kategorien die Frage nach dem Rechtsanspruch ihrer Geltung. Die Antwort ist uns schon geläufig. Innerhalb der Geisteswissenschaften haben wir es mit Lebenseinheiten zu tun, deren Struktur in sich den Zusammenhang enthält, welchen wir durch die Kategorien Bedeutung, Wert und Zweck bezeichnen. Die Teleologie, welche mit dem Netz von Zwecken und Mitteln die ganze Welt einspinnen möchte, ist doch schließlich eben nur die Projektion der teleologischen Struktur der Lebenseinheit. Und zwar besagt diese nichts von einer planmäßigen Ordnung, einem Bewußtsein, das sie hervorbrachte. Sie besagt nur eine Form des Zusammenhangs. Zu diesen Merkmalen gehört, daß man sie am leichtesten als von einem Bewußtsein nach Zwecken geformt vorstellt. Am leichtesten, und als oder als ob ⟨von einem Bewußtsein geformt⟩. Nicht aber, daß diese Struktur so und nur so entstanden gedacht werden müsse.

Über diesen Kreis hinaus hat der Begriff von Bedeutung,

Wert und Zweck nur so viel Gewicht, als ihm aus dem Lebenszusammenhang zufließt, in welchem diese Lebenseinheit sich befindet, aus dem primären Zug des Menschen, Leben und Bedeutung überall zu erblicken, aus den Zügen von Verstand in der Natur, der Schrift der Gedankenmäßigkeit am gestirnten Himmel. Kein Beweis, nur eine Notwendigkeit für alles kraftvolle Leben, um sich Lebendigkeit zu bewahren. Kein Beweis, nur die überredende Macht der größten Menschen, die als Religiöse oder Dichter über die Erde gegangen sind.

Die Metaphysik ist an der Anwendung der Begriffe von Bedeutung, Wert und Zweck, kurz an der teleologischen Weltauffassung herangewachsen. Das war ihr Mangel, daß sie diese Kategorien logisch mechanisierte, und so war seit den Tagen der Nachscholastik, seit der schneidigen Durchführung der kausalen Welterklärung, ihr gegenüber die teleologische Metaphysik im Abgang begriffen. Ich kann die Begeisterung nicht teilen, mit welcher Vertreter des Gebietes der Philosophie sowie Naturforscher die Polemik gegen den Zweckbegriff besprechen, welche seit dem Ende des 16. Jahrhunderts in steigendem Grade aufgetreten ist. Mit erheblichem Pathos hat man die scharfen Invektiven Spinozas gegen den Zweckbegriff zitiert. Der Zweck soll in der Natur da eintreten, wo wir in bezug auf die Ursachen unwissend sind. Er soll eine bloß subjektive Ergänzung des fehlenden Zusammenhangs sein. Diese überträgt die Beschränktheit der Menschennatur auf das Unendliche. Und sie interpretiert von hinten nach vorn. Selbst Kant stand noch unter dem Einfluß dieser Denkart. Ihm hatte der Zweckbegriff ebenfalls eine gänzlich andere Stellung zum Erkennen als der von Substanz oder Ursache. Diese von den Naturwissenschaften getragene Bewegung enthielt doch in sich einen Widerspruch. Sowohl Goethe als Kant haben doch nur die äußerliche und relative Teleologie verworfen gegen die immanente Teleologie, d. h. die Lehre von der Bedeutung des Universums und der in ihm verknüpften

Wirklichkeiten zum Mittelpunkt ihrer Betrachtungsweise gemacht. Der Gegensatz gegen die mechanische Naturbetrachtung, welcher hierin gegeben war, hat sich dann in dem spekulativen Schema auch metaphysisch geltend gemacht. Lotze wollte beide Betrachtungsweisen vereinigen, hat sie aber doch nur aneinandergeklebt. Schopenhauer und seine Schüler vertraten ebenfalls trotz ihres sonstigen Gegensatzes gegen die spekulative Schule die Geltung der Teleologie. Lange ⟨vertritt⟩ andererseits den sonderbaren Widerspruch, diese Geltung als eine Notwendigkeit für das Bewußtsein aufzufassen, aber als eine notwendige Dichtung. Und die meisten heutigen Denker erkennen ein Unerkennbares als Sinn und Bedeutung der Welt an, beschränken aber alles menschliche Erkennen auf den blinden Naturzusammenhang. So herrscht in bezug auf diese Frage eine Verwirrung äußersten Grades. Diese Verwirrung kann nur behoben werden von einem erkenntnistheoretischen Standpunkte aus, auf welchem die Provenienz dieser Kategorie festgestellt, hieraus die Sphäre ihrer Geltung abgeleitet, sonach ihre Gültigkeit für die Geisteswissenschaft festgestellt und die Unmöglichkeit gezeigt wird, eine begriffliche Erklärung des teleologischen Zusammenhangs und eine metaphysische Systematisierung der teleologischen Auffassung herbeizuführen.

⟨6.⟩

Lebensbegriffe von engerem Umfang der Anwendbarkeit

Lebensbegriffe von etwas anderer Art entstehen neben diesen realen Kategorien, welche als die Bänder zu betrachten sind, durch welche wir einen Weltzusammenhang in Begriffen herstellen. Diese zweite Klasse von Lebensbegriffen ist von minderem Umfang, von geringerer Erkenntnisfähigkeit. Auch sie sind in dem Strukturzusammenhang der Lebenseinheit enthalten. Sie enthalten Verbindungsweisen, welche niemals durch den Verstand ausgesonnen werden könnten und in keiner äußeren Erfahrung sich vorfinden. Aber sie drücken einen engeren Zusammenhang innerhalb der Struktur der Seeleneinheit aus. Dies war in gewissem Sinne schon in dem Begriff des Zweckes der Fall, welcher dem bewußten Willen ausschließlich angehört. Nirgends herrscht ja in der lebendigen Wirklichkeit des Seelenlebens jener strenge Schematismus, der in den Systemen der deutschen Philosophen seit dem unermeßlichen Schematiker Kant zu Hause ist. Ebenso aber erstreckt sich dann die Anwendbarkeit dieser Begriffe nicht universell auf den ganzen Bereich aller Dinge. Und da sie nicht das Zentrum des Lebenszusammenhangs ausdrücken, werden auch überhaupt nicht in demselben Sinne Dingeinheiten durch sie nach ihrem Zusammenhang charakterisiert. So gehen sie nicht als Kategorien in die Wissenschaft ein. Dennoch ist ihre Macht über die Bildung unserer Ideen eine sehr große. Sie sind entwicklungsunfähig. Sie gleichen Embryonen, die nie zur Entfaltung gelangen. Aber eine elementare Kraft des Wirkens auf unsere Ideen wohnt ihnen doch bei. Ich werde sie im Unterschied von den Kategorien als Lebensbegriffe bezeichnen. Aber so nachdrücklich als möglich lehne ich nochmals auf dem Gebiet des Seelenlebens alles Rubrizieren und Katalogisieren ab. Überall, wo Leben ist, sind Zwischenglieder. Die organische Welt zeigt uns das am besten.

Ein solcher Lebensbegriff ist der des Abbildens bis zu seinen letzten Verdünnungen in dem der Korrespondenz. Er gehört der intellektuellen Sphäre an, erstreckt sich aber durch diese ganz hindurch. Man könnte denken, dieser Begriff sei von künstlerischen Bildern hergenommen und dann auf innere Vorgänge übertragen. Nur das Wort ist von dem sinnlichen Gebiet herübergenommen, ein inneres geistiges Verhältnis zu bezeichnen. Die Sache selber ist vielmehr ursprünglich eine innere geistige Tatsache, ausschließlich eine solche, und alle künstlerischen Abbildungen sind in ihr gegründet. Diese Tatsache ist primär in dem Verhältnis

der Wahrnehmung zu der Gedächtnisvorstellung enthalten.
Dies Verhältnis kann wohl beschrieben, aber keineswegs
ganz klar gemacht werden. Umsonst haben Hume und
andere sich bemüht, aus den bloßen Merkmalen von Identität des Gehalts und Verschiedenheit des Stärkegrades das
Verhältnis dieser beiden Tatsachen zueinander klar zu
machen. Es sitzt in der Wahrnehmung etwas, das sie nicht
nur nach dem Grade, sondern spezifisch von der Erinne-
rungsvorstellung unterscheidet. Ein solches Verhältnis findet dann weiter statt zwischen den Erinnerungsbildern und
dem Begriff, welcher ein Gemeinsames derselben repräsentiert. Und durch die ganze Geschichte des menschlichen
Denkens geht nun die Benutzung dieses Lebensbegriffes,
den Zusammenhang zwischen Erkennen und Erkanntem,
zwischen Gott und Welt auszudrücken. Und wie das wissenschaftliche Denken sich verfeinert, ist ihm dieser Lebensbegriff und das ihn bezeichnende Bild zu grell und zu
sinnlich. Er wird verdünnt und verflüchtigt in den von
Korrespondenz, oder er wird logisch formiert in dem von
Identität.

Ein anderer Lebensbegriff dieser Art entsteht aus dem
Bewußtsein von der willensförmigen inneren Steigerung der
Energie, welche wir in uns selbst aufzurufen vermögen, der
wir eine Stärke geben können, welche alle Triebe übersteigt.
Ich schildere nur, was wir in uns erfahren. Wir bezeichnen
im Grunde unter Freiheit diese Erscheinung. Wir verstehen
auch unter innerer Lebendigkeit etwas Verwandtes. Auch
von diesem Lebensbegriff machen wir eine vielfache, doch
keineswegs eine universelle Anwendung.

Ein dritter und vielleicht der mächtigste unter diesen
Lebensbegriffen ist der von Haben, Besitzen, Zugehören.
Wiederum könnte es scheinen, als ob von äußeren Tatsachen
aus dieser Begriff gedacht, gebildet worden sei. Das Verhältnis der Lebenseinheit zu dem, was ihr eigen ist, könnte den
Ausgangspunkt und Kern dieses Begriffes zu bilden scheinen. In Wirklichkeit ist lange, ehe das Kind eines solchen

äußeren Verhältnisses inne wird, das singuläre Verhältnis von ihm erlebt worden, nach welchem es im Besitz seiner Glieder sich befindet. Man halte jede Unterscheidung von innerer Lebenseinheit und äußerer, von Seele und Körper, von dieser Betrachtung fern. Nichts hiervon ist ja natürlich in dem Kinde. Aber von der Zeit ab, in welcher es nach seinem Willen das Auge, die Hand, den Arm zu lenken vermag, wird es eines ganzen, singulären und ganz außerordentlichen Verhältnisses inne. Arm und Bein sind nicht einfach mit dem Selbstgefühl des Kindes identisch. Sie sind eine Masse. Sie üben Widerstand. Sie sinken von selber nieder. Aber zugleich werden sie von dem Willen bewegt, so oft er eben bewegen will. Der Wille ist nicht nur die einmalige Kausalität für sie; sie sind immer bei ihm. Sie sind nun in seiner Machtsphäre. Sie werden regelmäßig von ihm bewegt. Aber ich wüßte gar nicht zu sagen, daß dies nun alles wäre, was von diesem Verhältnis gesagt werden könnte. Vieles was darin ist, werden wir nacheinander inne. Anderes mögen wir uns gar nicht klar machen. Die Addition von allem, was wir zusammenbringen können, ist noch lange nicht die singuläre Erfahrung selber von diesem Zusammenhang, der eben nur hier so besteht.

Wir drücken diese Erfahrung aus, wenn wir die Worte Besitz, Eigentum, Herrschaft aussprechen. Diese Worte enthalten den angegebenen Lebensbegriff.

Unabhängig von dieser Erfahrung, mit ihr sich deckend, tritt nun zugleich die des Verhältnisses einer Lebenseinheit zu dem, was ihr unterworfen ist, auf. Den Vergleichungspunkt bildet die relative Dependenz und doch das dauernde In-Gewahrsam-und-Herrschaftsphäre-Haben. Alsdann wird dieser Begriff auf unzählige Beziehungen übertragen, welche ihm analog sind.

Und so entsteht die Macht dieses Lebensbegriffes über die Metaphysik, die religiöse Weltansicht, die lebendigen Ideen überhaupt. Es gibt eine regimentale Auffassung der Welt, für welche alles unter die Begriffe von Herrschaft, Unter-

werfung, Besitz, Machtsphären, Freiheit, Eigentum fällt.
Die Römer haben diese regimentale Weltauffassung ausgebildet. Und als die römische Kirche diese regimentale Konzeption aufnahm, fand sie eine wirksame Unterstützung in
den Begriffen der alten jüdischen Zeit, die ebenfalls diesen
regimentalen Charakter stark an sich trugen[11].

11 Ms. bricht ab.

Zu den Texten

Die hier vorgelegte Auswahl von Texten zum »Wesen der Philosophie« verdeutlicht die Grundlinien, die Dilthey in der gleichnamigen Schrift von 1907 skizziert hat, um Stücke aus dem 1. Band der »Einleitung in die Geisteswissenschaften« (1883) und Fragmente aus dem Nachlaß der achtziger und neunziger Jahre, die der Fortsetzung des systematischen Hauptwerks gewidmet sind. Sie belegen die Kontinuität des Plans einer »Kritik der historischen Vernunft«, die von Anbeginn den kategoriengeschichtlichen Voraussetzungen des metaphysischen Begründungsdenkens und seinem Fortleben im Erklärungsprogramm der neuzeitlichen Wissenschaft gilt. Aus Raumgründen mußte auf die Aufnahme der Abhandlung »Die Typen der Weltanschauung und ihre Ausbildung in den philosophischen Systemen« (1911) verzichtet werden. Da sie die knappen Ausführungen zur Weltanschauungslehre in der Schrift von 1907 (T. 2, III,1–3) um wichtige Züge ergänzt, sei auf sie ausdrücklich hingewiesen.

Eckige Klammern kennzeichnen Ergänzungen aus Diltheys Handschriften, Spitzklammern sind Zusätze der Herausgeber der »Gesammelten Schriften«. Druckfehler der zugrunde liegenden Ausgabe wurden stillschweigend verbessert.

Das Wesen der Philosophie (1907). In: Gesammelte Schriften. Bd. 5. Hrsg. von Georg Misch. Leipzig/Berlin: B. G. Teubner, 1924. S. 339–416.

Schlußbetrachtung über die Unmöglichkeit der metaphysischen Stellung des Erkennens. Aus: Einleitung in die Geisteswissenschaften. Bd. 1 (1883). 2. Buch. 4. Abschnitt. 4. Kapitel. In: Gesammelte Schriften. Bd. 1. (Hrsg. von Bernhard Groethuysen.) Leipzig/Berlin: B. G. Teubner, 1922. S. 386–408.

Grundgedanke meiner Philosophie (um 1880). Aus: Zur Weltanschauungslehre. Abhandlungen zur Philosophie der Philosophie. 2. [Aus dem Nachlaß.] In: Gesammelte Schriften. Bd. 8. (Hrsg. von B[ernhard] Groethuysen.) Leipzig/Berlin: B. G. Teubner, 1931. S. 17.

Der Fortgang über Kant. (I.) Aus: Zur Weltanschauungslehre (um 1880). Abhandlungen zur Philosophie der Philosophie. 3. [Aus dem

Nachlaß.] In: Gesammelte Schriften. Bd. 8. (Hrsg. von B[ernhard] Groethuysen.) Leipzig/Berlin: B. G. Teubner / Göttingen: Vandenhoeck & Ruprecht, 1960. S. 174–175.
Leben und Erkennen (um 1892/93). [Aus dem Nachlaß.] In: Gesammelte Schriften. Bd. 19. Hrsg. von Helmut Johach und Frithjof Rodi. Göttingen: Vandenhoeck & Ruprecht, 1982. S. 359–388. Mit Genehmigung des Verlages Vandenhoeck & Ruprecht, Göttingen.

Literaturhinweise

Gesamtausgaben und Briefsammlungen

Gesammelte Schriften. Bd. 1–14. Hrsg. von Georg Misch, Hermann Nohl, Bernhard Groethuysen [u. a.]. Leipzig/Berlin: Teubner, 1914–58. Neuaufl. Stuttgart: Teubner / Göttingen: Vandenhoeck & Ruprecht, 1957–70. Bd. 15–17. Hrsg. von Karlfried Gründer. Göttingen: Vandenhoeck & Ruprecht, 1970–74. Bd. 18–19. Hrsg. von Karlfried Gründer und Frithjof Rodi. Ebd. 1977–82. [Die Ausgabe ist noch nicht abgeschlossen.]

Selected Works. Ed. by Rudolph A. Makkreel and Frithjof Rodi. Bd. 1 ff. Princeton: Princeton University Press. 1983 ff.

Der junge Dilthey. Ein Lebensbild in Briefen und Tagebüchern 1852–1870. Hrsg. von Clara Misch geb. Dilthey. Leipzig/Berlin: Teubner, 1933. 2. Aufl. Stuttgart: Teubner / Göttingen: Vandenhoeck & Ruprecht, 1960.

Briefwechsel zwischen Wilhelm Dilthey und dem Grafen Paul Yorck von Wartenburg 1877–1897. Hrsg. von Sigrid von der Schulenburg. Halle: Niemeyer, 1923.

Briefwechsel zwischen W. Dilthey und E. Husserl. Hrsg. von W. Biemel. In: Revista de Filosofía de la Universidad de Costa Rica (San José) 1 (1957) S. 101–124.

Bibliographien

Zeeck, Hans: Im Druck erschienene Schriften von Wilhelm Dilthey. In: Archiv für Geschichte der Philosophie 25 (N. F. 18) (1912) S. 154–161.

Diaz de Cerio, Franco: Bibliografía de W. Dilthey. In: Pensamiento (Madrid) 24 (1968) S. 196–223.

Herrmann, Ulrich: Bibliographie Wilhelm Dilthey. Quellen und Literatur. Weinheim/Basel/Berlin 1969.

Ausgewählte Literatur

Krakauer, Hugo: Diltheys Stellung zur theoretischen Philosophie Kants. Breslau 1913.

Sommerfeld, Hans: Wilhelm Dilthey und der Positivismus. Eine Untersuchung zur ›Einleitung in die Geisteswissenschaften‹. Berlin 1926.

Wach, Joachim: Die Typenlehre Trendelenburgs und ihr Einfluß auf Dilthey. Tübingen 1926.

Misch, Georg: Lebensphilosophie und Phänomenologie. Eine Auseinandersetzung der Diltheyschen Richtung mit Heidegger und Husserl. Bonn 1930. 2. Aufl. Leipzig 1931.

Degener, Alfons: Dilthey und das Problem der Metaphysik. Einleitung zu einer Darstellung des lebensphilosophischen Systems. Bonn/Köln 1933.

Stenzel, Julius: Dilthey und die deutsche Philosophie der Gegenwart. Berlin 1934.

Bischoff, Dietrich: Wilhelm Diltheys geschichtliche Lebensphilosophie. Leipzig 1936.

Bollnow, Otto Friedrich: Dilthey. Eine Einführung in seine Philosophie. Leipzig 1936. 2. Aufl. Stuttgart/Berlin/Köln/Mainz 1955.

Ritter, Joachim: Über die Geschichtlichkeit der wissenschaftlichen Erkenntnis. In: Blätter für deutsche Philosophie 12 (1938/39) S. 175–190.

Glock, Carl Theodor: Diltheys Grundlegung einer wissenschaftlichen Lebensphilosophie. Berlin 1939.

Giusso, Lorenzo: Wilhelm Dilthey e la filosofia come visione della vita. Napoli 1940.

Suter, Jean-François: Philosophie et histoire chez Wilhelm Dilthey. Basel 1960.

Löwith, Karl: Diltheys und Heideggers Stellung zur Metaphysik. In: K. L.: Vorträge und Abhandlungen. Zur Kritik der christlichen Überlieferung. Stuttgart/Berlin/Köln/Mainz 1966. S. 253 bis 267.

Krausser, Peter: Kritik der endlichen Vernunft. Wilhelm Diltheys Revolution der allgemeinen Handlungstheorie. Frankfurt a. M. 1968.

Palmer, Richard E.: Hermeneutics. Interpretation Theory in Schleiermacher, Dilthey, Heidegger and Gadamer. Evanston, Ill., 1969.

Kremer-Marietti, Angèle: Wilhelm Dilthey et l'anthropologie historique. Paris 1971.

Johach, Helmut: Handelnder Mensch und objektiver Geist. Zur Theorie der Geistes- und Sozialwissenschaften bei Wilhelm Dilthey. Meisenheim am Glan 1974.

Ineichen, Hans: Erkenntnistheorie und gesellschaftlich-geschichtliche Welt. Diltheys Logik der Geisteswissenschaften, Frankfurt a. M. 1975.

Makkreel, Rudolph A.: Dilthey. Philosopher of the Human Studies. Princeton, N. J., 1975.

Zöckler, Christoph: Dilthey und die Hermeneutik. Stuttgart 1975.

Cacciatore, Giuseppe: Scienza e filosofia in Dilthey. 2 Bde. Napoli 1976.

Ermarth, Michael: Wilhelm Dilthey. The Critique of Historical Reason. Chicago/London 1978.

Rickman, Hans Peter: Wilhelm Dilthey. Pioneer of the Human Studies. London 1979.

Lessing, Hans-Ulrich / Frithjof Rodi (Hrsg.): Materialien zur Philosophie Wilhelm Diltheys. Frankfurt a. M. 1983. [Mit Beiträgen von Otto Friedrich Bollnow, Hans-Georg Gadamer, Jürgen Habermas, Ludwig Landgrebe, Hellmuth Plessner, Manfred Riedel u. a.]

Lessing, Hans-Ulrich: Die Idee einer Kritik der historischen Vernunft. Wilhelm Diltheys erkenntnistheoretisch-logisch-methodologische Grundlegung der Geisteswissenschaften. Freiburg i. B. 1984.

Inhalt

Deutsche Philosophie des 19. Jahrhunderts

IN RECLAMS UNIVERSAL-BIBLIOTHEK

L. Feuerbach, Das Wesen des Christentums. Nachw. von K. Löwith. 4571 [7]

J. G. Fichte, Die Bestimmung des Menschen. Hrsg. und mit einem Nachw. vers. von Th. Ballauf und I. Klein. 1201 [3] – Über den Begriff der Wissenschaftslehre oder der sogenannten Philosophie. Mit einer Einl. hrsg. von E. Braun. 9348 [2]

G. W. F. Hegel, Differenz des Fichteschen und Schellingschen Systems der Philosophie. Einl. von Werner Marx. 7805 [2] – Grundlinien der Philosophie des Rechts oder Naturrecht und Staatswissenschaft im Grundrisse. Hrsg. von B. Lakebrink. 8388 [6] – Vorlesungen über die Ästhetik. Mit einer Einl. hrsg. von R. Bubner. Erster und zweiter Teil. 7976 [9] Dritter Teil (Die Poesie). 7985 [4] – Vorlesungen über die Philosophie der Geschichte. Einf. von Th. Litt. 4881 [7]

W. v. Humboldt, Ideen zu einem Versuch, die Grenzen der Wirksamkeit des Staats zu bestimmen. Nachw. von R. Haerdter. 1991 [3] – Schriften zur Sprache. Hrsg. von M. Böhler. 6922 [3]

K. Marx, Kritik des Hegelschen Staatsrechts. Nachw. von Th. Stammen. 9465 [3]

F. Nietzsche, Also sprach Zarathustra. 7111 [3] – Die Geburt der Tragödie aus dem Geiste der Musik. Nachw. von H. Glockner. 7131 [2] – Vom Nutzen und Nachteil der Historie für das Leben. 7134 [2]

F. W. J. Schelling, Texte zur Philosophie der Kunst. Ausgew. und eingel. von W. Beierwaltes. 5777 [3] – Über das Wesen der menschlichen Freiheit. Einl. und Anm. von H. Fuhrmans. 8913 [3]

A. Schopenhauer, Aphorismen zur Lebensweisheit. Hrsg. und mit einem Vorw. von A. Hübscher. 5002 [3] – Welt und Mensch. Eine Auswahl aus dem Gesamtwerk. Hrsg. von A. Hübscher. 8451 [3]

M. Stirner, Der Einzige und sein Eigentum. Mit einem Nachw. hrsg. von A. Meyer. 3057 [6]

W. Weitling, Garantien der Harmonie und Freiheit. Mit einem Nachw. hrsg. von A. Meyer. 9739 [5]

Philipp Reclam jun. Stuttgart

Deutsche Philosophie des 20. Jahrhunderts

IN RECLAMS UNIVERSAL-BIBLIOTHEK

Paul Lorenzen, Theorie der technischen und politischen Vernunft. 6 Texte. 9867 [2]

Hermann Lübbe, Praxis der Philosophie. Praktische Philosophie. Geschichtstheorie. 7 Texte. 9895 [2]

Odo Marquard, Abschied vom Prinzipiellen. Philosophische Studien. 7724 [2]

Gottfried Martin, Einleitung in die allgemeine Metaphysik. 8961 [2]

Günther Patzig, Tatsachen, Normen, Sätze. Aufsätze und Vorträge. Mit einer autobiographischen Einleitung. 9986 [2]

Manfred Riedel, Norm und Werturteil. Grundprobleme der Ethik. 4 Aufsätze. 9958 [2]

Josef Schächter, Prolegomena zu einer kritischen Grammatik. Bibliographie und Nachwort von Gerd H. Reitzig. 9922 [3]

Alfred Schmidt, Kritische Theorie, Humanismus, Aufklärung. Philosophische Arbeiten 1969–1979. 9977 [2]

Walter Schulz, Vernunft und Freiheit. Aufsätze und Vorträge. 7704 [2]

Robert Spaemann, Philosophische Essays. 7961 [2]

Wolfgang Stegmüller, Rationale Rekonstruktion von Wissenschaft und ihrem Wandel. 5 Texte. Mit einer autobiographischen Einleitung. 9938 [2]

Ulrich Steinvorth, Stationen der politischen Theorie. Hobbes, Locke, Rousseau, Kant, Hegel, Marx, Weber. 7735 [5]

Ernst Tugendhat / Ursula Wolf, Logisch-semantische Propädeutik. 8206 [3]

Friedrich Waismann, Logik, Sprache, Philosophie. Vorrede von Moritz Schlick. Herausgegeben von Gordon Baker, Brian McGuinness und Joachim Schulte. 9827 [8]

– Wille und Motiv. Zwei Abhandlungen über Ethik und Handlungstheorie. Hrsg. von Joachim Schulte. 8208 [3]

Carl Friedrich von Weizsäcker, Ein Blick auf Platon. Ideenlehre, Logik und Physik. 7731 [2]

Philipp Reclam jun. Stuttgart

Geschichte der Philosophie in Text und Darstellung

»*Diese Unternehmung besticht durch einen gescheiten Ausweg aus dem Dilemma, in das uns die Einsicht führt, daß es einen unparteiischen Standpunkt vielleicht nur für den lieben Gott gibt. Sie verfügt über eine Konzeption, die die je verschiedene Eigenart der geistigen Standpunkte und Perspektiven schon durch die Kombination der literarischen Gattungen herausstellt. Die Brauchbarkeit für das philosophische Bildungswesen wird dadurch sehr gefördert. Besonders für die neu gestaltete Oberstufe des Gymnasiums, in der dem Fach Philosophie eine besondere Bedeutung zukommt, scheint die Mischung von Text und Darstellung geeignet.*
Der Philosophieunterricht, der sich dieses Angebot zunutze macht, stellt die geistespolitischen Kategorien bereit, die für das Verständnis der westlichen Staatstheorien im Fach Gemeinschaftskunde erforderlich sind.« Eckhard Nordhofen, F. A. Z.

Philipp Reclam jun. Stuttgart